共融共创

让每一个生命蓬勃生长

于高飞　邢鹏　刘宁◎编著

国文出版社

·北京·

图书在版编目（CIP）数据

共融共创：让每一个生命蓬勃生长 ／ 于高飞，邢鹏，刘宁编著 . —— 北京：国文出版社，2025 . —— ISBN 978 −7−5125−1807−0

Ⅰ . G632.0

中国国家版本馆 CIP 数据核字第 2024FQ7934 号

共融共创：让每一个生命蓬勃生长

编　　著	于高飞　邢　鹏　刘　宁
责任编辑	侯娟雅
责任校对	孙雪华
出版发行	国文出版社
经　　销	全国新华书店
印　　刷	三河市中晟雅豪印务有限公司
开　　本	787 毫米 ×1092 毫米　　　　16 开
	18.5 印张　　　　263 千字
版　　次	2025 年 2 月第 1 版
	2025 年 2 月第 1 次印刷
书　　号	ISBN 978−7−5125−1807−0
定　　价	69.00 元

国文出版社

北京市朝阳区东土城路乙 9 号　　　邮编：100013
总编室：（010）64270995　　　传真：（010）64270995
销售热线：（010）64271187
传真：（010）64271187−800
E-mail：icpc@95777.sina.net

序 言
PREFACE

在山东省威海市文登区教育的广袤原野上，金山中学宛如一颗璀璨的明珠，散发着独特而迷人的光芒。《共融共创：让每一个生命蓬勃生长》一书，恰似一面镜子，清晰映照出这所学校在教育之路上的探索、实践与深刻感悟。

金山中学的校园文化如同一股清泉，润泽着"共生精神家园"；作为一校之魂，赋予砖瓦建筑的校园以生命。

师资建设是学校发展的核心动力。教师队伍建设的点滴努力，特色教研活动的精彩纷呈，共同夯实了教师们的专业素养。"成果展示"宛如一个粮仓，收拢着他们辛勤耕耘的硕果；"培训足迹"好似一本史册，详细记录着那不断进取的脚步；"青年教师成长"则如同汩汩清泉，为学校源源不断地注入活力与希望。

课程构建犹如一座精心构建的教育宝库。"课程思路"为引，"课程内容"丰富多样。基础类课程夯实根基，拓展类课程延伸思维边界，探究类课程引领学生深入知识的幽微之处，让不同需求、不同潜能的学生都能在知识的海洋中找到属于自己的航道。

校家社共育，编织起一张紧密相连的教育大网。家委会活动、家长大课堂以及校家社特色活动，打破了校园的围墙，使家庭与社会的力量深度融入教育过程，形成强大的教育合力，共同为孩子们的成长保驾护航。

这本书，不仅是金山中学教育历程的珍贵记录，更是对教育理想的执着追求与生动诠释。它将启发更多教育者关注生命个体，以"共融共创"为理念，用心去点亮每一个孩子心中的光，让他们在教育的滋养下，绽放出属于自己的绚烂光彩，踏上充满希望与梦想的未来征程。

目 录
CONTENTS

第一章　学校简介

文登历史悠久，钟灵毓秀，人杰地灵——古代文明灿若星辰，崇文尚学之风盛行，书院遍布，召文天下，圣贤辈出。文登因此赢得了"文登学"的美誉，流芳百世，正如诗云："至今东鲁遗风在，十万人家读书声。"悠久的历史文化，以及独特的"沃土肥水"，共同孕育了今天厚重的教育氛围，金山中学便是在这样的背景下应运而生。

山东省威海市文登区金山中学是区教育局直属的现代化公办初级中学。在区委、区政府的亲切关怀和大力支持下，该校于2022年9月正式投入使用。校园环境优美，教育资源丰富，办学理念先进，师资团队精良，犹如一颗新星，为文登区的教育事业增添了一抹璀璨的光彩！

金山中学位于文登区汕头路100号。学校所处的经济开发区南与文登老城区相连，北以青威线、文威线为界，是胶东半岛制造业基地的中心地带和大威海城市群的中间枢纽。这里基础设施配套齐全，产业规模优势明显，提升工程紧锣密鼓，发展前景无限广阔。

学校占地面积76 882平方米，总建筑面积68 139平方米，构建了"一楼、两厅、三中心、四院、五园、六路"的建筑文化群：康成楼（办公区）、长学书院（六年级教学楼）、昆阳书院（七年级教学楼）、崇文书院（八年级教学楼）、文山书院（九年级教学楼）、思源厅（餐厅）、召文厅（报告厅），布局合理，错落有致，既儒雅又现代。

教学楼内宽敞明亮，所有教室均配备了实用而先进的教学设备。美术室、音乐室、书法室、阅览室、开放式书吧、现代化探究实验室等一应俱全。高速畅通的无线网络全覆盖，智能化、数字化校园的建设，满足了莘莘学子德、智、体、美、劳全面发展的需求。教学楼外，塑胶跑道、健身操场、体育器械等体育设施完备。随处可见的设计细节，无不彰显着新兴教育人的初心与担当。

第一节　学校文化：共生精神家园

一、办学理念：共生教育

立足学校实际，我们充分挖掘地域文化和学校发展历程中的成功基因，积极践行"共生"办学理念，即"共融、共创、共建、共育，生活、生发、生长、生成"，旨在打造具有新气质、新典范、新样板的金山学校。"共生"理念涵盖"自然共生""社会共生"和"文化共生"，强调人与自然的和谐、人与社会的互动、人与文化的交融。共生教育基于生命的共生性，其"共"字特指"我与你""我与他""我与自然""我与社会""我与文化"的相互关系，旨在实现共建、共治、共享，以及共生、共存、共荣的教育生态。

共生教育坚持将教育人、引导人、鼓舞人与尊重人、理解人、关心人紧密结合。同时，它将学校教育与学生的终极幸福紧密相连，使学校教育不仅关注外在的物质层面，更聚焦于人的全面发展，确保学校教育真正成为"人"的教育，而非简单的知识灌输或技能培养。"共生"这一价值追求，正是建立在对教育的本质、办学规律的深刻理解以及对时代特征的准确把握之上的。

二、核心理念：让每一个生命闪闪发光

每一名学生都是"情感、意志和想象"的完整生命体，每一位教师应是手持火把、点亮生命的人。我们在丰富真实的生活中自然生长，在自然生长中健康成长，在健康成长中成就生命，在成就生命中实现有价值的生活。我们倡导用生命影响生命，用智慧启迪智慧，让每一个金山人的自然生命永远

鲜活，智慧生命永远舒展，社会生命闪亮发光。

三、共同愿景

（一）办学目标

践行"共生"教育，打造"金牌"学校。

（二）育人目标

传承"文登学"精神，培育"崇德尚文、勤勉笃学、强身健美、躬践力行"的金牌少年。

四、一训三风

（一）校训：共融共创　蓬勃生长

万物皆有道，教书有其道，教育更有大道。教育之道，在于用生命影响生命，用爱心培育爱心，用智慧启迪智慧，用尊重赢得尊重，以共融促进共建，以共建带动共享，以共享激发共生，让鲜活的生命个体之间产生心灵的碰撞与交流。

共生教育朴实无华，它蕴藏在孩子们渐渐成长的课堂里、奔跑的运动场上，以及校园的每一个角落。它润物细无声，却又蓬勃有朝气，让教育真实地发生，找寻并回归教育最真挚的状态。

（二）校风：崇德尚文　格物致知

植根于"文登学"沃土的金山中学，理应倡导全体教师培育高尚师德，践行"教书育人、为人师表"的职责，坚持以"德立身、以德立学、以德施教、以德育德"的原则，不当教书匠，甘做"大先生"，具备"心有大我、至诚报国"的理想信念；拥有"言为士则、行为世范"的道德情操；怀揣"乐教爱生、甘于奉献"的仁爱之心，以及胸怀天下、以文化人的弘道追求。这不仅是继承和发扬"文登学"精神的躬身践行，更是新时代教育家精神的外显与内化。

金山学子应崇德向善，明德惟馨，努力修炼社会公德、家庭美德、个人品德，立志成为品学兼优、闪耀理想信念之光、追求道德情操之光、弘扬优秀文化之光的实践者和生力军。

《礼记·大学》有云："致知在格物。物格而后知至。"格物，即在认知和实践中追求对事物本质的认识。东汉郑玄注曰："知，谓善恶吉凶之所终始也。"而致知，则是在认知和实践中追求知行合一，达到知行皆通的境界。

我们应尊重规律，追求真理，心无旁骛，求真问学。不唯书、不唯上，不违背科学；不盲从、不崇拜，不迷信权威；不软弱、不随意，不随波逐流；不懒惰、不懈怠，不因循守旧；不封闭、不固守，不画地为牢。做事应认真，一丝不苟；做自主学习的践行者，成为掌握真知、习得真本领的优秀者。

（三）教风：精耕厚植，博学致远

道德文化是"文登学"内容的核心组成部分。儒家的仁学思想，以及道家的先人后己、与物无私的理念，共同构成了"文登学"道德文化的深厚底色。"博爱之谓仁"，爱满天下，大爱无疆，我们应让生命充满爱，学会爱的表达与奉献。在校园内，更是要爱满校园，让爱心永恒！郑玄"客耕东莱"时，在"文登学"的地域内，开创了中国最早的耕读教育模式与最早的师生友爱教育传统，学校的"康成楼"正是其精神历久弥新的见证。

进入新的历史时期，在学生心灵的田野上精耕细作，厚植家国情怀，加强品德修养，培养奋斗精神，全员、全程、全方位地立德树人，是金山中学教师责无旁贷的使命与担当。

学无止境，学而后知不足。我们既要秉持实事求是的科学精神，保持严谨、勤奋的治学态度，不急功近利，不拔苗助长，又要拥抱新思维、新理念、新知识、新方法，进行专业修炼，匠心赋能；对事业要有真诚的责任，对课程要有自己的独特领悟，对课堂要有真切的向往，对学生要有深厚的关爱，对生活要有优雅的表达。

我们应拥有启智润心、因材施教的育人智慧，展现勤学笃行、求是创新的躬耕态度，以自身厚德博学的金色光芒，照亮每一个学生的光明前程。

（四）学风：勤勉笃实　躬践力行

"文登学"思想在精神层面的意义涵盖"刻苦攻读、勤奋好学、潜心研究、激励共进"。作为"文登学"的传人，我们应努力不懈，勤耕不辍，脚踏实地，恪尽职守。说真话、办实事，咬定青山不放松，持之以恒不动摇；专心致志，精益求精，在学习、生活的各个方面勇往直前，不负韶华。

颜真卿的《劝学诗》写道："三更灯火五更鸡，正是男儿读书时。黑发不知勤学早，白首方悔读书迟。"古代"文登学"地域教育文化的另一重要特点是，学子们无论是否参加科举考试，也无论科举考试中是否及第，都坚持不懈地刻苦学习。在学习上，家族激励与鞭策的事例颇多，用功学习的风气盛行。其中，明代知府常三锡的事迹尤为感人：他在与强寇对峙交战的间隙，"以其余力渔猎古籍"，编辑书稿。一方面，读书是为了参加科举考试以求功名，进而求得好的前程，但更重要的是为了培养有道德修养、完善人格的人，这正是"文登学"地域教育文化的宗旨所在。

文登刘氏文化家族的开创者刘必绍，自己博学强记，也教育子女勤奋学习。他所建的万卷藏书楼，其宗旨有三：申明道德，革新思想，使社会达到尽善尽美，最终目的是培养德才兼备的人才。

"时光如流水，一去不复回"，"机不可失，时不我待"，"一寸光阴一寸金"。朝夕的可贵，年华的美好，不在于时间的长度，而在于其内涵的厚度。我们应赋予时间更为充实、更为精彩的内容，使其充满价值与意义。在亲身体验和努力实践中，我们应不断探究、探索、探求，勇于创意、创新、创造，让每一个孩子求真向善，勤学善思，心无旁骛地求真问学，学真知、悟真理，有想法而不盲从，善于独立思考，不迷信权威。应鼓励他们成为自我发展的规划者、自主学习的践行者、固本修身的锻造者、勤劳强能的体验者。坚持金石可镂的精神，毫不懈怠，勤奋、勤劳、勤谨，向着成长、成功、成才的目标迈进。

我们需要正确理解和把握办学理念价值观体系的本体观——依据什么，属性观——是什么，目的观——为什么，以及实践观——怎么办。要清楚理念体系从高位到低位的逻辑关系，对办学追求做出完整而不拘一格的思考与表达，以形成完备的学校教育哲学，而非用简单化、绝对化、教条化、同质化的方式去约束办学者的智慧与创造力。

五、金山中学校徽

（一）金山中学校徽元素构成

立德树人，书山学海，智慧金塔，多元共生

（二）设计诠释

金山中学校徽的核心元素为由四个汉字"人"叠加而成的甲骨文"山"字。这四个"人"字分别象征着"礼、义、廉、耻"——国之四维，寓意着四维相互共生，旨在达成立德树人的教育目标。而"山"字则不仅代表着书山有路、学海无涯的求知精神，还直接清晰地凸显出金山中学校名。

这四个高低错落且相辅相成的"人"字，共同体现了金山中学"多样互融、多维互动、多元互助、尊重差异、和谐共生"的教育理念。

四个紧密缔结、彼此托举的"人"字，共同构筑成一座智慧金字塔，其寓意为开智养正、和合共生、笃学力行以及勇攀知识的高峰。

金山中学校徽的色彩由"智慧蓝"与"金山橙"相互叠加构成。其中，"智慧蓝"代表着睿智、理性和创新精神；"金山橙"则象征着热情、朝气和无限活力。

六、金山中学赋

筝音弹月，承华夏文明千载宏博；宏博兮文脉蜿蜒，常凝虑以贞盛。鼓韵飞霞，启昆崙智仁百代硕蓬；硕蓬兮学风浩荡，需充盈而续赓。

圣人曰："非学无以广才，非志无以成学。"文登古城，底蕴丰厚，人杰地灵；开发新区，生机盎然，业兴产丰。四海汇之域内，三江聚之友朋；双翼齐展，经济文化；一脉相传，教育为宗。庚子金秋，百工齐动，攻坚克难，朝夕只争，乃新建初级中学，名金山也。

其倚山左河阳，绿影凌波，云水击赏；渺渺之来，翠岚薄熹抚心平。其势错落层叠，峻拔超迈，自由奔放；声声之报，木铎时鸣省神清。楼馆比邻，连廊缦回，笔含春秋，以先贤楷模相励，远追经典之煌煌；校路坦阔，嘉木迎祥，燕语轻朗，继红色人文之胜，养吾骨气之铮铮；丽园环衔，青春激昂，放眼未来，寓家国情怀之美，乐吾活力之洋洋。

嗟乎！以其形之完备，根何以深广哉？夫为学立教之要，不独一校之景幽泉沁，不囿一课之生动新颖，初中之起承转折，贵于好学性格之习成，有力自胜；明理品德之善修，浊沉清扬。少年之久久为功，获益终身也。

观金山之经纬，倡崇文风尚，积健九仞，个性奠基生生不息；重跬步日新，博观约取，与时迭变涤故为创。守于言传解惑，趣于校本拓研，择于因材施教，感于细致入微。在于和，和合知行，交融互鉴，法乎自然而有序；在于共，共生共享，泽爱润助，雅言贤集而隆礼；在于志，志强智达，尺璧寸阴，学之不足而知进。宜为良师者多，高洁质恒，乃奉冠伦之能；堪为茂才者众，含英咀华，乃拔魁元之筹。是谓：勤学善思，神采飞扬；尚学致远，立志笃行也。

慧心拳拳，晓风和畅；秋水湛湛，冰轮澄明；壬寅桂月，庠序初竣；欣呈此赋，镌之以贺。赞曰：起樯桅兮驰有疆，接星汉兮思无涯；识见蔚兮吾所竞，慕学奋兮吾所耕；举目环兮独树帜，厚德载兮爱至诚；调玉弦兮诗襟怀，金山昂兮见龙腾！

七、金山中学校歌

威海市文登区金山中学校歌《山有嘉木》由晓明、林静作词，王志杰作曲、邢鹏作曲。歌曲依托学校"共生教育"理念下的"让每一个生命闪闪发光"的教育宗旨，紧密围绕《金山中学赋》进行创作。这首歌的歌词巧妙地运用了象征手法，读起来朗朗上口，给人留下的印象既深刻又容易记忆。在山东省"唱响未来"校歌MV大赛中，其荣获了"优秀作品奖"中的银奖。

山 有 嘉 木
——威海市文登区金山中学校歌

词：于晓明 林 静
曲：王志杰 邢 鹏

第二节　发展历程：共生诞生历程

一、奠基：梦想启航之地

为优化教育资源配置，合理调整学校布局，促进教育优质均衡发展，2020年10月25日，金山中学正式奠基开工。这一盛事标志着开发区区域中学校园的进一步扩容，同时也意味着文登教育资源的又一次优化升级。

金山中学的建设周期为两年，聘请了全国顶尖的清华大学建筑设计院进行精心设计。学校规划用地达115亩多，预计可容纳48个教学班、2400名学生。整体设计布局科学合理，用地集约高效，功能完备齐全，空间开阔敞亮，各区域衔接自然流畅，与周边环境和谐共生，相得益彰。

我们有理由相信，建成后的金山中学，不仅是一所满足教育需求的现代化学校，更是一所众望所归的精致学府，成为精致城市建设中一颗璀璨的明珠，照亮孩子们的成长之路。

二、迎新：共生初体验时

2022年8月，金山中学迎来了一个重要的时刻。21日上午，随着首届优秀教师团队的加入，为学校的发展翻开了崭新的篇章。紧接着，28日上午，全体教职工满怀信心与期望，迎来了第一届新生。这批师生作为共生理念最初的实践者与见证者，共同踏入校园，开启了他们学习与成长的旅程。在教师的悉心指导下，第一届学生不仅汲取了丰富的知识，更学会了如何与人相处、如何勇敢地面对挑战。

转眼间，2023年8月，金山中学再次迎来新的篇章。24日下午，第二届新教师团队带着对教育的热爱和对未来的憧憬，加入了这个大家庭，继续推动着金山中学的发展。30日上午，随着2023级六年级新生的报到，校园内又充满了新的活力。新同学们满怀期待地踏进了金山中学，开启了他们中学生涯的崭新篇章。第二届学生们继续秉承共生精神，积极参与校园的各项活动，与教师携手共建了一个充满活力与温情的校园社区。在这个过程中，师生之间建立了深厚的情谊，他们的共同成长成为金山中学最为珍贵的财富。

第三节　硬件设施：共生坚实基石打造智慧校园新生态

金山中学现有六年级、七年级两个年级，共21个教学班。学校秉承"共融共创，蓬勃发展"的办学理念，依托物联网、大数据等新技术，促进人与数字系统、校园与数字系统的深度融合，为学校日常教学、教务管理提供便捷、高效、智能的服务支撑。我们不断丰富校园数字化平台，探索数字技术下的教学新模式，切实推进智慧校园建设。

一、智慧教育环境是保障

学校实现Wi-Fi全覆盖，建成接入千兆校园网的12间智慧教室系统、2间计算机教室、2间全自动录播教室，以及一个可容纳近800人的学术报告厅。设有校园电视台、高标准录音棚和各功能设备齐全的功能教室。全校共安设了525个摄像头和鹰眼系统，实现了安全监控全覆盖。所有设施设备均通过光纤汇入网络中心，为学校的智慧化建设提供了可靠的物质条件。

学校设置了室外、室内3个区域广播系统，满足了学校各功能区独立使用的需求。室内外电子屏共有9个，分布在校门口、中厅、会议室、欧米伽广场、操场、报告厅、体育馆等地，满足了各种集会活动的需要。

二、智慧校园建设是方向

（一）依托智慧环境，实现学校管理现代化

学校门口设置了人脸识别系统，实时监控师生到校情况，确保学生安全。每个班级设有电子班牌，实时播报学校、班级消息，展示班级风貌。学校利用资产管理系统、学籍系统、防疫服务平台等，对师生信息、资产实现安全管理。依托区信息中心设备，学校实行基于身份认证的上网管理，确保网络行为可控、可管、可追溯。

（二）依托智慧环境，实现教师培训常态化

学校大力推进信息化师资队伍建设，提升教师信息技术应用能力。通过威海智慧教育平台、希沃、鸿合一体机、云思智学阅卷系统等培训活动，提高教师技能。组织金山大讲堂活动，邀请教育名家指导，开阔师生视野。

（三）依托智慧环境，探索教研模式数字化

学校建设中庆常态录播系统，构建全时空教研模式。授课教师可随时记录教学情况，教研组其他老师可随堂或错时观评课，促进教学改进。精品录播系统则对接威海智慧云平台，实现优秀课例的共享与网络化教研。

（四）依托智慧环境，实现教学方式多样化

学校灵活运用智慧云平台、腾讯会议、钉钉群等信息化手段，实现线上线下混合教学。教师利用数字系统改变教学方式，拓展教学空间，方便学生自主学习和教师个性化指导。

（五）依托智慧环境，实现家庭教育规范化

学校通过QQ群、钉钉群与家长沟通，通报学生情况。开设"刘老师课堂"，直播家庭教育知识，解答家长疑问，推进家庭教育规范化。

（六）依托智慧环境，实现学生教育信息化

学校设立科技节等活动，提升学生信息素养。利用云思智学系统、好分

数系统等工具进行学业成绩分析，建立综合素质评价管理体系。

（七）依托智慧环境，实现后勤保障智能化

学校餐厅服务实现三方网络交接，家长可网上缴费、订餐，学生刷脸消费。重要部门设有门禁系统，保障安全。车辆入校采用识别系统，确保管理有序。

"路漫漫其修远兮，吾将上下而求索。"金山教育人将持续探索，追求技术先进、覆盖全面、应用深入、高效稳定的智慧校园建设目标。相信在不久的将来，我们必将迎来教育现代化、数字化、智慧化的美好未来。

第二章　师资建设

在教育的浩瀚星空中，每一颗星星都闪耀着知识的光芒与智慧的启迪。"共生教育"，这一闪耀时代光芒的办学理念，犹如夜空中最亮的星，引领我们开拓教育的新边疆，重塑教师队伍的精神风貌与专业格局。

共生教育的核心，在于倡导教育生态的和谐共生，强调学生、教师、学校乃至社会之间的相互依存、相互促进与共同成长。在这一理念的光辉照耀下，教师队伍建设超越了单纯技能与知识的积累，成了一场深刻的心灵觉醒与专业成长的革命。

金山中学深入剖析共生教育理念下教师队伍建设的独特路径与深远意义，坚信教师是共生教育生态中最为活跃、至关重要的因子。教师的专业素养、教育理念及教学行为，直接关乎学生的全面发展与教育的整体质量。因此，打造一支拥有共生意识、能够引领未来教育潮流的教师队伍，成了我们矢志不渝的追求目标。

第一节　教师队伍建设

一、同向共生，逐梦金山[①]

全山中学认真贯彻落实党的十二大精神，强师提质再赴新征程。

知名教育家李希贵在著作《学生第二》中讲到，当学校把教师放在第一位的时候，教师也会把学生放在第一位。学校师资队伍的建设就是学校发展的核心。新时代的校长，需要做的是，带领团队化繁为简，抽丝剥茧，靶向核心问题，以问题为导向，找到发力的路径，形成赋能体系。如果教师不成长、不发展，却谈学生成长发展，谈学校教育发展，谈"双减"、课后托管、五项管理、新课标等政策的落实，也是枉然。视教师为宝，学校方可能成为聚宝盆。关于师资队伍建设，金山中学的设想和实践，就以三个词的六个字来阐述：现状、目标、措施。

（一）现状

金山中学现有在岗教师47名，其中初级教师22名，中级教师20名，高级教师5名，高级教师的占比仅为11%；拥有威海市级以上的名师、学科带头人、教学能手仅有2名，占比4%；进城轮岗教师10名，占比21.3%。虽然我校教师的平均年龄为40岁，但教师队伍中中青年教师占比较大，整体保持活力和潜力，这是我们的一个优势。

从这个现状分析，金山中学师资队伍的特点是：人数少，工作量大；名师少，教师专业素养有待提升；队伍稳定性不足，需要强化凝聚力；队伍年

---

① 此部分为金山中学党支部书记兼校长于晓明2023年在威海市文登区举办的校长论坛上所发表的交流心得。

轻化，是可贵的优势，未来提升空间大。

（二）目标

依据学校发展目标和教师队伍的实际情况，学校制定并大力实施名师强校的政策，激发教师成长的"潜意识"，形成同向共生的内驱力，整体提升教师专业素养，培养更多的骨干教师和名师，成就教师成长愿望，实现金山发展之梦。让金山中学的师资队伍达到爱心充盈、敬业向上、温文尔雅、学识扎实的目标。

（三）措施

党的二十大报告中进一步明确了把教师作为第一资源、以高质量的教师队伍建设推进和支撑高质量的教育体系建设的工作思路，这也更加坚定了金山中学强师资、提质量的决心。下面谈一谈我校教师队伍建设的整体架构和具体做法。

1.共向——以共同认知为底色，让教育有情怀

在不确定性的时代，构建强有力的底层认知框架和明确的价值目标是教育管理者捕捉学校变革核心问题的前提。认知框架不能仅仅局限于校长个人的思考，而必须与团队共享，以形成共识，树立共同的愿景和一致的价值观。当新学校迎来开学之初，面对新组建的教师团队，我们首先解读金山办学理念，阐述金山校园文化架构的初衷，并分享金山课程体系打造的构想。这一过程旨在让新教师与新学校有效衔接，用办学理念、校园文化凝聚起金山中学的底气、志气与豪气。随后，我们将校园文化、学科整合与教师个人愿景融入金山中学的日常教育教学中，树立统一的目标，共享相同的文化认同。通过这样的努力，我们能够更好地动员团队，打破固有思维的束缚，形成新的高度认同，共同感受到那份独特的金山教育情怀。

2.共行——以师德师风建设为准绳，让教育有方向

加强师德师风建设一直是我们工作的重点。在强化落实教育底线、红线问题的同时，学校以党建工作引领，发挥了校园文化体系中红色文化的作用。

我们通过中国共产党百年精神谱系列讲解，不仅激活了红色文化的经典内涵，更将这些精神财富内化为教师的自身修养，从而拓展提升教师的政治素养和教学能力，进一步强化师德师风建设。这种方式让师德师风建设不再是强硬冰冷的命令，而是成为我们共同行动、共同前行的动力源泉，确保了教育始终沿着正确的方向前进。

3.共情——以同理心为出发点，让教育有温情

教师的工作需要深刻的理解与坚定的支持。从仪式感满满的报到开始，到高质量的生活保障，再到日常工作的每一个细微之处，乃至教师的集体生日庆祝，我们都力求做到眼中充满人性关怀，行动中蕴含温暖。我们处处替教师着想，事事为教师考虑，以真诚之心，携手并进。

例如，学校三大处发放的纸质文件，一律由干事亲自送到班主任的桌上，以减少班主任的不必要奔波。学校地面有限的十几个停车位，也仅供班主任和课后托管值班的教师使用，确保他们能得到充分的休息与便利。此外，我们还开放了听雨轩，作为教师会客的专属空间，让每一位教师都能感受到学校的关怀与尊重。

这样的人性化举措，不仅能够激发教师教书育人的热情与激情，更能促使他们将更多的爱与关怀传递给家长和学生。教育需要的正是这种"自然而然"的温情，它源自我们内心的同理心，让我们能够将迎面相遇的一切，都转化为顺势而为的教育力量。

4.共育——以领导团队建设为抓手，让教育有力量

领导团队，作为学校执行系统的核心，其重要性不言而喻。我们对新班子提出了"榜样引领、服务教师"的要求。

首先，领导班子需致力于提升管理水平，涵养高尚的人格精神，积淀深厚的管理智慧，通过练内功、提品质，摒弃传统的命令式"给我干"，转而推行率先垂范的"跟我干"，从而在短时间内有效凝聚学校教师力量，迅速投入高效的工作状态。

其次，我们构建了一支善学、勤思、敢干、能自律、有担当且充满活力

的干部队伍。他们沉浸式地管理学校工作，不仅分包班级，深度参与班级管理，还积极联系班级任课教师及家长，共同解决班级教育教学中遇到的具体问题，如疫情防控、安全工作、学困生辅导等，有效减轻了班主任的工作负担，使其能将更多精力投入教学与核心管理工作之中。

从领导团队到教师队伍，我们共同打出了"责任感"这张强硬牌，形成了推动金山教育持续发展的有生力量。这样的团队构建与管理模式，为教育的长远发展注入了强大的动力与信心。

5. 共生——以专业发展为主线，让教育有内涵

教师专业成长的核心在于构建完善的教师培养体系，实现骨干教师、青年教师等不同群体的精细化、专业化发展的质的飞跃。这要求我们以专业主义为指引，找到关键路径，并有效发力。

我们充分利用新建校的优势，购进先进的教学设备，并加大对教室常态录播、电子班牌、希沃智慧黑板等信息化设备的培训力度。同时，引进云思智学、作业帮、学科网等APP，旨在让教师备课更加便捷，将设备设施的信息化转化为教师教学的信息化优势。

我们聘任张涛[1]为学校教师专业发展的高级顾问和专业导师，并邀请丛桦[2]等名家走进校园，为金山学校教育增添文化底蕴，助力教师专业成长。此外，我们加大学科新课标的学习力度，强化教研组的日常教研活动，积极参与教体局和教研中心组织的各项活动，以不断提升教师的专业技能。

通过集体的智慧和努力，我们打磨优质课、公开课，让教师在实践中不断成长。同时，开展每月观影、课本剧表演、跨学科作业等教学活动，以倒逼教师专业化成长。开学以来，我们取得了不俗的比赛成绩。

---

[1]　张涛：山东省威海市教育教学研究中心初中教研室主任、生物学教研员。山东省特级教师、人民教育出版社课标教材中学生物学培训团专家。

[2]　丛桦：中国作家协会会员，第二届"山东省十佳青年散文家"，第五届"威海文化名家"。2014年获得首届"齐鲁散文奖"，出版散文集《山有木兮木有枝》《井上生旅葵》《日暮乡关》。

为了进一步推动教师专业发展，我们建立了名师工作室，为工作室主持人提供经费保障，并布置相应的培养任务。我们制定了详细的评价办法，通过丰富多彩的活动，引领教师快速发展。这些举措让教师们深刻认识到，教师发展是学校工作的重中之重，从而激发他们的发展潜力。

"一人行快，众人行远！"当教师队伍的精气神凝聚起来，专业素养得到提升时，学校将拥有更大的底气。同时，学校也是教师的坚强后盾和有力保障。我们将继续为教师的专业成长搭台子、指路子、压担子、架梯子，最大限度地关爱关心教师，发挥他们的最大潜能，做到人尽其才。笔者坚信，教师们定会以出色的表现回馈我们的期待与努力。

因此，师资队伍建设是一项长期而艰巨的任务，需要我们久久为功、持之以恒。我们一直在用心、在行动，为打造一支高素质、专业化的教师队伍而不懈努力。

二、金山中学教师专业发展三年规划

在当今教育日新月异的背景下，教师专业发展已成为提升学校教育教学质量的关键因素。为此，学校制定了教师专业发展三年规划，旨在为教师队伍建设提供明确的方向和有力的支持。这一规划的出台，无疑将对教师队伍的整体素质、专业发展以及学校的长远发展产生积极而深远的影响。通过明确的发展目标和科学的实施路径，我们相信，这一规划将有效地激发教师的学习积极性和工作热情，促进教师队伍的均衡发展和持续进步，从而为学校的教育事业注入新的活力和动力。

（一）指导思想

教师队伍建设是学校发展的命脉，教师队伍的专业化成长是学校教育高质量发展的前提。为打造一支爱岗敬业、精良专业的教师队伍，以确保新建的金山中学能够扎稳根基、快速成长、发展优质教育，并创建文登品牌学校，我校特制定金山中学教师专业发展三年规划。

（二）教师队伍状况分析

1. 教师队伍现状分析

按教师专业成长状况来看，我校的教师大致可以分为四大类：名师、骨干教师、青年教师、普通教师。

（1）名师

我校拥有区级以上名师5人，市级以上名师2人。这些教师虽数目不多，仅占全校教师的10%，且学科分布不均，但他们业务精湛，师德修养高，具备培养并带动学科教师发展的意愿和能力，是教师专业能力发展的领航人。

（2）骨干教师

我校骨干教师有17人，占学校教师总数的35.4%。他们多为班主任、备课组长，在学校教育教学工作中肩负重任。这些教师拥有崇高的敬业精神，能够任劳任怨、尽职尽责地完成工作任务。然而，他们的自我发展意识相对淡薄，争先意识不足，需要学校给予一定的引导和业务指导，是名师培养的主要对象。

（3）青年教师

我校35周岁以下的青年教师有15人，占学校教师总数的31%。作为学校的新生力量，他们可塑性强，对工作充满热情，其中不乏已崭露头角的业务尖兵。然而，这些青年教师的教学经验相对不足，对学科知识掌握不够全面，教学规律把握不准。因此，有针对性地对他们进行培养，能够避免其走弯路，缩短其成长周期。

（4）普通教师

由于新建校的原因，教师来自不同学校，对学校的各方面情况尚不熟悉。但他们各自带有原生工作状态和工作行为。对于这些教师，我们需要不断加强宣传教育，帮助他们迅速融入学校的各项工作之中，发挥他们的优势，同时引导他们改掉原有的不良习惯或问题。

2.三年内教师队伍变化状况分析

由于新建校只有一个级部，教师人数比较少，三年内学校将逐步增加年级，教师队伍人数将呈现序列化大规模增加趋势，这将带来教师队伍不稳定，整体结构性将会不断变化的现实问题。如果没有序列的队伍建设计划，笔者预测教师队伍年龄结构将劣化，教师专业发展潜力将下降。

（三）过程与目标

基于上述分析，教师队伍三年总体目标如下：第一年，重点培养骨干教师和名师，建立起学校各学科骨干教师梯队，搭建名师体系框架，形成教师队伍序列化培养体系，确保名师人数达到20%，骨干教师占比达到50%；第二、三年，继续深化各学科骨干教师和名师的培养，增加骨干名师人数，丰富骨干队伍和名师队伍结构，确保各级名师比例稳中有升。

1.第一阶段（2022年9月—10月）：筹划启动阶段

本阶段主要工作目标是做好规划与准备工作。首先，根据学校实际情况，深入分析教师队伍现状，据此制定详细的三年发展规划及年度实施计划。其次，召开全体教师动员大会，正式启动该规划。本阶段重点有二：一是确保全体教师高度重视此项工作，正确定位自身角色，积极谋求自主发展；二是做好整体规划，确保计划切实可行、具有可操作性。

2.第二阶段（2022年10月—2024年7月）：稳步推进阶段

本阶段将严格按照三年总体规划，细化各年度培养计划，并付诸实施。同时，定期进行阶段总结，根据实施情况适时调整推进策略。本阶段工作重点在于扎实抓好各项培养计划的落实工作，确保各项计划落地见效。

3.第三阶段（2024年7月—2024年8月）：总结反思阶段

在全面完成年度总结的基础上，对本三年规划进行总结回顾。重点分析教师成长情况，总结经验教训，查找存在的问题，并进行深入反思。同时，将实际结果与预期目标进行对比分析，明确成败得失。此阶段工作为下一阶段规划的制定与实施奠定坚实基础。

（四）策略与措施

教师的专业发展涵盖专业精神、专业知识、专业能力等多个方面，其中，专业精神是关键，知识是根本，能力是核心，而实践则是最终的落脚点。为促进教师专业发展，我们将从这四个方面入手，通过培训引领、活动促进等手段，全面夯实教师发展根基，快速推进发展步伐，确保教师专业能力培养取得实效。

1.专业精神方面：负责人——于晓明、于文刚

办好"情满金山"栏目，开展"最美金山人"等评选活动。讲述教职工爱岗敬业的故事，用身边人感染教师，为教师树立榜样；用身边事引领教师行为，为教师树立行为典范。这些活动旨在营造学校积极向上的正能量氛围，践行学校"共生"文化理念。

重视师德师风建设，组织优秀教师进行师德宣讲和讲述初心故事活动。通过剖析名师成长经历，为教师的发展指明方向，提供可借鉴的经验，并树立教师应有的教育信念。

聘请校外优秀教师来校做报告，旨在打开教师思想境界，提升教师的思想意识，开阔其思路，并培养自主发展意识。

召开针对不同层次教师的培训会，根据教师专业精神现状提出明确的目标和要求。

2.专业知识方面：负责人——邢云贵、丛晓燕、姜永成、于芳

教师所需的专业知识广泛，对于初中教学而言，主要包括学科知识、教学知识、管理知识及心理学知识等。掌握这些知识，关键在于学习，通过自学、参加培训等多种途径，提升教师的专业知识水平。

开展读书活动。以学年为单位，要求普通教师至少读完两本专业书籍，名师、青年教师、骨干教师则需完成三本。每位教师应做好读书笔记，撰写心得体会。学校将每两个月举办一次读书沙龙活动，展示教师的读书笔记和心得体会，并分组进行交流，确保一个学年内每位教师都能参与一次交流。

此外，每学期每位教师需提交一份读后感。同时，开展好书推荐、读好书朗读与演讲比赛等活动，营造浓厚的读书氛围。

组织多样化培训。对于上级领导部门统一组织的培训，学校将积极组织参与，并要求参训教师回来后撰写收获反思，并在一定范围内进行二级培训分享。此外，学校还将组织校内培训，针对学科知识的培训以教研组和备课组为单位进行，学科分管主任全程参与，以名师、骨干教师为主进行授课。对于教学、管理方面的知识培训，学校将结合期中期末考试成绩，由级部主任负责进行。同时，学校每学期至少组织一次全员的教学、管理知识培训。

学校聘请张涛主任为高级顾问，开展一系列专业培训活动，以进一步促进教师专业成长。同时，开办"金山大讲堂"，邀请校外名家对教师进行培训，为教师发展助力。

学校将积极寻找并争取更多机会，派遣教师外出培训，以拓宽他们的视野，用新理念、新思路提升教师的专业素养。

举办青年教师专业知识竞赛。每学期组织一次青年教师专业知识竞赛活动，通过多样化的形式检测青年教师的专业知识掌握情况，以此激励和促进青年教师的快速成长。

3.专业能力方面：负责人——邢云贵、丛晓燕、赛自言、于芳

教师的专业能力需要非常全面，最基本的能力包括课堂教学组织能力、管理能力、研究能力和反思能力等。提升教师的专业能力需要教师能够观察、会反思，并在不断改进的过程中逐步形成。

听课是教师教学能力提升最直接的方式。要求毕业三年内的青年教师和第一年任教该年级、该学科教学的老师实行"听一节课上一节课"的制度，以全面学习课堂教学。其他青年教师每周听课不少于2次，其余教师每周听课不少于一节。

教研是智慧众筹的过程。学校要求每个备课组在上课前必须进行集体教研，确保每节课都经过充分准备。同时，学科组的导学案、课件、小测、作业等应保持统一。课后需进行教研，总结上课效果，反思课堂问题，并及时

调整教学策略。

课题研究是教师能力提升的必经之路。学校鼓励全员参与课题研究，以新课改理念下的大单元、跨学科、项目化等为主题，提升研究能力。学校将组建科研团队，由团队骨干带领相应团队参与区级以上级别的课题研究。学会选题，厘清研究思路，理论联系实际，让课题研究真正服务于一线教育教学。

写反思是教师成长的助推器。普通教师每学年需书写至少一篇教学反思，青年教师则需完成两篇。学校将组织教学反思的评选活动，并由科研处对教师的反思进行指导，鼓励教师积极对外投稿。

师徒结对，抱团成长。名师、骨干教师和青年教师进行师徒结对，师父将手把手引领徒弟成长。在此过程中，师父自身的能力也将得到提升。学校将对结对的师徒进行定期考核。

以赛促研，个性发展。学校将开展青年教师"树标、学标、达标"赛课活动、全员"个性课"展示活动、薄弱教师课例打磨活动、优秀教研组集体备课观摩活动以及青年教师基本功比武、素养大赛等活动，以促进全员共进、个性发展。

树立典型，辐射带动。学校将定期开展经验交流和主题论坛活动，让优秀教师收获荣耀感，同时激励其他教师争做身边的榜样。

充分利用先进的信息技术设备，开展信息技术教学能力培训和比赛，提高教师运用信息技术的能力。

4.专业实践方面：负责人——丛晓燕、姜永成、王小金、邢鹏

教师的专业发展最终服务于教书育人，其价值也只有在日常的点滴实践中才能得以彰显。教师实践能力的提升，是教师综合能力发展的重要表现。当然，在教育教学工作中，教师还需要遵守规范要求，正确践行教育教学行为，这需要学校给予足够的重视。根据学校的具体情况，一线教师及班主任队伍的建设主要由政教处负责，而教师的教学专业实践则由教导处负责，教导处则实施级部管理，级部主任负主要责任。

每月召开一次培训会，以引领教师实践工作，并对教育教学中出现的问题积极给予指正。

每学期开展一次各层面的论坛活动，让优秀教师进行交流，为其他教师提供借鉴。

不定时开展各层面的研讨活动，就某一问题进行集体研究，通过智慧众筹的方式提高实战能力。

各级领导应加大对教师教育教学行为的监管力度，加强巡视，发现教师的问题及时指导改进。

（五）组织与保障

1.教师专业发展领导小组

组长：于晓明

副组长：邢云贵、于文刚

组员：丛晓燕、王小金、赛自言、姜永成、于芳、邢鹏

2.制度保障

在教师专业发展过程中，对于在各个方面取得具体成绩的教师，在年度考核中给予加分奖励；对于不能按时完成任务的教师，在常规考核中则进行扣分处理。同时，针对不同层次的教师，进行单独考核，以奖励进步显著的教师。学校将在下一学年进一步修订千分考核制度，加大教师专业发展在教师千分考核中的比例。此外，学校还将制定和完善相关制度，确保教师的行为有章可循。

第二节　特色教研活动

一、金山中学大单元培训教研总方案

（一）指导思想与目标

以新课程标准为指导，围绕核心素养的培养，通过大单元教学模式的实施，促进教师专业发展，提升教学质量，实现学生全面发展。旨在通过系统化的教学设计与实施，增强学生对知识的整合与应用能力，培养其创新思维和实践能力。

（二）培训内容

大单元教学理念：解析大单元教学的核心理念，包括其定义、特点、优势及实施原则。

课程标准与教材分析：深入研究初中各学科课程标准，分析教材结构，明确大单元划分的依据和标准。

教学设计方法：教授如何基于大单元进行整体教学设计，包括目标设定、内容整合、活动设计、评价策略等。

教学策略与技巧：探讨适合大单元教学的教学策略，如合作学习、探究式学习、翻转课堂等，并分享实用教学技巧。

评价与反馈机制：构建以大单元为单位的多元化评价体系，包括过程性评价、表现性评价等，以及有效的学生反馈机制。

（三）培训形式

理论讲授：邀请专家进行专题讲座，解析大单元教学的理论与实践。

案例分析：分享成功的大单元教学案例，分析其设计思路、实施过程及成效。

工作坊：组织分组工作坊，指导教师进行大单元教学设计的实操练习，包括目标设定、内容整合、活动设计等。

观摩研讨：安排现场教学观摩，随后进行小组讨论，反思与提炼可借鉴的经验。

网络研修：利用网络平台，提供持续的学习资源，鼓励教师在线交流心得，形成学习共同体。

（四）实施步骤

需求调研：前期调研教师对于大单元教学的认知与需求，制定培训内容。

方案制定：根据调研结果，制订详细的培训计划与日程安排。

宣传动员：召开启动会议，明确培训目的、内容、形式及要求，激发教师参与热情。

分段实施：按照培训计划，分阶段开展培训活动，确保每项内容都得到充分探讨与实践。

成果展示：组织教学成果展示会，鼓励教师分享大单元教学实践经验与成果。

反馈评估：收集教师反馈，评估培训效果，为后续培训提供改进方向。

（五）预期成果

教师能够深刻理解并应用大单元教学理念，提升教学设计与实施能力。

建立起一套适合本校的大单元教学模式，提高教学质量和效率。

促进学生综合素养的提升，特别是在知识整合、创新思维和实践能力方面。

形成持续的学习与研究氛围，促进教师队伍的专业成长。

（六）后续支持与跟进

建立大单元教学研讨小组，定期举行交流会，分享教学心得，解决实施中遇到的问题。同时，提供必要的在线资源和专家指导，确保大单元教学模式的有效推进与持续优化。

二、金山中学跨学科教学培训教研总方案

（一）指导思想

本方案旨在通过跨学科培训教研活动，打破传统学科界限，促进各学科之间的融合，提高学生的综合素养和创新能力。以新课程标准为指导，结合学校实际情况，通过多样化的教学活动，推动教育教学改革，提升教学质量。

（二）工作目标

提升教师专业素养：增强教师对跨学科教学的理解和应用能力，提高教学水平和科研能力。

促进学生全面发展：通过跨学科教学，培养学生的创新思维、问题解决能力和综合素质。

推动学科融合：打破学科壁垒，促进各学科之间的交叉与融合，提升教学效果。

（三）主要措施

1.教师培训

理论学习：组织教师深入学习新课程标准中关于跨学科教学的理念和要求，明确跨学科教学的重要性和实施方法。

技能培训：开展现代教育技术应用培训，提升教师在信息技术环境下的教学能力，学会利用网络平台和多媒体资源进行跨学科教学。

案例研讨：选取优秀的跨学科教学案例，组织教师进行研讨和分析，总结经验，形成可借鉴的教学模式。

2.教研活动安排

集体备课：各学科教师共同参与集体备课，围绕跨学科主题进行教学设计，实现知识、技能和方法的有机融合。

公开课展示：定期举办跨学科教学公开课，展示跨学科教学的成果和经验，促进教师之间的交流和学习。

课后反思：每次公开课后组织教师进行反思和讨论，总结经验教训，不断改进教学方法。

3.跨学科教学活动设计

主题确定：根据学校实际情况和学生需求，确定跨学科教学的主题，如环境保护、历史文化、科技创新等。

活动设计：围绕主题设计跨学科教学活动，如实地考察、实验探究、作品创作、讨论交流等，让学生在实践中学习和成长。

资源整合：充分利用学校内外的资源，包括图书馆、实验室、社会实践基地等，为跨学科教学活动提供有力支持。

4.评价与反馈

多元评价：采用多元评价方式，包括学生自评、互评、教师评价等，全面了解学生的学习情况和综合素质。

成果展示：组织学生进行跨学科学习成果的展示和交流，增强学生的自信心和成就感。

反馈改进：收集教师、学生和家长的反馈意见，对跨学科教学活动进行持续改进和优化。

（四）保障措施

组织领导：成立跨学科教学领导小组，负责方案的制定、实施和监督，确保各项措施落到实处。

政策支持：学校应给予跨学科教学必要的政策支持，包括经费保障、课时安排等。

激励机制：建立跨学科教学成果奖励机制，对表现突出的教师和学生给予表彰和奖励，激发师生的积极性和创造性。

（五）预期成果

形成一套较为完善的跨学科教学教研体系，提升教师的跨学科教学能力和科研水平。

学生的综合素养和创新能力得到显著提升，学习兴趣和积极性得到激发。

推动学校教育教学改革，提升学校整体教学质量和办学水平。

通过本方案的实施，我们期望能够在初中阶段实现跨学科教学的有效推进，为学生的全面发展奠定坚实基础。

第三节　成果展示

一、立足学科本位，跨学科提升素养

跨学科学习虽非新名词，在以往的历史教学中亦有所涉及，但新版课程方案和课程标准为更好地落实立德树人的根本任务、培养学生的核心素养，将其专门列为一个独立版块。

教育部《义务教育课程方案和课程标准（2022年版）》中指出：设立"跨学科主题"学习活动，以加强学科间相互关联，带动课程综合化实施，并强化实践性要求。

《义务教育历史课程标准（2022年版）》优化了课程内容，明确提出历史课程内容主要包括中国历史、世界历史和跨学科主题学习。跨学科主题学习版块的设计，旨在引导学生围绕某一研究主题，将所学历史课程与其他课程的知识、技能、方法以及课题研究等相结合，开展深入探究、解决问题的综合实践活动。跨学科学习课时占总课时的10%。

（一）跨学科主题学习设计要素

1.主题：立足历史学科

学科知识是跨学科学习的基础。新课程标准中提供了十大示例主题，其内容涵盖了中国历史、世界历史的六大版块，这些版块构成了学生学习历史的基础。跨学科主题学习则是对这一基础的提升和拓展，它围绕特定问题，整合相关内容，旨在帮助学生形成时段上纵通、领域上横通的系统意识。在时段上纵通，即把握该主题内容在各个历史时段的发展情况、特征及其纵向联系；在领域上横通，则需弄清该主题内容在其他学科或领域的不同表现及其所呈现的横向联系。因此，初中历史跨学科主题学习应立足于历史学科的立场，重视学科间的渗透与关联，同时充分考虑历史学科的特殊性，深入理解学科知识、方法及其核心素养，并将这种理解延伸至其他学科中。

2.内容：指向学科融合

在实施跨学科教学时，教师常面临"学科至上"与"去学科化"两种极端观念的困扰。前者过分强调"双基"教育，而后者则忽视了分科教育的优点。实际上，跨学科主题学习应聚焦于将有意义的相关学科知识进行有效组织与整合，促进不同学科知识的深度融合与构建，以培养学生的跨学科思维。当前，跨学科主题学习易陷入"拼盘式"或"混搭式"的误区，即虽有主题统摄，但实质上仍是各学科知识的简单杂糅与拼凑。为解决这一问题，教师应从分散在不同领域的知识中提取精华，按照跨学科主题学习的要求进行整合，实现内容的结构化和逻辑的合理化。同时，应以问题为核心，设计逐步递进的学习任务，引导学生深入探究，使跨学科知识真正融合为一个有机的整体。

3.评价：以核心素养为导向

跨学科主题学习不仅关注教师"教"的逻辑，还重视学生"学"的思维。为了更好地培育学生的核心素养，教师需要优化学生的学习过程与方法，并构建基于核心素养的跨学科主题评价体系。在开展评价活动时，教师应明确基于核心素养指向的学习目标，布置能让学生充分参与的学习任务，并设计具体的学生表现性评价量表。这样，教师可以依据量表进行评价，而学生则可以依据量表完成学习任务，从而实现教、学、评的一体化。

（二）跨学科作业设计案例分析

1.绘制《战国七雄形势图》和《秦朝形势图》

我们的第一次跨学科作业主题是绘制《战国七雄形势图》和《秦朝形势图》，取材自新课标跨学科主题学习活动示例中的"历史地图上的世界格局"。考虑到六年级新生基础薄弱，其历史知识、能力和素养均处于初级学习阶段，我们设置了简单易操作的任务。在与地理老师沟通后，确认学生已初步掌握认识地图的相关知识。基于以上学情，我们确定了这一主题，将其与地理、美术学科相关联，旨在通过绘制地图培养学生的历史时空观念，训练并掌握历史地图的识别方法。多数学生能够按要求绘制彩色地图并标记清楚战国七雄、秦朝疆域、秦长城起止点等关键地点，甚至补充了战役地点、河流、水利工程、周边少数民族等信息。通过完成任务，学生深刻体会了我国从分裂走向统一的过程，初步培养了历史时序意识和历史时空感。这次简单的尝试让我们认识到，尽管生源基础有限，但学生们的动手能力和执行力却远超预期。评价方面，我们主要采用等级和评语相结合的方式。

2.漫话秦始皇的一生

新版课程标准对六年级学生提出了形成合理想象并分析、认识重要历史事件和人物意义及影响的素养目标。学生在学习秦朝历史后，被秦始皇的传奇事迹和神秘色彩所吸引。综合以上目标要求和学情，我们参照新课标示例中的"中华英雄谱"，设计了主题为"漫话秦始皇的一生"的跨学科作业，将其与语文、美术等学科相关联。引导学生搜集有关秦始皇的史料，在遵循史实的基础上，利用语文学科学到的人物描写方法结合绘画，共同展现秦始皇的一生。学生们为秦始皇设计了卡通形象，有的选用年代轴、思维导图等方式梳理秦始皇一生的重要事件，有的注重史论结合，认真分析秦始皇治国措施的利弊，还有的以漫画形式诙谐幽默地展现秦始皇的"自白"。无论采用何种形式，都有助于学生深入理解秦始皇巩固统一措施的意义及秦朝灭亡的根本原因，从而培养学生的唯物史观、历史解释和家国情怀等核心素养。评价方面，我们依旧采用教师评语加等级的方式。

3."我为运河制名片"

寒假前，我们参考新课标跨学科主题学习活动示例中的"历史上水陆交通的发展"，结合新学期第一单元的课程，设计了主题为"我为运河制名片"的跨学科作业。该作业旨在引导学生收集整理隋朝大运河开凿、运行及其对周边城市影响的相关资料，运用历史、地理、语文、信息技术等学科的知识和技能进行探究，促进学生共通性素养的养成。大部分学生采用手绘示意图并搜集资料、分析大运河开凿利弊的方式完成；另有约1/6的学生选择制作课件呈现，虽然在版式、动画、内容等方面有待改进，但也展现了跨学科作业呈现的另一种可能。评价上，我们依旧采用教师评价的方式。

4.科技铸就中国梦——古代科技探索与当代大国重器的认识

本次跨学科作业设计灵感源于参观校园文化墙的活动，墙体文化主题聚焦大国重器，与七年级下册历史课本内容相呼应。为了设计既符合学生现有知识水平又能实现学科整合、拓展素养的作业，我们对比分析后决定参考新课标示例中的"古代典籍中的中华优秀传统文化"，与语文、道德与法治、美术等学科关联，设计主题为"科技铸就中国梦——古代科技探索与当代大国重器的认识"的跨学科作业。通过任务单引导学生参观文化墙、观看纪录片等，完成梳理中国古代科技成就、图文介绍大国重器、介绍科学家事迹、共筑中国梦等任务。这一过程不仅让学生认识到中华文明的历史价值和对世界文明的贡献，还增强了他们的民族自尊心、自信心和自豪感，坚定了为中华民族伟大复兴而奋斗的信念。从这次作业开始，我们引入了评价量表，通过学生自评、生生互评、教师评价等方式，让学生明确优秀跨学科作业的标准和完成方法。

5.文登天福山起义纪念馆 & 红色胶东馆研学实践活动

本次跨学科学习主题的确立与学校组织的参观天福山起义纪念馆和红色胶东馆研学活动相结合，参照新课标示例中的"探寻红色文化的历史基因"，与语文、综合实践等学科相关联。鉴于学生在语文课上已了解部分红军长征、抗日战争等历史事件，但对党及其领导队伍的发展变化知之甚少，我们在研学前先为学生简要梳理了从中国共产党诞生至新中国成立期间的重要历史事件。随后，我们提前参观了两个场馆，并依据馆内各单元介绍的内容设计了符合学生学情的任务单，引导学生在参观过程中带着问题思考，加深对乡土历史的了解，培养家国情怀，为学习中国近代史尤其是这一时期的乡土历史打下坚实基础。评价方式依旧采用设置评价量表的形式，以反向指导学生高效完成任务单。

（三）跨学科的教学反思

以上跨学科主题学习活动以历史学科为主导，服务于历史学习，学生全员参与，有效培养了他们学习历史的兴趣和方法。例如，许多任务要求搜集整理知识，学生在这一过程中掌握了制作年代轴和思维导图的方法。因此，在复习时，我们可以完全放心地让学生自主构建某一大单元或大概念的思维导图，这有助于学生实现历史学习时段上的纵向贯通。此外，这些活动还培养了学生的时空观念、历史解释能力、家国情怀等学科核心素养，使他们对乡土历史有了初步的了解，为后续学习打下了坚实的基础。

对教师而言，最大的变化应该是教学理念的转变。我们更加敢于尝试不同的教学方法，更加注重培养学生的学习能力和素养。我们积极探索实践，结合学情、校情，以学生为主体，引导学生将历史学习与现实探究有机结合，将核心素养的培养与社会实践紧密配合，促使学生将学到的学科知识与技能应用于实际问题的解决中，从而促进学生的全面发展。

二、导游体验官——欧洲西部——地理跨学科教学案例

【课例解析】

为落实立德树人的教育价值，提高中学生综合实践能力，基于学生的年龄特征和学习能力，选择"导游工作我体验"的课题。本课将从职业体验的角度，让学生了解导游工作的内容与工作的准备，培养一定的社会责任感。

学科教学与劳动教育融合点：欧洲西部旅游业发达，在学科知识学完之后，进行导游体验官活动，让学生进行职业体验。

【生活情景】

模拟旅游实际，规划游览线路，制订合理方案

【学习目标】

体验导游职业，能模拟旅游实际，规划游览线路，制订合理方案。

【活动准备】

导学案、PPT课件

【活动设计】

（一）寻美面面观

预习交流：欧洲西部的美表现在哪些方面？

请以"欧洲西部之美"为主题词，在A4纸上用自己喜欢的创意地图的形式展示出来。

（二）导游初体验

情境设计：请你变身欧洲西部导游，接待旅客，安排游览行程，需要考虑的因素有哪些？

教师指导：在这些因素中，根据游客到来的季节天气和他们的年龄特点，考虑设计的景点线路应该是有侧重的。比如，游客夏天带小朋友来游玩，就可以侧重"阳光沙滩看海"的主题线路。再比如，去不同的国家准备的物品有所不同，去英国旅游要准备雨具等。

在此提供三种客人类型供大家选择：

老人长辈团、亲子儿童团、青年背包团。

小组任务单：

1.小组认领一个客人团队或解说词撰写任务。

2.设计欧洲西部旅游的行程线路。（最少去四个国家）

3.为旅游大国西班牙、法国、意大利撰写解说词，突出景点特色。

流程步骤：

①共同协商，根据客人信息和季节天气，明确行程主题。

②组长分工，每个成员各司其职，又密切合作。

③用自己的方式呈现成果。

④推选发言人，代表小组交流分享。

（三）模拟情景场

大家分工合作，进行一次导游的初体验，其实在真正的旅游过程中会有一些临时状况，需要导游妥善处理。

请大家说说旅游中可能发生的临时状况有哪些？

1.小组讨论：遇到这样的情况怎么处理比较妥当？

2.尝试模拟表演。

【教师小结】

职业体验之旅只有起点，没有终点，这堂课我们进行了导游职业初体验，感受了导游职业的魅力和辛苦，体会了团队协作的重要，明白了从事任何职业都要从现在开始不断学习、不断积累，才能把事情做好。希望同学们在接下来的学习生活中能反观自身素质，弥补劣势，完善自我，为未来的职业生涯奠基。

【布置作业】

1.将小组作品以板报的形式展出，学生参照旅游行程的要素标准，对其他小组作品作出评价，提出建议。

2.以"我的导游初体验"为题，写一篇300字左右的心得体会。

【课程评价】

对于助学任务单这一环节中评出优秀设计团队，在最后的体验展示环节评出优秀小导游，过程中学生自评互评，只要努力参加了都是收获，最佳导游的同学要给予必要的表扬与鼓励，让他们感觉到人人机会平等，竞争是公正的。

【助学工具单】

1.寻美面面观

请以"欧洲西部之美"为主题词，在A4纸上用自己喜欢的创意地图的形式展示出来。

补充内容：欧洲西部繁荣的旅游业。

（1）自然风光

挪威峡湾、瑞士雪山、西班牙阳光沙滩、法国田园风光等。

（2）人文景观

历史名城："千年古都"罗马、"音乐古都"维也纳、"水城"威尼斯、"艺术之都"巴黎；

古老建筑：意大利庞贝古城、巴黎圣母院、法国卢浮宫、雅典卫城；

欢乐的节日：意大利狂欢节、德国慕尼黑啤酒节、法国夏纳电影节。

乘船观看雄壮的峡湾，观看午夜的太阳。（挪威）

在"音乐之都"维也纳观赏音乐。（奥地利）

游"水城"威尼斯，参观庞贝古城。（意大利）

去阿尔卑斯山滑雪，参观"世界表都"伯尼尔。（瑞士）

卢浮宫观赏名画《蒙娜丽莎》。（法国）

去无产阶级革命导师马克思墓前献花。（英国）

法国：埃菲尔铁塔、卢浮宫、巴黎圣母院；西班牙：西班牙斗牛，阳光海岸；德国：慕尼黑啤酒节。

（3）旅游资源的开发利用

①欧洲西部国家通过合理开发和利用旅行资源，大力开展多种形式的旅行活动。

②欧洲西部是国际旅行业最发达的地区，每年接待的国际游客人数和旅行外汇收入居世界前列。法国、西班牙和意大利差不多是世界闻名的旅行大国。

旅行资源丰富且类型多样；经济发达，服务设施齐全，服务质量高；旅行产品丰富多样，便于游客购物；交通发达，便于游客出行。

2.导游初体验

小组任务单：小组认领一个客人团队或解说词撰写任务。

设计欧洲西部旅游的行程线路。（最少去四个国家）

为旅游大国西班牙、法国、意大利撰写解说词，突出景点特色。

3.模拟情境场

大家分工合作，进行一次导游的初体验，其实在真正的旅游过程中会有一些临时状况，需要导游妥善处理。

请大家说说旅游中可能发生的临时状况有哪些。

（1）小组讨论：遇到这样的情况怎么处理比较妥当？

（2）尝试模拟表演。

第四节　培训足迹

一、开题明思路　科研助成长

人勤春来早，科研启新程。为扎实推进我校教科研工作，努力提升教师教育教学及教科研水平，2023年2月23日，我校举行了教科研专题培训活动。参加本次活动的有威海市教育教学研究院张涛主任、威海市初中体育名师工作室主持人吕兵文老师、文登区体育竞技学校、二中伙伴校领导及部分教师、金山中学全体教师。

活动首先由张涛主任围绕如何开展教育科学研究为全体老师做了《从真

实的教育世界里找学问》专题讲座。

研究的意义、如何选题、课题研究的路径三大方面，结合大量教学案例，为大家详细阐释了如何将日常教学中的问题做成课题，如何把教育做成科学。

张涛主任指出，教育科研是以科学理论为工具，以教育领域发生的现象为对象，以探索教育规律为目的的创造性的认识活动。问题即课题，工作即研究，对策即成果，成绩即成效。

随后，相关专家和课题组教师依次开展开题报告会。在"推进山东省全环境育人实验区建设专项研究"课题开题报告会上，姜永成书记从研究目标、内容方法、研究困惑等多个方面进行了阐述。

吕兵文老师对研究内容和评价方式给予点评与指导，强调评价方法在提升学生体质水平课题研究中的重要作用。

接下来，张涛主任就《新课标指导下的"目标—评价—教学"一致性在课堂教学中应用的研究》《基于跨学科教学理念的实践创新素养培养研究》两项课题进行针对性指导。

张涛主任分别对两个课题的选题、研究内容、研究思路、创新点、解决的问题等方面提出了建设性的意见和建议。

最后，金山中学党支部书记、校长于晓明做了总结讲话，感谢张涛主任高屋建瓴的培训和指导，并要求课题组成员认真吸收转化专家的指导意见，不断完善研究方案、认真开展好课题研究，不断提升自身素质，确保课题研究工作高效进行，确保各个阶段课题研究成果落地见效。

谋定后动，赋能前行。在春意渐浓的新学期，我们将集智前行，共同奔赴智慧科研之旅，一路探寻，一路成长。

二、对标探讨赋新能　共研共思促提升

教师专业发展专题培训活动现场

风劲帆满图新志，砥砺教研正当时。为进一步提升教师专业水平和专业素养，加强教师队伍建设，促进高效课堂的构建及新课程标准的落地实施，2023年5月26日，金山中学开展了教师专业发展专题培训活动。活动邀请威海市教育教学研究院的张涛主任到校指导。本次活动由金山中学教导处副主任丛晓燕主持，参加本次活动的有金山中学全体教师以及伙伴校的部分骨干教师。

活动首先由张涛主任围绕如何开展大单元教学为全体老师做了题为《走近单元教学大处着眼见人》的专题讲座。张涛主任围绕单元教学的内涵和单元教学的实施两大方面，通过类比住宅单元的特点，深入浅出地为大家讲解了什么是单元，什么是教学单元，什么是单元教学，通过大量具体教学实例阐明单元教学的深远意义；张涛主任还为大家介绍了单元教学实施的基本过程，强调，在单元教学实施中要做到内容目标化、目标问题化、问题情境化、教学活动化、活动序列化、评价融合化，并结合单元教学模板以及课时教学模板，例析了单元教学大情景、大任务的设置及单元教学活动的设计。

下午，金山中学分文科组和理科组进行大单元教学备课研讨活动，各组分别从大单元的教学主题确定到单元大情境大任务的设计，从大单元课程标

准的解读到单元教学目标的定位，做了具体的阐述，充分展示了大单元教学的设计思路和具体做法，张涛主任针对所有学科一一做了点评，并给予有效指导。

积力所举，则无不胜；众智所为，则无不成。通过本次教研活动，老师们对新课标以及大单元教学有了更深的理解与体会，相信在接下来的工作中，全体金山人必将继续用心研究，深耕课堂，将新课标的精神落实到教学实践中，让学科核心素养在课堂上落地生根。

最后，张涛主任听取了金山中学两个社会性议题小组的工作汇报，丛晓燕主任和毕明松老师分别从团队组建、议题选题、活动实施以及成果梳理四个方面汇报了《昆嵛山抽水蓄能电站到底亏不亏》《文登冬季清雪到底要不要使用融雪剂》两个议题的工作进展情况。张涛主任指出，两个议题选题贴切，活动设计合理，活动开展深入扎实，充分体现了金山中学教师做事扎实、团结奋进的工作作风。同时，他也对两个议题的五星图开发的情况提出了自己的见解，为议题后续的开展指明了方向。

学习是一次心灵的旅行，也是一次成长的修行。一天的培训，不仅向张涛主任展示了金山中学集体智慧的成果，也得到了张涛主任更多专业化、个性化的指导。相信所有行走在教育道路上的金山人必将带着这份收获砥砺前行，不负众望！

三、如切如磋共教研　齐头并进同成长

寒冬瑞雪兆丰年，时光荏苒悦华章。在最温馨的冬日12月，我们迎来了一场教研盛宴。2023年12月28日，SSI威海区域联盟实验校的线下观摩研讨推进活动在文登区金山中学召开。此次会议由SSI-L项目山东区域负责人、威海市教育教学研究院张涛主任主持，来自威海市望海园中学、威海市世昌中学、威海市羊亭学校、威海市明湖路学校、威海市河北中学、威海市第十中学、威海市望岛小学、威海市河北小学、荣成府新小学、南海实验中学、文登区金山中学11所联盟校的校长和项目骨干教师共50余人参加了此次会议。他们

将自己学校开展的社会性科学议题学习情况进行交流展示，分享各自的研究成果和经验，共同推动SSI项目深入开展。

（一）第一议程：理事长致辞

王静理事长回顾了本届社会性科学议题学习项目学校联盟成立以来开展的活动以及取得的成果，宣读了本次会议的主要内容和流程。

（二）第二议程：交流展示与点评

五所学校做了本学期的工作总结和下学期的工作计划。

1.威海市望海园中学

项目组长安同娟展示了上学期议题"家庭饮水你选自来水还是其他净化水"的开展情况和收获，交流了下学期要进行的议题"核污水排放后国产养殖海鲜还能不能吃"的初步设想，提出了"158"校本课程实施模式。

2.威海世昌中学

项目组长崔文浩交流了本校开展社会性议题分年级实施的办法，针对已经开展的"威海小石岛是否有必要填海造陆""威海是否应该大力推广潮汐能发电站建设"这两个议题进行了详细的交流，并提出新议题"威海是否应大力推广海洋牧场建设"。

3.南海实验中学

项目组长孙丽娜交流的是"面对小观蛤数量减少的问题，该选择任其自生还是人工干预"这一议题，从伦理、经济、科学、政策、社会五个方面进行思考，设计五星图，安排五大活动。

4.威海市第十中学

项目组长谭妮妮展示的议题是"威海城市公交系统使用新能源车好还是传统燃油车好"，交流了围绕项目开展的12次集体学习、3次研学考察、1次成果汇报。介绍了下学期的新议题"智能门锁与传统门锁的利与弊"的五星图和活动设计。

5.威海市明湖路学校

项目组长王丽慧从驱动性问题设计、开展方式、五星图、活动设计、活动内容、获得成效六个方面交流了"威海更适合风力发电还是水力发电"这个议题学习的开展情况，并提出下学期的深入研究方向。

此外，威海市第十中学、威海市望岛小学、威海市河北小学、威海世昌中学、威海市望海园中学的老师分别对上述学校交流进行了点评，他们在倾听的过程思考议题开展的科学性、规范性，在总结其他学校议题优点的基础上思考自己学校议题可以借鉴的经验。

（三）第三议程：课例展示与点评

文登区金山中学的毕明松老师展示了一堂《该不该使用融雪剂》的课例。在这堂课中，毕老师和学生一起回顾了整个议题前期学习的过程。随后，学生就"该不该使用融雪剂"进行了辩论赛。正方、反方两组学生就融雪剂使用的利与弊各持己见，唇枪舌剑，赢得参会老师的阵阵掌声。

威海世昌中学、荣成府新小学的老师对本节课进行了点评，他们肯定了议题活动的开展过程和学生在课堂中的表现，也表达了自己对本议题的认识。

（四）第四议程：张涛主任点评

最后，张涛主任就本次活动的开展情况进行了点评，对各学校前期积极参与、认真实施、扎实推进给予了肯定，对每一个议题以及课例存在的优点和不足分别进行了说明，并就问题提出了修改建议。张涛主任提出选题要有争议性，是怎样"做"的争议，而不是回答"是不是"的争议，开展研究要用证据说话，用证据证明观点，而不是用观点证明观点。尤其强调要加大对评价的研究，同时对点评也提出了新的更高要求。

社会性科学议题学习是学校落实科学教育的有力抓手，能够培养学生科学精神、探究能力、创新能力等科学素养；社会性科学议题学习也是落实核心素养的有效途径，引领学生关注社会，聚焦生活，培养学生的社会责任感，历史使命感；社会性科学议题学习更是教师成长的重要路径，选题、制作五星图、设计活动、开展活动、设计评价等活动引领教师思考和践行跨学科学习、实践研究等新课程理念，从"做中学"走向"用中学""创中学"。独行快，众行远，相信本次活动对每位老师都是一个拔节生长的过程。

四、深耕单元整体设计　助力教师课堂教学

教学专题培训现场

为深化课程教学改革，引导教师更新教育理念，转变教与学的方式，提高教师课堂教学能力，2024年5月13日，金山中学特邀请威海市教育教学研究院张涛主任莅临学校进行教学专题培训，以专家的角度剖析一堂好课的标准，为全体教师的教学研究进行精准指导。

（一）课例深研　探向实处

上午，学校分文科组和理科组进行课例研讨活动，分别由生物组孙境婧老师和历史组宋淑君老师执教课例，同组其他教师围绕课堂观察点进行评课，张涛主任进行指导。孙境婧老师执教了六年级生物课例《呼吸作用消耗氧气释放二氧化碳》，整节课以大单元教学为依托，注重学习的递进性与系统性，内容充实，环环相扣。课堂上，孙老师首先引领学生关注"存放红薯的地窖会缺氧"这一现象，引导学生构建"碳—氧平衡"单元整体概念。课堂上，学生自己设计实验、预测现象、得出结论，从而验证了呼吸作用能消耗氧气、释放二氧化碳和能量。整堂课注重培养学生核心素养，采用探究实验、小组

合作等方式，让学生主动参与分析问题、解决问题，在实验中培养学生基于证据逻辑、勇于探究的创新思维，也使学生养成严谨的科学态度和树立实事求是的科学精神。课后，生物组教师围绕实验教学进行评课，大家都认为实验设计得非常好，利用实验得出结论能够培养学生严谨科学的态度。张涛主任对孙老师的课进行指导，他肯定了本课情境引入贴合实际，整节课围绕概念建构组织教学，将演示实验转变成探究实验，指向了科学素养中的探究实践、科学思维和生命观念。同时提出了建议，教学中要了解学生的切入点，聚焦概念建构，整节课一条线贯穿始终。从开始围绕呼吸作用的概念进行探究，在探究过程中逐步构建完善概念，体现概念的逐级建构，指向核心素养。

历史组由宋淑君老师执教《明朝的灭亡》一课。宋老师从明朝灭亡的背景、经过、后续三个方面展开，引导学生了解明末崇祯帝面临的内忧外患，掌握李自成起义和满洲兴起、清军入关等史实，进而分析明朝灭亡的原因。课后，历史组教师从新课标、培养核心素养、大单元教学、问题链构建、教学评一致性等角度进行评课。张涛主任进行指导时指出，历史课堂不应仅局限于史实传授，而应更多地关注培育学生的核心素养。他从更高的课堂立意出发，建议改变现行的教学方式，利用现有史料重构课堂。首先，他强调创设情境的重要性，引导学生深入了解明末内忧外患的史实；其次，他建议分析史料、探究其原因；最后，他提倡联系现实问题，使每一个环节都紧扣培养学生的核心素养。张涛主任的指导让历史组教师受益良多，他们表示在今后的教学实践中，会更加关注学生的学习过程，将培养学生的核心素养落到实处。

（二）专家引领 培向深处

下午，张涛主任作了题为"一致性视域下'好课'的创造"的专题讲座，站在大单元教学视角，对如何设计一堂好课进行答疑解惑。张涛主任从一堂好课的六字诀"实、放、清、细、深、融"入手，着重解读了好课的标准。他强调"好课"要扎实、充实、丰实、平实、真实，课堂要开放，教师要有清晰的思路，要关注教学细节，深入提升学生的思维和情感，更要跨学科教学融合。张涛主任指出一堂好课的最终落脚点是"目标、评价、教学一致性"。教学中要关注三个问题：你要把学生带到哪里？（教学目标）你怎样把学生带哪里？（教学过程与方法）你是否把学生带到了那里？（学习效果评估）张涛主任从四个方面——"教学目标要指向核心素养""要能够深刻地理解教学内容""教学过程要以目标为统领""要通过评价来保证教学效果"为教师——解读如何上好课。他针对教学中存在的问题，列举了大量的涵盖众多学科的教学实例，有针对性地解读指导。列举的实例生动鲜活，引起教师们深思：我是否也有类似经历？该如何解决？这次讲座让教师明确了一堂好课要真正做到"目标、评价、教学融合为一体"，提升了教师的目标意识、素养意识、主体意识和评价意识。

　　培训后，邢云贵副校长进行了总结。邢校长希望教师能将本次培训所学应用到教学实践中，落实新课标要求，继续探索各学科大单元教学、跨学科教学，以课堂为抓手提升学生的核心素养。"惟其磨砺，始得玉成"，金山中学全体教师将持续深入研习，将大单元教学理念和好课的标准融入每一堂课中。不断躬身于实践，探寻教育之道，以"新课标"为航标，谋定后动，赋能前行，让核心素养在课堂落地生根。

第五节　青年教师成长

一、党建引领青年教师成长

培养工程活动现场

　　教育之水涓涓细流，离不开教育前辈的呕心沥血、倾情付出；教育之穹繁星点点，离不开青年榜样的担当作为、无悔奉献。为促进青年教师追求职业理想境界、获得良好专业发展，金山中学党支部启动青年教师培养工程，为青年教师"搭台子""找路子"，引领青年教师成长。

（一）党建引领

　　金山中学党支部书记、校长、名师团队成员于晓明为青年教师成长共同体上了第一节思政课，让青年教师明确自己前进的方向，听党话、跟党走，做有理想、敢担当、能吃苦、肯奋斗的新时代好青年。

（二）助力成长

　　学校成立青年教师成长共同体。校内以名师为引领，校外聘请威海教育教学研究院张涛主任为金山中学高级顾问，共同助力青年教师的成长。

副校长邢云贵解读《青年教师培养活动方案》，提出专题培训促专业发展、师徒结对推共同成长、把脉教学锻高效课堂、搭建平台激青年成长四个方面的培养措施，并就教师素养的四大方面对青年教师提出期盼和要求。

（三）签约仪式

名师工作室的四位名师同青年教师结成师徒，结对师徒签订《金山中学帮扶结对协议书》，薄薄的一张纸，承载着教育沃土上携手共进的承诺。青蓝结对、薪火相传，愿金山中学的青年教师们：向上，仰望星空；向下，扎根沃土。共研共学、共同进步、共攀高峰！

二、阅读悦美　共同成长

读书交流分享会现场

为加快青年教师的成长步伐，培养爱读书、读好书的习惯，为青年教师群体提供成长的空间和平台，2024年3月1日下午，我校开展了以"阅读悦美共同成长"为主题的青年教师读书交流分享会。

活动伊始，于芳主任简要阐释了读书对日常教学工作的重要意义，并表达了对青年教师"学海无涯，笔耕不辍"的殷切期望。金山中学首届青年教师读书交流会在悠扬的音乐声中拉开了序幕。

于惠珍老师交流的主题是《学会关心——教育的另一种模式》。于老师用平实、细腻的语言向大家阐述了书中的主要观点，在这个过程中也融入了她在日常教育工作中得来的经验与反思。

吕晓臣老师就如何评课分享了《看课的门道》一书，从评课的心态、角度等方面向大家阐述了自己的心得，并提出要"谦虚地看、细心地看、认真地评"等观点。

王君玉老师分享的书目是麦家的《人生海海》，她对"海海"一词做了更深入的解读。其中她提到了"人生海海，山山而川，不过尔尔"，王老师提到，既然人生像大海一样，有太多的茫然和不确定，为何不像向日葵一样，努力而获，向阳而开？

房俊杰老师则结合地理学科特点和自身兴趣推荐分享了《枢纽》一书，通过书中介绍历史上中国都城的变迁来学习如何将"整体观、大局观"运用到日常地理教学中去。

秦雪老师就工作中存在的师生沟通现象进行了深入的分析，并结合日常工作中存在师生"沟通，但不解决问题"的行为模式，围绕"摆脱思维桎梏，优化行为模式"的主题进行交流。

郑琳老师在研读《威海教育》的基础上，结合自己的切身经验，对青年教师工作中存在的畏难情绪、工作没有条理、如何进行心态调整等问题进行交流沟通。

"书海遨游拾贝，阅读浸润人生"，本次的阅读分享活动虽然时间有限，但收获颇丰。大家纷纷表示将把此次分享交流获得的经验同自己的教学工作联系起来，让读书成为一种习惯，在读书中提升自己的素质和教育水平，让读书成为自己加速发展的推动器。

第三章　课程构建

第一节　课程思路

面对新课程改革的国情、金山中学学区的社情以及新建校的校情，学校创新性地提出了"共生"教育理念，该理念以核心素养为导向，依托课程为载体，旨在构建"共生"课堂模式，实现学生"多元共生，自然生长"的愿景。

构建优质新课堂，深入推进基于新课程标准的教学评一致性研究，秉持问题导向、差异发展、全面提升的原则，全面优化"备、教、考、评、补"教学全过程，实现从知识本位教学向素养本位教学的深刻转型。

改进课堂教学流程，坚持素养导向，基于教学评一致性，大力推进"三位一体"学程再造教学改革。其中，"三位一体"即目标、任务、评价相融合，自主、合作、探究相结合，旨在实现课程、教学、评价的一体化。学程再造强调以学习为中心，强化目标引领，坚持先学后教，实施逆向设计。围绕情境化、问题导向、深度思维、高度参与等核心要素，以系列化问题替代传统的讲解、分析、解释，通过主题式活动创设丰富的体验与探究场景，运用新情境和新教材设计考核与评价题目。

推进教学方式变革，创设以学习者为中心的学习环境，凸显学生主体地位，重视差异化教学和个别化指导，以满足学生多样化的学习需求。深入转变教学方式，从碎片化教学向大单元整合转变，从以教师为中心向以学生学习为中心转变，从单一讲解向启发、互动、探究、生成转变。

加强学科实践，注重真实情境教学方式，增强学生的现实问题解决能力，推进综合学习，探索大单元教学，以大任务群引领主题化、项目式学习，促进智慧共生。鼓励学生举一反三，融会贯通，促进知识结构化。同时，发挥新技术优势，促进信息技术与课堂教学的深度融合，精准分析学情，服务于个性化学习。

体验：好奇、真实、志趣，形象、生动、活泼，情境、合作、探索。

智慧：思考、质疑、思辨、发现、顿悟、启发。

生成：生发、感受、感悟、经历、品味、欣赏。

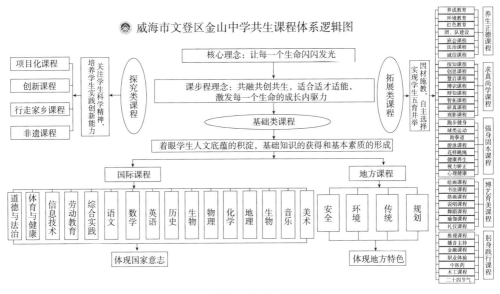

金山中学共生课程体系逻辑图

让课堂"动"起来！让课堂"实"起来！让课堂"活"起来！让课堂"深"起来！让课堂"美"起来！让思维的火花生生不息！进一步转变教学方式，提高课堂质量。

第二节　课程内容

一、基础类课程

（一）学校课程规划方案

1.课程依据

国家要求： 2016年中国学生发展核心素养研究成果发布，明确了中国学生适应终身发展和社会发展需要的必备品格和关键能力，明确了学校的培养目标；2022年，教育部颁布了《义务教育课程方案和课程标准》为学校课程实施明确了思路。

地域优势： 文登，因秦始皇东巡"召文人登山"而得名，历经千年历史积淀而流传下来，久享"文登学"美誉。随着时间的推移，"文登学"这一概念的意义已引申为"崇尚文化、勤奋好学"的内涵；"齐东重镇""红色胶东"也是文登另一层底色，文登人民抗击外来侵略，保卫祖国的历史经历渗透到文登的血脉中，"胸怀天下，责任担当"也成为文登的精神品质。

校情分析： 金山中学作为一所新建校，设施设备全面先进，教师、学生呈现出多元性特点。学校确立了办学理念——多元共生；学校愿景——成就师、生多元发展，打造老百姓"家门口的好学校"；学校使命——打造多元课程共生、家校社多元共育样态，实现学生的"多元共生，自然生长"；校训——共和共生，尚学致远；校风：共润共生，厚德至善；教风：共爱共生，博学求真；学风：知行共生，笃学力行。

学情评估： 通过调查问卷分析发现，学生普遍存在动手操作能力的欠缺，对一些实践类课程更感兴趣，且存在性别上的差异。如男生倾向于竞争类课程，女生则喜欢合作性课程；女生更擅长机械记忆、形象思维、语言表达和模仿式学习，男生则擅长理解记忆、空间知觉、抽象逻辑思维和创造性地解决问题。基于此，学校应全面开设地方课程，用心设计校本课程，确保课程设计符合学生发展，学生能够全员参与，实现能力的全面提升。

社区的发展需要：学校地处文登区开发区，属于城乡接合部，学生所处的生活环境相对复杂，文化氛围不足，家长文化程度不高，外出打工者以及外来务工者居多。整个社区要想快速发展，必须做好教育这一民生工程，使学生在义务教育阶段能够获得较多的文化知识和一些基本的生活技能。学校在课程设置上，需要在考虑到家庭条件的基础上，尽可能多地为学生开设丰富多彩的课程，开拓学生的视野，提高学生的人文素养和综合能力。

课程资源条件：

优势：学校资源丰富，各类设施齐全；师资结构合理，专业化强且年轻充满活力。

劣势：学生基础较差，视野相对狭窄；教师科研意识和科研能力相对薄弱。

机会：学校新建伊始，百业待兴，各种平台展示机会多。

威胁：基础薄弱，家长素质不高，对开设的课程和各类活动会有部分家长不理解不支持。

课程资源条件SWOT图

2.学校课程方案

（1）课程目标

毕业生形象：勤学善思的终身学习者、知行合一的生活践行者、责担天下的社会担当者。

勤学善思：培养"学习习惯"，勤于学习、善于思考，立志成为终身学习者。

知行合一：秉承"学以致用"的理念，致知于行、行中求知，努力成为生活践行者。

责担天下：树立"责任担当"的意识，立志修身、博学报国，立志成为社会担当者。

（2）课程结构与设置

①整体课程结构及其说明：

基于学生身心发展特点，结合课程目标的三个方面和六个维度，我们架构出金山中学"共生课程"的六大课程群：共德课程、共知课程、共美课程、共健课程、共创课程、共研课程。这六大课程群以国家课程为基础，整合地方课程，并充分发挥地域优势，秉承家校社共育理念。我们充分利用学校周边的社区资源，如富强驾校、云龙绣品、消防大队、气象站等，开发适合学生的校本课程，旨在提升学生综合能力，培养勤学善思、知行合一、责担天下的金山学子。

②课程设置与课时分配、比例及其说明（见表3-1）：

表3-1　金山中学课程课时安排及课程设置

周课时数　　学科	年级　　六年级	七年级	八年级	九年级
思想品德	2	2	2	2
语文	4	4	4	5
语文（阅读）	1	1	1	1
数学	5	5	5	5

续表

年级 周课时数 学科	六年级	七年级	八年级	九年级
英语	4	4	4	5
物理			3	3
化学			2	3
生物	3	2	2	
历史	2	2	2	
地理	3	2		
体育与健康	3	3	3	3
音乐	1	1	1	1
美术	1	1	1	1
书法	1	1	1	1
信息技术	1	1		
劳动	1	1	1	1
校本、地方、综合实践课程总课时数	3	5	3	4
课外活动（体育活动）	2	2	2	2
课外活动（阅读）	2	2	2	2

按照每学年35周课时计算，每学年学校机动时间（如学校传统活动、文化节、运动会等）为2周，由学校视具体情况自行安排。

地方课程应根据课程内容进行整合，部分内容纳入学科的拓展课程中，一部分纳入校本课程中。

综合实践活动实行弹性课时制。可以将每周的时间集中在一个单位时间使用，也可将几周的时间集中在一天使用，还可根据需要将综合实践活动时间与某学科打通使用。七年级年级在综合实践基地进行的综合实践活动课由威海校外实践教育基地统一安排，该年级可不再单独安排同类实践活动。

心理健康教育和班会作为校本课程，间周单独开展，也可以集体讲座的形式统筹安排。

③地方课程、校本课程开设的具体内容与说明（见表3-2）：

优化重组地方课程。统一使用威海地区下发的"山东省义务教育必修地方课程教科书"四套教材，包括传统文化、环境教育、安全教育和人生规划四个学生成长的必需板块。这些学习内容涉猎广泛，且与很多基础课程息息相关。由于目前无专职的地方课教师，须对地方课教材内容进行优化重组，将不同年级的不同内容拆分到其他相应的国家课程和校本课程中，以优化地方课教学的同时实现多级课程一体化。例如，七年级的地方课"环境教育"与地理学科整合；"传统文化"中的内容与思品、历史、语文学科整合，实现地方课程和国家课程、校本课程的整合。

表3-2 地方课程重组设置表

地方课程				
六年级	七年级	八年级	九年级	安全教育
环境教育与地理、生物等学科进行整合；传统文化与历史、语文等学科进行整合。	环境教育与地理学科整合；传统文化与思品、历史、语文学科整合。	环境教育与化学、生物学科整合，并融入班会内容；传统文化与历史、语文、音乐、美术学科整合。	人生规划与思品学科整合。	安全教育与班会活动相结合，并渗透到其他所有学科中。

开设特色校本课程（见表3-3）。这些校本课程是根据学校特色、学生发展需求以及地域特色而选定的，它们既是基础课程的补充，又是学生多元发展的基础。目前，校本课程已经形成了系列。

我们遵循"尊重多元、活动生成、共生共长、协同发展"的价值追求，通过培养金山学子各类兴趣爱好，引导学生个体参与并投入旨在产生新颖且有价值的成果的实践活动中，真正落实"多元共生，自然生长"的核心理念。我们以课程化实施、个性化选择为原则，提供丰富的校本课程。这些校本课程既有必修课，也有选修课，学生可以根据个人发展愿景进行选择。通过这些有趣的实践活动，学生可以锻炼身体，提升艺术修养，关注家庭和社会，全面提升综合素养，切实满足家长和学生对课程的多元化需求。

表3-3　校本课程一览表

类别		课程目标和内容	授课人	课程类型
共德课程	德育课程	通过开展系列德育课程学习，能够形成正确的价值观，习得美好品德，指导自己的行为。	政教处	必修课程
	团队建设	通过参加一系列共青团和少先队的活动，能够明确少先队和共青团的意义，用更高标准要求自己，坚定共产主义信念。	团委	
	班会课程	通过班级团队建设，学会在集体中生活，能够形成班级凝聚力，知道集体利益高于个人利益，能够为集体利益付出努力。	班主任	
	红色课程	通过学习、参观红色故事和红色基地，了解中国红色精神的内涵，并能够传承和发扬下去。	历史教师	
	法制课程	了解社会法律法规的基本内容，认识其在社会发展和社会生活中的重要作用，能够建立起法治意识，从而遵纪守法。	思政教师	
	诚信课程	通过诚信课程的学习，了解诚信的重要意义和诚信的具体要求，从而做到守诚信。	思政教师	
	习惯养成	明确中学生应该具有的生活、学习习惯，并严格要求自己做到，养成好习惯，受益终身。	班主任	
共知课程	读写课程	通过诵读、绘本共读等多文本阅读形式，培养阅读习惯；通过读、写、绘等方法，学会表达；能用思维导图形式开展读书交流会，在深层次阅读中增长知识。	语文教师	选修课程
	吟诵课程	学习吟唱古诗词和朗诵诗歌美文，增加自己的文化底蕴。	学校教师	
	观影课程	观看国内外优秀经典影视作品，观后需要写影评，以培养艺术鉴赏能力、增强爱国情怀和提升语言表达能力。	语文老师	必修课程
	小语种	开展日语、韩语两门课程，让学生初步掌握基本的外语知识和学习方法，掌握简单的日常口语，能够进行简单的口语交流。	外聘教师	选修课程
共研课程	无人机	了解航空航天相关知识和飞行发展史，掌握模型制作、分类、材料特性、空气动力、飞行原理等基本知识。初步掌握某种模型的飞行方法。	外聘教师	选修课程
	智慧编程	通过学习C++，挖掘和培养学生的逻辑思维能力。课程采用分类探索、出题创作等学习形式，让学生在活动中熟练掌握程序思维，激发他们的创新探究精神。	信息技术教师	

类别		课程目标和内容	授课人	课程类型
共研课程	科技发明	培养发明创造意识以及观察生活、发现问题的能力，通过动脑、动手等培养解决问题的意识和能力。	学校教师	选修课程
	激光雕刻	了解激光雕刻原理，了解激光雕刻技术及其在生活中的应用，学会激光雕刻机的使用，雕刻出各种各样富有特色的作品。	学校教师	
	SSI课程	通过观察社会事物和现象，经过自己的思考，能够提出问题，并和同伴、老师通过共同探究，得出自己的结论。	学校教师	
共健课程	跑团打卡	通过每天坚持课后跑步30分钟的打卡活动，培养坚强意志，提升体能和运动能力。	体育老师	必修课程
	球类运动	课程包括篮球、排球、足球、乒乓球等，旨在增长学生的知识、提高技能、丰富课余文化生活，并培养学生的身体素质，对学生今后的学习以及体育人才的培养起着积极的推动作用。	体育教师	选修课程
	田径运动	课程包括长短跑、跳跃和投掷等运动，旨在培养学生对体育的兴趣和爱好，提高体能，丰富学生的课余文化生活，增强学生体质。	体育教师	
	技巧运动	包括体操、跆拳道等运动，通过一系列训练学习，掌握一定的技术技能，增强身体健康，提高身体协调能力。	体育教师	
	游泳课程	通过课程学习，了解人体和游泳知识，掌握游泳技术技能，增强生存能力。	外聘教师	
	花样跳绳	通过创造各种动作，让跳绳变得更有活力和魅力，在运动中增强身体的协调能力，提高身体素质。	体育教师	必修课程
	传统养生	通过学习了解人与自然和谐相处的规律，认识自己身体的状态，通过一定的知识学习改变不良生活习惯，学会生活。	学校教师	选修课程
	视力矫正	通过一系列的科学训练和科学饮食安排，使假性近视恢复到正常视力。	外聘教师	
	心理健康	通过聆听系列主题讲座，参与相关活动，能够了解自己的情绪和心理，学会控制情绪，掌握自己的心理变化，保持心理健康。	心理教师	必修课程

类别		课程目标和内容	授课人	课程类型
共创课程	鲁班课程	了解并初步具备操作多类手工工具的能力，做到正确操作一些简单的木工工具，具备一定的木工技法。	劳动教师	选修课程
	种、养殖	通过养殖一些小动物或者种植一些花花草草，并写观察日记，培养对生物的兴趣以及对生命的热爱。	劳动教师	
	拍摄课程	学习内容包括拍摄工具的基本操作知识，镜头语言的学习，场景构图学习，镜头景深的合理利用，会制作小视频。	拍摄课程	
	播音主持	学习播音主持技巧，安排播音内容，能主持广播节目、电台节目和舞台节目。	有特长教师	
	银行管理	了解金融知识，能够进行良好沟通，学会理财，会存取诚信币，会计算利率。	学校教师	
	超市管理	学会理货，熟知各种商品的价格，能够与人良好沟通，能够正确进行买卖。	学校教师	
	图书管理	学会图书分类，能够整齐摆放图书，会介绍各类图书，明确图书借阅制度。	学校教师	
	非遗课程	知道文登非遗项目，选择自己喜欢的一项了解其发展历史，并进行实践学习，掌握一定技艺，能够制作简单的工艺品。	外聘教师	
共美课程	绘画课程	包括国画、素描等。通过各类活动使学生掌握一定的美术知识和国画、素描等技能及方法，激发学生学习美术的兴趣，陶冶情操，锤炼审美情趣，促进学生个性和谐发展。	美术教师	选修课程
	电烙画	了解电烙画发展历史，掌握一定的电烙技术，能够创作部分电烙画作品。	美术教师	
	乐器演奏	包括口风琴、葫芦丝、陶笛、竖笛等。通过丰富的体验形式使学生掌握演奏和表演的技能及方法，以艺术的魅力感染人、培育人，促进学生个性和谐发展。	音乐教师	
	说唱课程	包括相声、独唱、合唱等，通过学习，了解各种艺术发展历史及形式，能够掌握一定的说、唱技巧，能够进行创作和表演。	音乐教师	
	舞蹈课程	了解舞蹈种类和发展历史，选择一种舞蹈，通过练习能够掌握其技巧。	音乐教师	

类别		课程目标和内容	授课人	课程类型
共美课程	戏剧表演	了解戏剧的种类和发展历史，掌握一定的表演技巧和舞台表演经验，能够和同学合作，共同表演舞台剧。	音乐教师	选修课程
	礼仪课程	了解传统文化中的穿戴礼仪、就餐礼仪、待人礼仪等基本礼仪要求，并能够掌握，将这些礼仪在实际生活中应用。兴趣小组成员能够将礼仪的要求进行宣传，惠及班级同学。	外聘教师	必修课程

（3）课程实施

①学校层面

A.明确课程目标，把握课程方向。学校根据课程标准的要求，明确定义每门课程的目标和学习结果，确保教师和学生都清楚应该达到什么样的水平。无论是国家课程还是校本课程，都体现了核心素养的综合性、发展性和实践性。学校通过"做中学""用中学""创中学"的方式，致力于发展学生的综合素养。

B.提供资源支持，保障课程实施。学校提供了丰富且先进的教学资源，如教材、参考书、实验室设备等，以帮助教师开展有效的教学活动。同时，学校与文登技师学院、威力工具集团、金山社区等单位建立了合作关系，为教师和学生的发展提供了学习场所和技术支撑。此外，学校内部也根据学生兴趣爱好和特点成立了各类社团，并开展了丰富多彩的活动。

C.组织教师培训，提升课程领导力。学校组织了专门的培训课程，旨在提升教师的教学能力和使用各种教学工具的技能，以保证课程能够顺利且高效地实施。这些培训涵盖了教学方法、教学技术和评估方法等方面。例如，学校聘请了张涛主任作为高级顾问，为文化课教师提供新课程标准以及大单元教学的培训；还聘请了文登非遗传承人，为全体师生提供花饽饽制作、陶艺、布艺、剪纸等方面的培训。

D.整合地域资源，丰富课程内容。学校围绕"共生教育"的主题，定期开展研学旅行活动，旨在挖掘学生身上的闪光点，并培养学生自我发展的内驱力。学校充分利用了文登的革命圣地天福山、文登博展馆、文登图书馆、文登学公园、道德经的摩崖石刻、文登七十二进士的雕像等研学旅行场地，帮助学生了解家乡的历史以及文登学的来历。例如，每届六年级新生的开学典礼都可以安排在天福山纪念馆举行，师生徒步前往参观纪念馆，瞻仰革命烈士遗迹，重温红色历史，感受革命精神；还可以徒步前往大溪谷、耕读小镇进行研学旅行，以培养学生坚强的意志；或者前往技师学院进行研学，为学生的未来职业选择明晰方向。

E.家校社联动，实现课程共育。学校重视培养学生家庭责任感和社会责任感。在农忙季节，学校要求学生参加家庭劳动，并写出自己的劳动体会，以感悟父母的辛苦，并认识到自己也能为家庭做出贡献。此外，学校还组织社区服务活动，如打扫卫生、宣传政策等，以锻炼学生的交流能力，并让他们为自己能为社会做出贡献而感到骄傲。同时，学校还开展各类艺术节集中展示活动，如每年定期组织阳光体育节、美育艺术节、观影活动、任务单展览等。在这些活动中，学生在家长和老师的帮助下完成前期的筹备工作，并在节日上展示个人的成长足迹。这样的活动旨在培养学生的集体荣誉感和各类特长的发展。

A.教师层面：

（a）多元化的教学方法：教师采用多种教学方法，如讲授、讨论、小组活动、实践操作等，以满足不同学生的学习需求和适应课程要求。

（b）激发学生兴趣：教师通过实际案例、故事、互动式教学等方式，使课程内容更加生动有趣，大大激发学生对学习的兴趣和动力。

（c）鼓励合作学习：教师组织学生参与合作学习活动，促进他们之间的交流与合作，提高学生的学习效果和解决问题的能力。

（d）及时反馈和评价：教师在授课过程中能够及时给予学生反馈，帮助他们了解自己的学习进展和不足之处。同时，采用多元、多样的评估方法，进行全程、全员、全面的学生学习成果评价。

（e）重视实践教学：各类课程的设计应高度关注学生学习过程中的实践

经历，强调学生在学习过程中的主动参与。教师应选择恰当的真实情境，设计学习任务，让学生积极参与动手和动脑的活动。

（f）跨学科学习：教育部发布的《中小学综合实践活动课程指导纲要》中指出，应培养学生综合运用各学科知识，认识、分析和解决现实问题，提升综合素质，着力发展核心素养，特别是社会责任感。因此，教师要构建起宽广的跨学科知识体系和系统逻辑框架，在实践中有意识地运用多种策略、技能、手段和工具，来支持学生的跨学科学习。

B.学生层面：

（a）做"勤学善思"的终身学习者：

积极主动参与学习，主动思考和提问。充分利用学校提供的资源，如图书馆、实验室等，扩展知识和加深理解。定期进行学习反思，总结学习经验和教训，并及时进行复习和巩固。使用笔记、复习提纲、思维导图等工具，帮助记忆和理解知识。培养"勤学善思"的学习习惯，成为终身的学习者。

（b）做"知行合一"的生活践行者：

积极参与课堂讨论和活动，与教师和同学互动，分享自己的观点和经验。参加课外活动、学术竞赛等，拓宽知识面和提高综合素质。同时加强自我管理，通过制定学习计划、设定目标，并按计划合理安排学习时间和任务，以提高学习效率和成果。致知于行、行中求知，成为生活的践行者。

（c）做"责担天下"的社会担当者：

认清责任，树立起强烈的社会责任意识，勇于承担自己的责任。从小事做起，逐步养成负责任的习惯。自觉遵纪守法，尊重社会公德，维护社会秩序，营造一个和谐文明的社会氛围。热心公益，服务社会，乐于助人，奉献社会，做一个对社会有用的人。立志修身、博学报国，成为社会的担当者。

C.家长配合：

（a）关注和支持：家长关注孩子的学习情况，了解他们的学习进展和困难。鼓励孩子，并给其提供帮助和支持，营造积极的学习氛围。

（b）与教师合作：家长与教师保持良好的沟通和合作，了解孩子的学习需求和教学安排。通过参加家长会议、与教师交流，共同制定孩子的学习计划和目标。

（c）提供学习资源：家长为孩子提供适当的学习资源和环境，如书籍、学习工具、安静的学习空间等，以促进他们的学习。

（d）建立学习习惯：帮助孩子建立良好的学习习惯，如定期规律的作业时间、养成阅读的习惯等。给予孩子适当的指导和监督，帮助他们养成自律和坚持的能力。

总之，在学校、教师、学生和家长的共同努力下，形成了良好的合作机制和学习氛围。通过明确的课程目标、多样化的教学方法和有效的评估手段，可以更好地实施课程，提高了学生的学习效果和成绩。

（4）课程评价

①终结性评价：建立"诚信+综合评价"的诚信评价体系，通过教师评价、学生评价等方式进行。

教师评价，主要是指教师在期末的时候，利用威海智慧教育平台评价体系，对学生的综合表现进行评价；学生评价，主要是学生以小组为单位，小组长将学生一天的表现进行总结，第二天晨会进行组内评价，提出昨天的问题，争取今天的进步。同时将学生的评价累积成分数，每天记录、每月进行总结。这些诚信分兑换成诚信币，学生可以将诚信币存入诚信银行进行理财，也可以到诚信超市兑换物品。

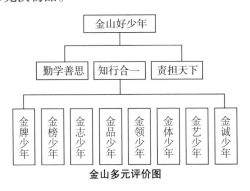

金山多元评价图

除了以上全面评价方式外，还有其他评价做补充，如：个性化评价——

学生代表学校参加区级比赛，要在每周一的升旗后进行表彰，促进学生个性化发展；多元评价——学期末评选出各类优秀学生，金品、金艺、金志、金牌少年等多元评价促学生多元发展；增值性评价——学期末评选出进步很大的学生进行表彰，鼓励学生不断进步；自我评价——学生给自己找pk目标和榜样，每月总结，看自己是否达成目标。

②过程性评价：主要是指对学生的作业、单元测试、期中测试进行教师评定、小组评定。对学生在参与各类课程过程中的表现、合作态度等进行评价。

③课堂评价（见表3-4）：对学生的课堂评价主要针对学生的课堂表现以及课堂成果两方面。利用评价量规实行表现性评价，让学生通过评价能够知道自己努力的方向，先进行自我改进，后教师进行针对性辅导。

表3-4　学生课堂表现评价量规表

评价维度	表现优异	合格	有待改进
流程性（限定时间内产生观念数量的多少）	1.能用多种方法表达同一事物，例如在文章中运用不同的写作技巧。 2.演绎方法新奇有趣。	能用多种方法表达同一事物，例如在文章中运用不同的写作技巧。	限于惯常方法表达事物。
灵活性（限定时间内所有活动反应的种类总数）	1.能从不同角度讨论或演绎事物及同一主题。 2.较全面及深入地理解事物。 3.有建设性的看法，能引发思考。	1.能从不同角度讨论或演绎事物及同一主题。 2.较全面及深入地理解事物。	1.用惯常方法讨论或演绎事物及同一主题。 2.对事情的理解流于一般或表面。
独特性（统计稀有次数的总和）	1.对事物或解决问题的方法能表现出自己独特的见解。 2.见解新颖、合理可行。	对事物或解决问题的方法能表现出自己独到的见解。	未对事物或解决问题的方法提出独特、创新的见解。
精密性（限定时间内所有活动反应所包含的有意义细节总数）	1.细致地演绎复杂或常见的事物。 2.演绎手法新颖、有趣而不落俗套。 3.令人易于掌握及理解事物。	1.能解释复杂或常见的事物。 2.解释合理。 3.令人进一步认识事物。	解释事物的方法未能够深入，未能细致地演绎复杂的事物。

3.课程保障

（1）组织保障

在课程实施过程中，组织保障是确保课程有效进行的基础。

①学校领导支持：设立专门的课程审议委员会（见表3-5），负责课程的规划、监督和评估工作。校长于晓明任组长，副校长邢云贵、科研主任赛自言为副组长，其他分管领导为组员，确保课程的顺利实施。

表3-5　课程审议委员会成员

	成员	职责
组长	于晓明	学校课程总体规划
组员	邢云贵	学校课程总体规划
	赛自言	学校课程总体规划
	丛晓燕	学校课程实施与评估
		基础课程实施与评估
	于芳	地方课程实施与评估
		校本课程实施
	王小金	研学旅行、综合实践活动

②教师配备：配备拥有具备专业知识和教学经验的教师队伍，外聘专业教师到校讲座，根据课程要求进行教学设计和实施。

③时间安排：合理安排课程时间，确保每门课程有足够的时间进行教学活动和学生学习。

（2）机制保障

国家课程的运作机制：建立教研制度，鼓励教师进行教学研究和经验分享。定期开展教学研讨活动，以促进教学水平的提高和教学方法的创新。

校本课程方面：学校根据自身特点和需求，制定校本课程开发方案，明确课程目标、内容和评估标准。建立申报制度、审议制度和激励机制，以确保校本课程的规范运行和质量保证。同时，建立课程评估和监督机制，包括定期的课程评估、教学观摩、同行评课等活动。另外，建立反馈机制，让教师和学生能够及时了解自己的教学和学习效果。

选课机制：设立选课机制，包括宣讲课程内容、提供选课指南、设置选课时间等，以便学生能够根据自己的兴趣和需求选择适合的课程。

制度保障：建立与课程教学有关的规章制度，如课堂纪律、作业要求、评估标准等。这些制度可以提供清晰的指导，促进学生的学习秩序和教师的教学准备。

资源保障：提供与课程运行相关的资源保障，包括教室设施的完善、实验室设备的更新、图书馆资源的丰富以及计算机设备的提供。确保学生和教师能够充分利用这些资源，以支持教师的教学和学生的学习需求。

总之，通过组织保障和机制保障的有效实施，学校能够更好地落实课程目标，提高教学质量，为学生提供优质的教育和学习体验。

（二）金山中学体育与健康课程优秀案例展示（见图3-6至3-8）

表3-6　体育与健康学科第一学期课程纲要

课程名称	体育与健康	课程类型	义务教育	
学校名称	威海市文登区金山中学	使用教材	鲁教版	
设计者	于晓明　姜永成　刘伟循　吕晓臣			
适用年级	八年级	班额	48	总课时	48
与本学期相联系的国家课程标准陈述	一、课程性质陈述： 义务教育体育与健康课程，以身体练习为核心手段，融合体育与健康知识、技能及方法为学习重点，旨在发展学生的核心素养，增进学生身心健康。该课程具备基础性、健身性、实践性和综合性等特点，是学校教育不可或缺的一部分，对于促进学生德智体美劳全面发展具有举足轻重的价值。 二、课程理念陈述： 1.坚持"健康第一"的教育理念，以学生核心素养发展为导向，融合育体与育心、体育与健康教育，彰显健身育人的本质。通过引导，帮助学生树立健康与安全意识，培养良好生活方式，促进身心健康、体魄强健，实现全面发展。 2.落实"教会、勤练、常赛"要求。基于学生的学习需求和兴趣，实施"学、练、赛"一体化教学，强化课内外结合。确保学生掌握基本运动技能、体能及专项技能，提供更多练习机会，鼓励参与多样化展示与比赛，激发运动兴趣，体验运动魅力，领悟体育真谛，培养刻苦学练精神，逐步形成"校内校外各锻炼1小时"的习惯。 3.加强课程内容整体设计。遵循学生运动技能形成与身心发展规律，整体规划课程内容，确保基础扎实、多样丰富、融合创新、学以致用。通过系统学习，让学生掌握结构化的运动技能、体能、专项技能及健康知识，为终身体育和健康生活奠定基础。 4.推动教学方式改革。针对体育学习的实践性和健康教育的实用性，倡导从"知识与技能为本"向"以学生发展为本"转变。创设生动教学情境，融合教师示范讲解与学生自主学习、合作学习、探究学习，优化集体、小组、个人学练方式，强化健康教育理论与实践结合，提升学生学习热情与综合能力。				

与本学期相联系的国家课程标准陈述	5.重视综合性学习评价。发挥评价的激励与反馈作用，构建多维度、多方法、多主体的评价体系。围绕核心素养，全面评估技能、体能、学习态度、进步情况及体育品德；结合健康知识、意识与行为。注重过程与结果、定性与定量、相对与绝对评价的融合。鼓励学生、教师、家长等多方参与，明确学业质量标准，促进学习目标达成与核心素养形成。 6.关注学生个体差异。在普遍激励与指导的基础上，针对不同学生的身体条件、运动基础及兴趣，实施差异化教学。设定个性化学习目标，选择适宜内容，采用多样化教学方法与评价方式，确保每位学生获得公平学习机会，增强学习自信，实现个性化发展。 三、课程目标陈述： 体育与健康课程围绕核心素养，涵盖运动能力、健康行为和体育品德三大方面，旨在体现课程性质，反映课程理念，并明确课程目标。 1.掌握与运用体能和运动技能，提升运动能力。 通过体育与健康课程的学习，学生应享受运动乐趣，掌握多种体能的学练方法，积极参与体能练习，达到《国家学生体质健康标准（2014年修订）》的相应要求；在掌握多种运动项目技战术的基础上，能熟练展示或比赛1~2项运动技能；理解所学运动项目的基础知识和原理，熟悉并遵守其规则；能观看体育比赛，简要分析比赛中的现象与问题；形成积极的体育态度，提高分析问题和解决问题的能力。 2.学会运用健康与安全的知识和技能，形成健康的生活方式。 体育与健康课程应帮助学生理解体育锻炼对健康的重要性，积极参与校内外体育锻炼，形成体育锻炼的意识和习惯；掌握个人卫生保健、营养膳食、青春期生长发育、常见疾病和运动伤病预防、安全避险等知识与方法，并能在日常生活中运用；体验体育活动对心理健康的积极影响，学会情绪调控，积极面对挫折，保持良好心态；主动与他人交流与合作，了解不同环境下体育锻炼的方法与注意事项，逐步适应自然环境和社会环境。 3.积极参与体育活动，培养良好的体育品德。 通过体育与健康课程，学生应认识到参与体育学练、展示或比赛对个人品德塑造的重要性；在参与体育活动时，勇于面对挑战，克服困难，坚持到底，与同伴团结协作；遵守体育规则，相互尊重，诚实守信，展现公平竞争的精神；充满自信，乐于助人，展现良好礼仪，承担不同角色并认真履行职责，正确对待成败；将体育活动中培养的品德迁移到日常学习和生活中。 四、课程内容陈述： 义务教育阶段体育与健康课程内容涵盖基本运动技能、体能、健康教育、专项运动技能和跨学科主题学习等多个方面。 五、学业质量陈述： 学业质量是指学生在完成体育与健康课程某一阶段学习后所达到的学业成就水平，它基于核心素养，结合课程内容，对学生学业成就的具体表现特征进行全面刻画，以反映课程目标的达成情况。本标准针对基本运动技能、体能和专项运动技能，制定了不同水平的学业质量标准。 六、课程实施陈述： 体育与健康课程教学是教师综合运用各种资源，精选有效教学内容，采用多样化的教学方法，引导学生在解决实际问题的真实情境中形成核心素养的实践活动。教师应依据核心素养的内涵、课程总目标与水平目标、课程内容及学业质量要求，创造性地设计教学方案并实施课程。

课程标准、教材、学情综合分析	一、八年级学生思维发展较快，自我意识增强，展现出强烈的求知欲和表现欲。他们已初步具备自主学习和合作探究的能力。其身心发展特点与新课程标准（2022）背景下的大单元教学理念相契合。该年龄段的学生热爱篮球运动，已掌握基本的直线运球技能，但在变向运球、传球、投篮等基本技术方面水平一般，对篮球比赛接触较少，对比赛规则了解不多。在教学中，应将变向运球、基本传球、行进间投篮作为主要学习内容，并采用情境教学、小游戏、小比赛等多样化的教学策略，简化和降低比赛规则的复杂性，以提高学生的参与度。同时，遵循技战术学习的进阶性和连贯性原则，引导学生由易到难、循序渐进地学习和练习基本技战术，并在不同情境中加以应用。 二、田径运动中的跑、跳、投项目学习可能显得较为枯燥。八年级学生年龄大约在14岁，他们的注意力集中时间不稳定，对于不感兴趣的运动项目更容易分心，这给正常的教学活动带来了一定的挑战。因此，在教学中，教材的选择应多元且灵活，为基本的田径项目注入趣味性和游戏性元素，以激发学生的练习兴趣并保持其注意力的长时间集中。在课堂比赛中，对于那些观赏性不强、组织难度大、多数学生无法真正参与的比赛项目，可以通过限制练习条件、降低难度要求等方法进行调整，引导绝大多数学生能够参与其中，亲身感受田径运动的魅力并体验比赛胜利的喜悦。 三、八年级学生正处于身体发育的高峰期，他们活泼好动、个性张扬且性格上处于叛逆期。在健康教育学习上，要让学生学会科学地调节自己的情绪，做到自控和自律；在激烈的体育运动中受伤后能够及时处理并具备自救和自护的能力；在篮球比赛中要熟知比赛规则并懂得球场礼仪，做到文明比赛和理性对待输赢。
课程目标	一、掌握并能够合理运用篮球的基本技术：运球、传球、突破、投篮、防守和抢篮板球。 1.在三对三、五对五比赛中，能正确并熟练运用所学的篮球动作技术，与同伴完成战术配合。 2.理解篮球比赛的规则和裁判方法，能承担班级内比赛的裁判工作。 二、掌握百米跑、跳远和投掷项目的基本技术、比赛规则和裁判方法。能够制订并实施学练计划，在比赛中正确运用运动技能，提高个人的技能水平。 三、在课余生活中，把篮球和田径运动作为锻炼的习惯。 1.通过与同伴一起进行篮球比赛来增进友谊，学会合作。 2.坚持用长跑进行晨练或晚练，增强体质，培养坚强意志。 四、通过田径的练习和篮球比赛，领悟个体和团队取得成功的不同作用。 1.通过田径运动的练习，体验到自身技能水平的不断提高，认识到只有自己不断努力才能取得成功。 2.在篮球比赛中，通过与队友的团结配合取得胜利的愉悦体验，领悟到团队合作也是成功之道。

续表3

	周次日期	课时	教学内容	实施要求
学习主题/活动安排（请列出教学进度，包括日期、周次、内容、实施要求）	九 11.7—11.11	25	篮球22发球	学赛练结合
		26	篮球23抢篮板	情境导入 学赛练结合
		27	篮球24 比赛1（3x3） 一分钟半场行进间低手投篮（男）考核	情境导入 比赛 考核
	十 11.14—11.18	28	篮球25 比赛2（5x5） 一分钟半场行进间肩上投篮（女）考核	情境导入 比赛 考核
		29	投掷实心球1 改进投掷的完整技术	情境导入 学赛练结合
		30	投掷实心球2 改进和提高投掷实心球的完整技术	学赛练结合
	十一 11.21—11.25	31	投掷实心球3 坐姿和跪姿投球	情境导入 学赛练结合
		32	投掷实心球4 比赛	情境导入 学赛练结合
		33	投掷实心球5 组织和裁判比赛	情境导入 学赛练结合
	十二 11.28—12.2	34	投掷实心球6 考核（2000克）	情境导入 比赛 考核
		35	跳跃1 学练30米节奏性快速助跑	情境导入 学赛练结合
		36	跳跃2 30米节奏性快速助跑下完成蹲踞式跳远	学赛练结合
	十三 12.5—12.9	37	跳跃3 复习30米节奏性快速助跑下完成蹲踞式跳远	学赛练结合
		38	跳跃4 复习蹲踞式跳远 比赛	学赛练结合
		39	跳跃5 复习蹲踞式跳远 考核立定跳远	学赛练结合 考核
	十四 12.12—12.16	40	跳跃6 复习蹲踞式跳远 考核蹲踞式跳远	情境导入比赛 考核
		41	快速跑 （1）复习起跑练习。听信号跑、让距离跑、追逐跑等。（2）体验60——80米的中等速度的匀速跑。	情境导入 学赛练结合
		42	耐久跑1 1.站立式起跑与冲刺。2.计时跑5分钟	情境导入 学赛练结合
	十五 12.19—12.23	43	耐久跑2：1.学习弯道跑的技术。2.游戏《突破封锁线》	跨学科主题《突破封锁线》
		44	耐久跑3 1.学习途中跑的技术。2."中速定时跑"接力赛。	情境导入 学赛练结合
		45	耐久跑4 1.全程跑。较大强度的全程耐久跑练习，感受克服"极点"和"第二次呼吸"。2.计时跑6分钟。	情境导入 学赛练结合
	十六 12.26—12.30	46	耐久跑5 1.变速跑。2.考核100米快速跑	学赛练结合 考核
		47	学习接力跑，掌握各种传接棒的方法	情境导入 学赛练结合
		48	考核1000米（男）和800米（女）	情境导入 比赛 考核

八年级第一学期体育与健康教学进度表

续表4

<table>
<tr><td colspan="6" align="center">八年级篮球大单元学习评价标准
一、30秒投篮（两人供球）距离篮筐中心投影4.6米</td></tr>
</table>

	成绩	优90～100分	良80～89分	一般70～79分	差70分以下
达标	男生（跳投）	投中7个球	投中5～6个球	投中3～4个球	投中2个球
	女生（原地投）	投中6个球	投中4～5个球	投中2～3个球	投中1个球
技评		整个动作完成好，全身用力协调连贯，出手动作、投篮弧度正确，球的落点集中。	整个动作完成较好，全身用力比较协调连贯，出手动作、投篮弧度比较正确，球的落点比较集中。	整个动作基本能够完成，全身用力基本正确，出手动作、投篮弧度基本正确，球的落地比较分散。	整个动作基本完成，全身用力、出手动作、投篮弧度某方面有问题，球的落点分散。

行进间单手肩上投篮（1分钟、半场）

	成绩	优90～100分	良80～89分	一般70～79分	差70分以下
达标	女生	投中4个球	投中3～4个球	投中1～2个球	投中0个球
技评		投篮动作准确，标准，拿篮板后运球动作协调连贯。	投篮动作准确，拿篮板后运球动作连贯。	投篮动作基本准确，拿篮板后运球动作基本完成。	投篮动作不准确，拿篮板后运球动作不协调。

行进间低手上篮（1分钟、半场）

成绩	优90～100分	良80～89分	一般70～79分	差70分以下
男生	5	4	3	2
技评	投篮动作准确，标准，拿篮板后运球动作协调连贯。	投篮动作准确，拿篮板后运球动作连贯。	投篮动作基本准确，拿篮板后运球动作基本完成。	投篮动作不准确，拿篮板后运球动作不协调。

20米运球过竿

	成绩	优90～100分	良80～89分	中70～79分	差70分以下
达标	男	13.2	13.7	14.3	15.8以下
	女	15.5	16.6	17.7	20.6以下
技评		五指张开，手心空出，抬头运球，运球高度在胸和腰之间，动作协调。出现一次违例，扣5分。	基本能够抬头运球，手心空出，运球动作准确，高度合适。出现一次违例，扣5分	不能够抬头运球，运球时手心空出，运球动作基本准确，高度基本合适。出现一次违例，扣5分	不能够抬头运球，运球动作不准确，运球高度不正确。出现一次违例，扣5分
测试策略					

测试策略：
1.场地器材：测试场地长20米，宽7米。起点线后5米处设置两列标志杆，标志杆距左右边线各3米。各标志杆之间相距3米，共设5排杆，全长20米，并列的两杆之间间隔1米。男女各分为3组，每组6～8人。测试中，若篮球脱手后球仍在测试场地内，考生可自行捡回，在脱手处继续运球，计时不停。测试过程中出现双手同时触球、膝盖以下部位触球、翻腕、走步等违规行为两次（含）以上的，或出发时抢跑、漏绕标志杆、碰倒标志杆、人或球出测试区域、通过终点时人球分离等违规行为1次（含）以上的，将按违规处理。
2.如出现上述违规行为，成绩将按单项满分的60%计算。全员参与，人人有角色，课前需提前培训如何使用秒表、查分、进行技评和记录。

学习主题/活动安排（请列出教学进度，包括日期、周次、内容、实施要求）

续表5

学习主题/活动安排（请列出教学进度，包括日期、周次、内容、实施要求）	

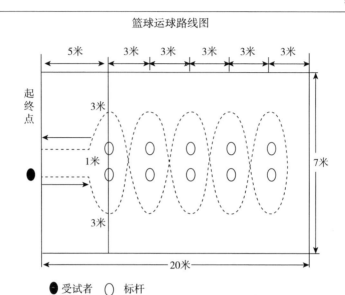

篮球运球路线图

●受试者　○标杆

28米两人往返传球

成绩		优90～100分	良80～89分	中70～79分	差70分以下
达标	男	12	12.7	13.7	15以下
	女	13.5	15.2	16.2	17.5以下
技评		五指张开，掌心空出，抬头传球，传球高度在胸和头之间，动作协调。3步之内球出手，球落地一次扣5分。	基本能够五指张开，掌心空出，抬头传球，传球动作准确，高度合适，3步之内球出手，球落地一次扣5分。	不能够抬头传球，传球动作基本准确，高度基本合适。脚步不太清楚和连贯球，球落地一次扣5分。	不能够抬头运球，传球动作不准确，脚步不清，运球高度不正确。球落地一次扣5分。
测试策略		1.使用两块完整的篮球场地，每两人分配一个篮球，左右间隔3米，完成两次行进间的投篮练习。 2.男女生各自分为4组，每组包含4～6人。 3.每两个组共用一个整场，两组同时进行测试。 4.全员参与，人人有角色。课前将提前培训如何使用秒表、查分、进行技评和记录。			

续表6

八年级田径大单元学习成绩评定标准									
得分	100米		1000米	800米	掷实心球2000克		立定跳远		跳远	

说明：评价活动/成绩评定

得分	100米 男	100米 女	1000米 男	800米 女	掷实心球2000克 男	掷实心球2000克 女	立定跳远 男	立定跳远 女	跳远 男	跳远 女
100	135	154	3'50	3'30	10.3	6.90	2.19	1.93	4.40	3.49
95	138	157	3'55	3'37	10.0	6.70	2.15	1.90	4.31	3.42
90	141	160	4'00	3'44	9.70	6.50	2.11	1.86	4.22	3.35
85	144	162	4'07	3'52	9.40	6.30	2.07	1.83	4.13	3.28
80	147	165	4'15	4'00	9.10	6.10	2.03	1.79	4.04	3.21
75	150	168	4'20	4'05	8.80	5.90	1.99	1.76	3.96	3.14
70	153	170	4'25	4'10	8.50	5.70	1.94	1.72	3.87	3.07
65	156	173	4'30	4'15	8.20	5.50	1.90	1.69	3.78	3.00
60	159	176	4'35	4'20	7.90	5.30	1.86	1.65	3.69	2.93
55	162	178	4'40	4'25	7.60	5.10	1.82	1.62	3.60	2.80
50	165	180	4'45	4'30	7.30	4.90	1.78	1.58	3.51	2.79
45	168	181	4'50	4'35	7.00	4.70	1.74	1.54	3.41	2.71
40	171	184	4'55	4'40	6.40	4.50	1.71	1.51	3.32	2.63
35	174	186	5'00	4'45	6.10	4.30	1.67	1.47	3.22	2.54
30	177	189	5'05	4'50	5.80	4.10	1.63	1.44	3.13	2.46
25	180	190	5'25	5'00	5.50	3.90	1.60	1.40	3.03	2.38
20	183	195	5'45	5'10	5.20	3.70	1.56	1.36	2.93	2.30
15	186	200	6'05	5'20	4.90	3.50	1.52	1.33	2.84	2.23
10	190	203	6'25	5'30	4.60	2.30	1.48	1.29	2.74	2.13
5	194	208	6'45	5'40	4.30	2.10	1.45	1.26	2.65	2.05

表3-7 教学内容安排时间表

周次日期	课时	教学内容	实施要求
一、 9.5～9.9	1	怎样调节情绪	室内课
	2	篮球1 传接球1（双手胸前传接球）	情境导入 学赛练结合
	3	篮球2 传接球2（击地、头上传接球）	游戏形式展开练习 学赛练结合

续表

周次日期	课时	教学内容	实施要求
二、 9.13～9.16	4	篮球3　传接球3（远距离）	跨学科主题
	5	篮球4　传接球4（行进间） 28米两人往返传接球考核	情境导入考核
	6	篮球5　运球1（直线）	学赛练结合
三、 9.19～9.23	7	篮球6　运球2（高低）	跨学科主题
	8	篮球7　运球3（变速、变向）	学赛练结合
	9	篮球8　运球4（体前变向1）	学赛练结合
四、 9.26～9.30	10	篮球裁判和礼仪知识	室内课
	11	篮球9　运球5（体前变向2） 运球过杆考核	学赛练结合　考核
	12	篮球10　投篮1（跳投）	情境导入　学赛练结合
五、 10.8～10.14	13	篮球11　投篮2（行进间单手肩上投篮）	学赛练结合
	14	篮球12　投篮3（接球上篮）	学赛练结合
	15	篮球13　投篮4（体前变向上篮1）	跨学科主题
六、 10.17～10.21	16	篮球14　投篮5（体前变向上篮2） 30秒投篮考核（4.6米）	学赛练结合　考核
	17	篮球15战术配合1快攻	情境导入　学赛练结合
	18	篮球16战术配合2（传切）	跨学科主题
七、 10.24～10.28	19	常见运动损伤的处理方法	室内课
	20	篮球17战术配合3（掩护）	情境导入　学赛练结合
	21	篮球18防守练习1（滑步）	学赛练结合
八、 10.31～11.4	22	篮球19防守练习2（交叉步）	学赛练结合
	23	篮球20防守练习3（人盯人）	跨学科主题
	24	篮球21防守练习4（协防）	情境导入　学赛练结合

表3-8　单元教学方案撰写表

单元名称	篮球大单元教学	学科	体育与健康	总课时	27课时
年级	八年级	班额	48	课程类型	义务教育
设计者	于晓明、姜永成、刘伟循、吕晓臣				
背景分析	球类运动是人们为了实现自我发展和休闲娱乐而创造的一种体育活动，它以球为载体，在开放和对抗的情境中合理运用攻防技战术，以战胜对方为直接目的。球类运动的主要特点是结果的不确定性、应激反应的即时性、技能操控的复杂性、战术选择的针对性和有效性等。 本标准中的球类运动项目，可分为同场对抗项目和隔网对抗项目。前者是双方在同一场地内进行的有身体接触的对抗性运动项目（如篮球、橄榄球等），后者是双方在各自区域内进行的无直接身体接触的对抗性运动项目（如排球、乒乓球等）。同时，球类运动项目又可分为集体性球类运动项目和个体性球类运动项目。前者是多人相互合作的对抗性运动项目（如足球、手球等），后者是以个人为主的对抗性运动项目（如羽毛球、网球等）。 球类运动除了与其他类运动具有共同的育人价值和能力要求外，在激发学生的运动兴趣，提高学生的快速反应能力、预判能力和决策能力，以及培养学生勇敢顽强、遵守规则、公平竞争等体育品德方面具有独特的育人价值。其中，集体性球类运动项目有助于培养学生的协作能力和团队精神，而个体性球类运动项目则有助于培养学生的独立判断、快速反应和调控情绪等能力。				
单元目标	学练变向/变速运球、接球、发球、跳投、防守、抢篮板球等基本动作技术，以及突破上篮、行进间运球上篮、接球上篮等组合动作技术和多种战术配合。 理解篮球动作技术的基本原理和篮球运动的文化，制订并实施篮球学练计划。 在篮球对抗练习中，灵活运用传球、运球、投篮等基本动作技术和组合动作技术，以及快攻、传切配合、掩护、协防等攻防战术。 在篮球运动中提高体能水平，例如通过摸篮板练习来提高下肢爆发力等。 积极参与班级内的篮球五对五教学比赛或校内的篮球三对三、五对五比赛。在比赛中，正确并熟练运用所学的篮球动作技术，与同伴完成战术配合。 深入理解篮球运动的比赛规则和裁判方法，并在比赛中实际运用，能承担班级内比赛的裁判工作。 关注篮球重要比赛的相关信息，提高对篮球运动项目的认知。每学期通过现场、网络或电视观看不少于8次的篮球比赛，并能对某场高水平的篮球比赛作出分析与评价。				
评价设计	1.学习评价 2.学业水平考试 3.综合评定				
学与教活动设计	开始部分：整队报数、查人安排见习生，进行安全教育。 准备部分：热身+专项准备活动 基本部分：学练赛评 结束部分：放松、回收器材				
备注					

（三）金山中学劳动教育课程实施方案

为贯彻落实中共中央、国务院《关于全面加强新时代大中小学劳动教育的意见》教育部《关于印发大中小学劳动教育指导纲要（试行）的通知》（教材〔2022〕4号）、《深化新时代教育评价改革总体方案》以及《威海市全面加强新时代中小学劳动教育实施方案》等文件精神，充分发挥新时代劳动教育的育人功能，切实提高劳动教育的针对性和有效性，结合我校共生教育理念及实际情况，特制定本实施方案。

1.指导思想

劳动和劳动技术教育是中学教育不可缺少的重要组成部分，是全面贯彻落实教育方针、实施素质教育、提高学生总体素质的基本途径。劳动技术教育具有培养劳动技术技能、提升技术素养的主要功能，同时还具有以劳树德、以劳增智、以劳强体、以劳益美和以劳创新等促进学生全面发展的综合功能。全面贯彻党的教育方针，秉持"共生"教育理念，立足学校办学实际和学生长远发展，谋求人与自然、人与社会、人与人、人与自我的共生，以及人类的持续生存与发展。以"防四体不勤，立勤劳品质"为核心内容，积极探索新时代劳动教育新模式，切实把劳动教育的各项目标任务落到实处，培养德智体美劳全面发展的新一代学子。

2.课程目标

（1）总目标

以习近平新时代中国特色社会主义思想为指导，坚持立德树人，遵循教育规律，创新体制机制。形成具有综合性、实践性、开放性、针对性的劳动教育课程体系，构建基于核心素养的劳动教育教学模式，造就高素质创新型专兼职劳动教育师资队伍，健全劳动素养评价体系和保障体系。形成学校、家庭、社会共同参与、多方联动的劳动教育新格局，准确把握社会主义建设者和接班人的劳动精神面貌、劳动价值取向和劳动技能水平的培养要求。全面提高学生劳动素养，使学生树立正确的劳动观念，具有必备的劳动能力，形成积极的劳动精神，养成良好的劳动习惯和品质。学校的"共生教育"遵循"尊重多元、活动生成、共生共长、协同发展"的价值追求，即尊重和关注每个学生个体的发展，帮助他们在既有基础上获得最大最优的发展可能，为每一名学生的未来发展和终身幸福奠基。

（2）学段目标

①六年级目标：

懂得劳动创造财富、劳动来不得半点虚假、"业精于勤荒于嬉"等道理。认识到劳动者是国家的主人，"三百六十行，行行出状元"，体会普通劳动者的光荣与伟大。初步树立劳动最光荣、劳动最崇高、劳动最伟大、劳动最美丽的观念。

掌握家庭生活中常用的清洁与卫生、整理与收纳基本技能。了解家庭常用器具的功能特点，规范、安全地操作与使用。初步掌握基本的家庭饮食烹饪技法，制作简单的家常餐，具有食品安全意识。进一步增强生活自理能力和家务劳动能力，初步具有家庭责任感。

进一步体验种植、养殖、手工制作等生产劳动，能根据劳动任务选择合适的材料和工具、技术与方法，安全、规范、有效地开展劳动，初步养成持之以恒的劳动品质。

主动参加校园卫生保洁和环境美化等劳动，积极参加社区环保、公共卫生维护等力所能及的公益劳动，进一步体验新技术支持下的现代服务业劳动，形成关爱他人、积极参与社区建设的劳动意识和能力，增强公共服务意识，初步形成社会责任感。

根据劳动目标确定劳动任务，制订劳动计划，并根据劳动过程的进展情况适时优化调整，初步形成劳动效率意识和劳动质量意识，初步形成爱岗敬业、乐于奉献的精神。

在集体劳动中团结协作，提升与他人合作劳动的能力。在劳动过程中自觉遵守劳动纪律，形成诚实劳动、合法劳动的意识。

在劳动中主动克服困难，初步形成不怕辛苦、积极探索、追求创新的精神。

②七年级、八年级目标：

懂得劳动创造人的道理，认识到劳动是推动人类社会进步的根本力量，理解"劳动托起中国梦"的重要意义。领会"劳动是一切幸福的源泉""幸福是奋斗出来的"的道理。牢固树立劳动最光荣、劳动最崇高、劳动最伟大、劳动最美丽的观念。

主动承担一定的家庭清洁、烹饪、家居美化等日常生活劳动，进一步加强家政知识和技能的学习与实践，理解劳动创造美好生活的道理，提高生活自理能力，增强家庭责任意识。

适当体验金工、木工、电子、陶艺、布艺等项目的劳动过程，体会其中蕴含的独特智慧和人类创造力。尝试进行家用器具的简单修理，参与种植、养殖等生产劳动，体会运用所学知识分析和解决实际问题的过程。获得初步的职业体验，形成初步的职业意识和生涯规划意识。

定期参加校园包干区域的保洁和美化，以及助残、敬老、扶弱等公益劳动，体验以自己的劳动服务他人、服务社区的自豪感和幸福感，初步形成对学校、社区负责任的态度。体验融合一定智能技术的现代服务业劳动，提升现代服务技能，充分认识现代服务业劳动的性质、特征与独特的社会价值。进一步增强公共服务意识，提升以自己的劳动创造美好生活的社会责任感。

根据个体、家庭、学校、社区的发展需要，提出具有一定创造性的解决方案，制订合理的劳动计划，并安全规范地加以实施，能对劳动过程与劳动成果进行反思和总结，进一步提高创造性劳动能力、合作力。

强化诚实劳动的劳动习惯和品质，形成劳动效率意识和劳动质量意识。

初步具有为社会发展和国家建设付出辛勤劳动的意愿，形成不畏艰辛、锐意进取、精益求精、不断创新的精神。

3.课程内容

注重劳动知识与技能学习，以家政学习、校内外生产劳动、服务性劳动和职业启蒙等为主要内容开展劳动教育（见下图及表3-9至3-12），体会劳动创造美好生活，养成认真负责、吃苦耐劳的劳动品质和安全意识，增强公共服务意识和担当精神。

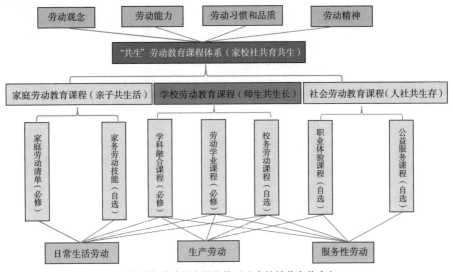

"共生"劳动教育课程体系（家校社共育共生）

表3-9　劳动学业课程（必修）表

内容	任务群	六年级上学期	六年级下学期	七年级上学期	七年级下学期	八年级上学期	八年级下学期
日常生活劳动	收纳与整理	教室的美化与布置	课桌的收纳与整理	行李箱巧收纳真空收纳	学会调兑消毒液	更换被套有妙招	学会消毒
	烹饪与营养	寿司的制作西红柿炒鸡蛋	烙巧果做花卷蛋炒饭	月饼制作包包子	制作花馎馍设计一顿营养食谱	设计一日三餐的食谱独立制作3—4道菜	食物的营养
	家用器具使用与维护	课桌椅高矮的调整洗衣机的使用与维护	清洗油烟机	自行车的维护	电风扇的清洗与组装	LED灯更换	水龙头更换
生产劳动	农业生产劳动	水培蔬菜种黄瓜	菊花的种植	种香菜	花卉的分株繁殖	树木修剪与嫁接	花卉的扦插繁殖
	传统工艺制作	陶艺泥塑缝套袖	创意福字剪纸编中国结	创意生肖剪纸	探秘纸的形成	美丽校园剪纸	旧衣物改造
	工业生产劳动	会使用常用工具	木工体验（一）	能够对工具提出改进建议	木工体验（二）	能够对工具提出改进建议	木工体验（三）

续表

内容	任务群	六年级上学期	六年级下学期	七年级上学期	七年级下学期	八年级上学期	八年级下学期
生产劳动	新技术体验与应用	编程（一）	无人机的认识与操作	编程（二）	无人机的认识与操作	编程（三）	学习3d打印
服务型劳动	现代服务业劳动	厕所脚踏阀的使用信用超市营业员	银行工作体验	学校食堂餐饮服务	为家乡特产代言	设计农产品营销方案	销售自己种植的农产品
服务型劳动	公益劳动与志愿服务	作业架的安装	图书馆志愿活动	社区用电安全宣传员	社区天然气安全使用宣传员	公交站点志愿者	学校体育馆志愿服务

表3-10 家庭劳动清单（必修）表

学段	劳动项目
六、七年级	扫地，拖地，叠衣服，洗校服，刷鞋，整理书桌、书柜。
八、九年级	擦窗，马桶，整理衣柜，收拾整理房间。

表3-11 家务劳动技能（自选）表

学段	劳动项目
六、七年级	巧换被套，生豆芽，和面，缝沙包，清洗油烟机，真空收纳袋的使用。
八、九年级	发面，养绿萝，洗衣机的使用与维护，电风扇的清洗与安装，led灯的安装。

表3-12 校务劳动课程（自选）表

学段	劳动项目	
	班务劳动课程	校务劳动课程
六七年级	1.平板拖把的使用。 2.海绵拖把的使用。 3.桌凳的摆放及高度调整。 4.桌洞、小柜的整理与收纳。 5.我的教室我做主——室内卫生清理标准我制订。	1.我的校园我做主 ——诚信超市售货员 2.我的校园我做主 ——图书管理员 3.我的校园我做主 ——室内卫生清理标准我制订
八九年级	6.我的教室我做主——教室环境美化与布置。 7.我的教室我做主——室内绿植的养护与管理。 8.我的教室我做主——电教器材的使用与维护。 9.我的教室我做主——教室图书角的整理与使用。 10.我的教室我做主——教室生态鱼缸的维护与管理。	1.我的校园我做主 ——诚信银行收纳员 2.我的校园我做主 ——校园督查者 3.我的校园我做主 ——校园活动引导员

4.实施路径

（1）落实劳动教育基础课程

开设劳动教育课程。依托国家教材和省编地方教材，承担实施劳动教育的主体责任，制订劳动教育教学计划，明确劳动教育的内容及目标要求。设立劳动教育必修课程，将劳动与技术、信息技术课程以及综合实践活动课程作为劳动教育的重要渠道，进行必要统筹，开齐开足，确保每周劳动教育必修课程平均不少于1课时。每周课外活动和家庭生活中的劳动时间不少于3小时。设置劳动周，结合每年的"五一"劳动节前（后）一周的"威海市中小学劳动教育宣传周"，以年级或班级为单位设立集体劳动周。

有机渗透学科教学。在中小学道德与法治（思政）、语文、历史、艺术等学科中，有重点地渗透劳动创造人本身、劳动创造历史、劳动创造世界、劳动不分贵贱等马克思主义劳动观。增加歌颂劳模、歌颂普通劳动者的选文选材，纳入阐释勤劳、节俭、艰苦奋斗等中华民族优良传统的内容，加强对学生辛勤劳动、诚实劳动、合法劳动等方面的教育。在学科教学中强化知识的实际应用，将日常生活中真实的问题引入课堂，引导学生运用所学知识解决实际问题。积极探索整合科学、技术、工程、艺术和数学等学科（STEAM）的跨学科学习活动。

开发劳动精品课程。依据本校的校情和学情实际，因地制宜，积极开发劳动教育精品课程。可充分结合当地资源，开发以家政、烹饪、手工、园艺、非物质文化遗产等富有本校特色的课程体系。充分结合综合实践活动、创客空间、职业实践等载体，让劳动教育课程富有多样化和地方气息，落到实处，达到育人实效。

（2）开展校园劳动体验行动

①建设校园劳动实践基地。

充分挖掘校园劳动资源，组织学生参与校园卫生保洁、绿化美化和管理服务等劳动，让校园成为学生劳动的"实践基地"。建设木工、金工、家政等类别的劳动实践教室，让劳动实践教室成为学生劳动的"自留地"。建设学工、学农、职业体验等类别的校内外劳动实践基地，让劳动实践基地成为学生劳动的"实践平台"。

②开展校园劳动主题活动。

要充分结合学雷锋纪念日、植树节、劳动节、丰收节、志愿者日等节日，以及班、团、队会，劳模报告会、手工劳技展演、兴趣小组、社团等活动，开展劳动主题教育活动。将劳动教育与劳动实践、劳动文化紧密结合，与二十四节气等中国传统劳动所包含的人生智慧紧密结合，提升劳动教育的育人内涵。

③开展校园劳动周活动。

在每年五一前后，开展劳动周系列主题教育活动。充分结合学校、家庭、社会和企业的四位一体的育人网络，以校园劳动主题教育活动、家务和校外劳动项目实践、校园劳动技能竞赛、劳动成果展等为主要内容。努力激发学生劳动兴趣，全面提高学生劳动素养，加强学生职业道德教育，培养工匠精神。

④班级劳动：

做好班级值日等日常劳动指导，确保每位学生都能参与班级劳动，并劳动到位。

每周开展一次学校大扫除活动，增强学生的劳动意识，并对学生进行劳动技巧的指导。

（3）开展家庭劳动参与行动

鼓励家长的引领作用。通过家长学校、家委会等家校共育渠道，利用致家长倡议书、专题教育、社区宣讲、网络媒体等途径，广泛宣传劳动教育的重要性。引领家长树立正确的劳动观，切实让家长理解与体会劳动教育在家庭教育中的重要作用。通过家长的言传身教，手把手教孩子掌握生活基本技能，培养孩子的生活自理意识和能力。引导孩子主动承担家务劳动，参与家庭事务管理，建立幸福美满、民主和谐、健康长久的亲子关系。

制订家务劳动清单。根据学生各年龄段特点，制订家庭劳动活动清单。

利用衣食住行等日常生活中的劳动实践机会，鼓励孩子掌握洗衣、做饭、居家美化等必要的家务劳动技能。根据学生实际情况，可设置一些有一定难度的出力出汗项目，让学生动手实践、出力流汗、接受锻炼、磨炼意志。针对义务教育阶段学生，每学年必须掌握1～2项劳动技能，实行家校联动评价，确保人人都能过关、掌握技能、有所收获。

开展亲子劳动实践。鼓励家长充分利用传统节假日、周末等时间节点，根据当地农业生产、社区、商场、社会各机构等需求，携手孩子参加各项有益的劳动体验和社会实践。进一步让学生懂得"劳动最光荣"的道理，培养学生的无私奉献精神品质，同时巩固良好的亲子关系。

（4）开展校外劳动实践行动

开展生产劳动。要充分利用实践基地、校内外劳动基地、工厂、农场等社会资源，组织学生开展工业、农业等生产劳动，让学生学习专业知识，掌握基础技能。

开展公益劳动。要充分利用传统节假日、志愿者日、世界环境日等时机，深入社区、养老院、商场、医院、动车站等社会场所，组织学生开展公益劳动和志愿服务。在公益劳动和志愿服务中，提高学生的服务技能，让学生体会劳动的光荣，树立服务意识，强化社会责任感。

开展创新劳动。要结合科技创新、社团活动、研学旅行等活动，开展工艺创作、艺术创作、科技创新、科技制作等创新劳动，提高学生的创造性劳动能力，培养勇于创新、刻苦钻研的劳动精神。

5.评价机制

健全和完善学生劳动素养评价标准、程序和方法（见表3-13）。全面客观记录学生校内外劳动教育的过程和结果，加强对学生实际劳动技能和价值体认情况的考核。建立公示、审核制度，确保记录真实可靠。要把劳动素养评价结果作为衡量学生全面发展情况的重要内容，并纳入学生综合素质评价，作为评优评先的重要参考和毕业依据。

以学生掌握劳动技能和价值体认情况为重点，通过平时表现评价、学期综合评价、学校劳动教育必修课程完成情况、参与校外生产劳动和服务性劳动情况等形式进行评价。

科学设计劳动教育目标任务、劳动记录表册、劳动成长档案袋等，全面客观记录学生参加家务劳动和掌握生活技能的情况。通过"自评、生评、师评、家长评"等措施，确保记录真实可靠。

组织开展劳动技能和劳动成果展示、劳动竞赛等活动，将评价结果与学校信用分挂钩，以激发学生积极性。建立激励机制，定期开展"劳动能手""劳动标兵""劳动达人"等评选活动，及时公布评价结果，并颁发诚信积分。

建立全体教师"包保责任制"，每名教师联系一定数量的学生。视情况对"包保"学生进行多次家访，重点对学生劳动教育的实施情况进行指导、督查和评价，督促学生养成良好的劳动习惯。

表3-13　评价机制表

奖励等级	认知	制作、完成	创新	奖品
金星级	熟悉	能较好独立完成	能创造	诚信分20分
三星级	了解	能独立完成	有新意	诚信分15分
二星级	了解不深	指导下完成	一般	诚信分10分
一星级	不了解	指导下完成不好	缺乏	无

6.条件保障

（1）加强组织领导

成立劳动教育工作领导小组，明确目标任务，制定实施方案，精心组织安排，落实工作责任。努力构建学校、家庭、社会和企业的"四位一体"的新时代劳动教育体系。

金山中学劳动、综合实践教育领导小组：

组长：于晓明

副组长：邢云贵、于文刚、赛自言

成员：刘宁、徐静、王月涛、于芳、于文川、孙旭升、刘路平、章艾媛

（2）加强队伍建设

建立具备理论讲授、训练带教、实践指导能力的专兼职相结合的劳动教育教师队伍。根据学校劳动教育的实际需要，为学校配备必要的专任教师，并开展全员培训，强化每位教师的劳动意识和劳动观念，提升他们实施劳动教育的自觉性。对承担劳动教育课程的教师进行专项培训，以提高劳动教育的专业化水平。同时，探索培训、晋职、评优等配套制度的建设。

聘请具有丰富实践经验的劳动模范、能工巧匠、非遗传承人等担任学校劳动教育的外聘实践指导教师。

充分发挥学校家委会和家长学校的作用，探索实施"家长创课"研发模式，推出丰富多彩的劳动教育系列化课程，并分享家庭劳动教育的经验。

（3）加强资源开发

自建（如陶艺、水培、篆刻）或利用社会资源（如舒心居、威力工具），建立以生产劳动、生存体验、拓展实践等为主要内容的规模适当、富有特色、功能完备的劳动实践教育基地，以满足学生劳动实践的需要。

积极探索和打造学生劳动教育评价数字化信息平台，推进学生劳动成果劳动综合素养评价等信息的录入工作。

（4）加强安全保障机制

制定劳动实践活动风险防控预案，完善应急与事故处理机制，并落实安全责任。实施学生外出备案制度，确保"活动有方案，行前有备案，应急有预案"，并事先报备给区教体局。同时，要进一步加强劳动安全教育、演练及实训，切实提高师生的安全防范意识、应急避险和自救互救能力。适度安排劳动强度、时长，合理设计劳动任务及场所设施，科学评估劳动实践的安全风险，并认真排查，清除辐射、疾病传染等安全隐患。

（四）"以劳育美　共生共长"劳动课程纲要

1. 一般信息

课程名称："以劳育美　共生共长"劳动教育课程

适用年级：六年级

适用班额：48人

总课时：16课时

2.课程简介

金山中学倡导"共生教育"。共生教育将学校教育与生命成长有机结合，将素质教育与培养学生的核心素养有机结合，将传统文化教育与地域文化有机结合，同时将劳动教育与学科教育相融合，把教育理念一步步落实为可见的行动。我校精心设计"以劳育美 共和共生"劳动教育课程体系，开设劳动教育必修课程和劳动教育自选课程。通过教师、家长、社会人员在学校、家庭、社会三大场域协同实施劳动教育，达成"协同育人 多元共生"的劳动教育目标。

3.背景分析

（1）课程目的和意义：

劳动和劳动技术教育是中学教育不可缺少的重要组成部分，是全面贯彻落实教育方针、实施素质教育、提高学生总体素质的基本途径。我校全面贯彻党的教育方针，秉持"共生"教育理念，立足学校办学实际和学生长远发展，谋求人与自然、人与社会、人与人、人与自我的共生，以及人类的持续生存与发展。我校积极探索新时代劳动教育新模式，切实把劳动教育的各项目标任务落到实处，旨在培养德智体美劳全面发展的新一代学子。

（2）课程已有基础和所学条件：

"以劳育美 共生共长"劳动课程以学校劳动课程为主体，家庭、社会课程为补充。校内设有木工室、陶艺室、传统手工布艺室等专业劳动技术教室，由校内劳动教师及校外聘请的非物质文化遗产传承人指导。我校与社区企业威力工具合作共建，开发校园园艺类、维修养护类劳动课程；建设校园农场，开展农业生产劳动。在劳动周期间，组织学生到技师学院研学，进行职业体验活动，感受工匠精神和劳模精神，初步激活职业生涯规划意识。我们把劳动课程与学科知识融合、与非遗传承人共育、与威力工具共建、与职业教育对接、与社会生活同频，让劳动教育课程富有多样化和地方气息，实现以劳树德、以劳增智、以劳强体、以劳益美和以劳创新的目标。

4.课程目标

劳动观念：通过参与日常劳动，体会普通劳动者的光荣与伟大；初步树立"劳动最光荣、劳动最崇高、劳动最伟大、劳动最美丽"的观念。

劳动能力：通过劳动活动，掌握包饺子、包粽子、使用电烤箱等烹饪技能；在工农业生产中，掌握月季的扦插与嫁接、种地瓜等劳动知识和技能；正确使用农具及常用木工工具等劳动工具；在劳动实践中增强体力，提高智力和创造力；在传统工艺制作中，能具备完成缝套袖、电烙画等劳动任务所需要的设计能力、操作能力和团队合作能力。

劳动习惯和品质：在劳动过程中，养成安全操作、规范使用工具、有始有终等劳动习惯；在小组合作中，养成认真负责、自觉自愿、诚实守信、吃苦耐劳、团结合作、珍惜劳动成果等品质。

劳动精神：通过职业体验活动，继承勤俭节约、敬业奉献的优良传统；感知爱岗敬业、甘于奉献的劳模精神；培育百折不挠、艰苦奋斗的革命精神以及精益求精、追求卓越的工匠精神。

5.活动安排（见表3-14）

表3-14　活动安排

日期	周次	劳动主题	课时	内容
9.7	1	教室课桌椅高矮的调整	2	能够正确选择并安全使用工具；对应身高，小组合作完成桌椅高矮的调节。
9.21	3	教室作业架的安装与使用	1	根据说明书完成教室作业架的安装；讨论并制定作业架的使用规范及评价要求。
9.28	4	诚信银行工作人员	2	了解并学习诚信银行智能设备的功能及操作；学习专业服务用语及动作。
10.19	6	月季的扦插和嫁接	3	学会挑选枝条；安全使用工具并正确操作。
11.9	9	缝套袖	2	裁剪并缝制一副套袖。
11.23	11	包饺子	2	学会调馅、擀皮、包饺子、煮饺子。
12.14	13	无人机的认识与操作	2	认识无人机的基本结构并组装无人机；操作无人机飞行。

续表

日期	周次	劳动主题	课时	内容
12.28	15	图书馆志愿者	2	学习图书馆借书，还书系统的使用；能够按规则整理、摆放图书。
2.15	17	教室的美化与布置	2	设计教室美化图；布置教室。
3.1	19	烤出好"淄"味	2	安全并营养兼备的穿串；学会烤箱的使用。
3.15	21	妙笔生花电烙画	4	了解电烙画的历史，掌握基本操作技法；学会在平面及立体素材上制作传统工艺电烙画。
4.12	25	体验小木工	2	安全并正确操作工具制作木节人。
4.26	27	电风扇的拆装与清洗	3	能正确拆卸、组装电风扇；能合理清洗电风扇。
5.17	29	地瓜的种植与管理	4	了解地瓜育苗方法；掌握基本农具的使用方法；学会起垄、覆膜、压地瓜苗等技术，完成地瓜苗的栽种；了解并合理管理自己班级的地瓜地。
6.14	33	包粽子	1	学会包粽子。
6.28	34	诚信超市售货员	1	能熟练操作信用超市的设备，正确登记诚信积分的增减。

6.评价活动

综合实践活动课程的评价是多元的、动态的，为了有效推进课程，我们设置了多种评价相结合的方式（见表3-15、3-16），健全和完善学生劳动素养评价标准、程序和方法。全面客观记录学生校内外劳动教育的过程和结果，加强实际劳动技能和价值体认情况的考核；建立公示、审核制度，确保记录真实可靠，把劳动素养评价结果作为衡量学生全面发展情况的重要内容，并纳入学生综合素质评价，作为评优评先的重要参考和毕业依据，作为学生评优评先的重要参考依据。

以学生掌握劳动技能和价值体认情况为重点，通过平时表现评价、学期综合评价、学校劳动教育必修课程完成情况、参与校外生产劳动和服务性劳动情况等形式评价。

科学设计劳动教育目标任务、安全记录表册、劳动成长档案袋，全面客观记录学生参加家务劳动和掌握生活技能的情况。通过"自评、生评、师评、家长评、社会评"措施，确保记录真实可靠。

　　组织开展劳动技能和劳动成果展示、劳动竞赛等活动，激发学生积极性。建立激励机制，定期开展"劳动能手""劳动标兵""劳动达人"等评选活动，及时公布评价结果。

　　设计制作学生和教师课堂活动评价量表，根据学生个人及小组在课堂中的表现以及作品完成的情况，以"学生自评—小组内互评—小组间互评—教师评价"等多方面评价，评价结果以A、B、C、D四个等级来进行呈现。

　　开展多种形式的校内、校外学生作品展览，加强宣传和学生进行鼓励，激发学生对劳动的热爱。

表3-15　综合评价体系

综合评价等级	评价项目		评价标准	评价方式	得分	等级
	整体	分组				
A级85—100 B级70—84 C级60—69 D级60以下	过程性评价（50%）	小组合（50%）	参考评价量表1	教师评价+组长评价		
	终结性评价（50%）	小组成（30%）	参考具体课程评价量表2.3（以电烙画课程为例）	教师评价		
		作品（20%）		教师评价+同学互评		

表3-16　小组合作评价量规

评价维度	分工合作	任务完成	活动评价	倾听分享
评价标准	积极参与小组活动，主动与同学配合。	努力完成个人负责的分工，对自己和他人负责。	能够实事求是地进行自我评价和反思总结。	乐于倾听别人的经验，善于分享自己的智慧和资源。
评价等级	A级（85～100）达到四项评价标准 B级（70～84）达到二或三项评价标准 C级（60～69）达到一项评价标准 D级（60以下）没有达到评价标准			

（五）单元教学方案

1.一般信息

单元名称：妙笔生花——电烙画

单元课时：4课时

适用年级：六年级

2.背景分析

烙画作为中国古老的民间艺术，拥有独特的绘画工具和烙制方法。其工艺流程简单，便于操作，且创造出的作品极具美感，可以让孩子直观地感受民间艺术的魅力。同时，烙画对于培养学生的思维能力、劳动能力、审美能力有很大的促进作用。因此，我校开发了电烙画校本课程。学生在学习烙画的过程中，通过欣赏烙画作品，使用烙画工具，制作烙画的劳动实践，培养对民间传统工艺的热爱，传承与发展非物质文化遗产。

（1）课程目的和意义

电烙画是我国的非物质文化遗产，它在传承了老手艺的基础上，体现了时代的创意和创新。学生在学习过程中投入情感，获得积极的情感体验；在感受艺术的同时，饱受文化的滋养，并且课程给予学生足够的创造空间。通过劳动，激发学生对传统文化的热爱。课程注重以学生为主体的研究性学习，体现以人为本的学习理念，在实践中与理论相结合，使学生真正掌握一门技能。艺术知识无止境，创意无限量，设计无定式，智慧无边界，我们希望电烙画在新常态下迎接新使命，借助新思维和新视野，创造未来发展新格局，走出一条创意设计的新路径。

（2）课程已有基础和所学条件

我校在开展"以劳育美　共生共长"劳动教育的过程中，注重非物质文化遗产的传承与发扬。六年级学生已有一定的美术欣赏基础和动手实践操作的能力。在活动中，我们结合学生已经掌握的各学习领域的知识和技能，与现代美术相融合，引导学生去观察、欣赏、对比、分析作品特征。在主动探索、学习、练习创作的过程中，让学生感受烙画的艺术魅力，通过手中的烙笔，用劳动创作出自己喜欢的形象。目前，学校已经购置了大量的电烙机和木板、葫芦等工具供学生学习和使用。

（3）单元目标

劳动观念：通过探索电烙画的制作过程，激发劳动意识创新，感受劳动创造美，做生活的有心人。在欣赏、评价、交流名家作品及他人作品的过程中，用自己喜欢的方式表达对电烙画的理解与感受。培养审美情趣，尊重劳动，尊重劳动者，理解劳动对于个人生活、家庭幸福的意义。

劳动能力：熟练掌握电烙画的基本操作技能，能够设计并制作平面、立体等不同风格的电烙画作品，增强创意设计、技术应用和物化能力。通过观察与讨论，交流并归纳出电烙画设计稿的上稿方法和电烙画操作技巧要点。形成在劳动实践中学习的意识，提高设计能力、操作能力及团队合作能力。

劳动习惯和品质：在制作电烙画的过程中，积极参与动手操作实践。合理挑选、安全使用并整齐收纳劳动工具，养成认真负责、团结合作、珍惜劳动成果等好品质。

劳动精神：通过电烙画课程，培养学习、热爱并传承非物质文化遗产的责任意识。

（4）评价设计

①评价活动

根据学到的起稿方法，在木板上设计并起稿生肖图案，动手将自己的生肖勾勒出线条。

据已掌握的渲染方法及注意事项，小组讨论并汇总整体作画时的渲染方法和步骤，以及各自生肖画稿的特点，渲染出丰富的色彩。

在葫芦上起稿并完成作品，制作母亲节"福禄"摆件。

②评价方法

通过积极思考、动手实践、总结方法，在老师的引导下牢记口诀，小试身手，学生能够在木板上烙制横、竖、斜、弧形的线条各5条。

通过观看视频，小组讨论，总结方法，采用学生互评等方式，学生能够掌握正确的渲染方法，并独立渲染竹叶和花瓣。

通过学习和动手操作，学生能够学会选材、构图，并熟练使用电烙笔，掌握线条的正确勾勒方法。

通过探究和动手实践，学生能够明确平面烙法和立体烙法的区别，掌握正确的渲染方法，从而培养自主探究习惯、创新意识、动手能力及审美能力。

③评价量规（见表3-17、3-18）

表3-17　妙笔生花电烙画评价量表1——学生活动评价量表

评价内容	完成情况
积极愉快的参加劳动。	☆☆☆☆☆
合理选择并安全操作工具，灵活运用电烙画的基本操作技法。	☆☆☆☆☆
制作的电烙画作品主题鲜明，创意独特，构思新颖。	☆☆☆☆☆
桌面整洁，干净卫生。	☆☆☆☆☆
认真完成实践活动，团结合作，善于发现问题并探索、解决问题。	☆☆☆☆☆
我的劳动感悟：	

表3-18　妙笔生花电烙画评价量表2——小组成果汇报评价量观

评价维度	85～100	70～84	60～69	59以下
内容	能够在立体素材上完成作品且烙画画面内容丰富，运用三种以上技巧进行制作。	能够在立体素材上完成作品，作品画面内容较丰富，运用至少两种技巧进行制作。	能够在平面素材上完成作品，画面简单易操作，但主题较明确，会用烙画基本操作技法。	没有完成烙画作品，或画面内容太少，主题不明确。
过程	小组汇报思路清晰，能够呈现电烙画的设计与制作的基本技能。	小组汇报思路比较清晰，能基本呈现电烙画的设计与制作基本技能。	小组汇报思路逻辑性较差，但是能呈现基本技法。	小组汇报没有逻辑感、思路混乱、态度不认真。

（六）课时教学方案（一）

1.一般信息

课时名称：电烙画平面基本技法及练习

2.课时目标

（1）通过视频学习及教师指导，了解电烙画的知识和技法，激发学生学习电烙画专业的兴趣。

（2）通过学习和动手操作，学会使用电烙笔并掌握勾勒、渲染两种基本技法，养成善于观察、自主探究的良好习惯，提高动手能力。

（3）在木板上起稿并尝试完成一幅电烙画作品的制作。

3.评价设计

通过积极思考、动手实践、总结方法，在老师的引导下牢记口诀，小试身手。学生可以在木板上烙制横、竖、斜、弧形的线条各5条，达成目标（2）。

通过观看视频，小组讨论，总结方法，进行学生互评。学生可以掌握正确的渲染方法，并自己渲染竹叶和花瓣，达成目标（1）和（3）。

选择喜欢的图案，在木板上起稿并尝试完成一幅电烙画作品送给自己。

4.学与教活动设计

（1）活动一：情境导入，引人入胜

【教师导入】播放老手艺人的优秀电烙画作品视频，让学生感受传统艺术电烙画的魅力。引导学生观察一幅作品轮廓需要哪些方法的结合。

【学生欣赏】观看视频，感受电烙画的艺术魅力，欣赏不同手法和创作方法，为后面的学习奠定基础。总结出：轮廓都是用点、线、面交织而成。

【设计意图】激发学生学习兴趣，使学生处于积极的学习状态。

（2）活动二：步步深入，探索技法

①点——点睛

【教师设问】引导学生思考作品中何处需要点的手法。

【学生动手】学生思考、回答，同时根据屏幕上的图片，体验各种点（如眼睛、花心等）的不同画法。

②线——勾勒

【教师导问】多媒体和实物展示电烙画作品——"共和国勋章"获得者之一钟南山。引导学生思考：烙制这样的一幅作品首先要烙什么？

【学生思考】积极思考，明确完成作品的第一步要先勾勒线条。

【教师引导】让学生动手在木板上画线条，感受勾勒线条时起笔、行笔、收笔时轻重、快慢有什么不同。强调安全问题。

【学生交流】动手实践的同时，思考老师的问题，同桌间各抒己见，交流感受。总结出：起笔不能停顿；行笔要气脉通畅，控制好速度；收笔不要太重。

【教师小结】根据学生的回答，汇总成口诀：轻重轻，匀速，不停顿。

【评价活动】通过积极思考、动手实践、总结方法，在老师的引导下牢记口诀，小试身手。在木板上烙制横、竖、斜、弧形的线条各5条。

【设计意图】首先，通过对送给钟南山的作品介绍对学生进行德育教育，并引发学生积极思考问题。然后，通过学生动手烙线条，发现问题和应该注意的方法。通过讨论交流，找到正确勾线的方法。教师帮助总结成顺口溜，方便学生记忆。最后，通过学生动手画各种线条，及时评价学生勾勒线条的掌握情况。

③面——渲染

【教师导问】出示钟南山图片，引导学生思考用什么样的方法可以体现层次立体感和颜色深浅。播放渲染方法的微视频。

【学生思考】观看视频，联想刚才的线条勾勒方法，小组讨论并交流方法。汇总渲染方法：控制温度，控制速度，低温多次渲染，不要因为追求速度用高温。

【教师小结】根据学生的回答，板书强调。

【学生动手】牢记渲染方法，根据大屏幕的图片展示，动手操作渲染花瓣和竹叶，体现层次感。

【教师活动】教师拍照出示学生作品，白板上传到大屏幕，学生点评并帮助分析出现问题的原因。

【学生动手】在找到出现问题原因的基础上，进一步完善自己的作品。

【评价活动】通过观看视频、小组讨论、总结方法和动手操作、学生互评等方法，帮助学生攻克难点，达成目标（2）。

【设计意图】本环节是本节课的重点和难点，在学生已经动手实践的基础上，通过视频学习和小组讨论总结正确的渲染方法，但理论与实际还是有差距的，所以在学生动手操作后，教师再展示同学们的作品，鼓励同学间互评，从而发现问题并自己解决问题，攻克本节课的重难点。

（3）活动三：技法操作，完成作品

①起稿

【教师引导】引导学生思考如何将画稿印到木板上，引导学生解答遇到的难题。

【学生思考】积极思考、动脑想法方法，找到将画稿印到木板上的实用方法。

【评价活动】根据学到的方法，挑选喜欢的图案木板上起稿。

【设计意图】教师步步引领学生深入思考将画稿印到木板上的好方法，学生在探究和尝试的同时掌握正确的起稿方法。

②勾线

【教师引导】引导学生回顾勾线时的口诀和注意事项，并在全班交流。

【学生回顾】回顾勾线的注意事项和方法：轻重轻、匀速、不停顿；强调温度的控制和力度、速度的把握。

【教师导问】从画的整体布局和审美角度，引导学生思考作画时线条的烙制与单独练习线条时有何不同。

【学生活动】小组讨论，整体作画和单独技法的练习有何不同？总结出整体作画要点：A.注意线条气韵流畅不断断续续。B.意在笔先，先整体观察再落笔，同时边勾线边观察。C.注重线条的粗细、虚实、浓淡变化及力度的体现。

【教师小结】根据学生汇总，板书整体勾线的注意事项。

【评价活动】根据已经学过的方法，和小组讨论的整体作画要点，动手将自己的图案勾勒出线条。

【设计意图】充分发挥小组的作用，在回顾已有知识的基础上，进一步引发学生思考技巧如何在实际操作中运用，提高探究、解决问题和实际操作能力，掌握从局部到整体的升华方法。

③渲染

【教师导问】引导学生回顾渲染时的注意事项和方法，引发进一步思考：在整幅画中如何用电烙笔体现立体感和层次感？

【学生回顾】回顾渲染的方法和注意事项：控制温度，控制速度，低温多次渲染，不要因为追求速度用高温，并进一步思考问题。

【教师提问】播放视频"动物渲染的方法"，提问：动物渲染时分为哪几步？

【学生讨论】观看视频，小组讨论汇总整体作画时渲染的方法和步骤。

A.分染：从画稿颜色最深的地方起笔，不断反复分层着色，突出立体感、层次感，达到理想的效果。

B.烘染：在所绘制的生肖周围淡淡地陷入一层底色，用以衬托或掩饰生肖，使生肖不至于太过孤立。

【教师小结】根据学生汇总的步骤，板书步骤和注意问题。

【评价活动】根据已掌握的渲染方法和注意事项，小组讨论汇总的整体作画时渲染的方法和步骤。然后根据自己所选画稿的特点渲染出丰富的色彩。

【设计意图】在学生已有知识和技能的基础上，通过视频和问题激发学生深入思考整体渲染的方法，通过小组讨论汇总方法，将理论运用于实践。

（4）活动四：展示作品，自评互评

【学生活动】组内选出优秀作品到讲台展示并解说，小组互评，票选"小巧手"。

【学生活动】完成自评和组长评价。

【设计意图】通过欣赏、对比、交流评价，让学生认识到自己的不足，能正确表达自己的观点。

（5）活动五：总结收获，畅谈感受

【教师导问】引导学生回想本节课学到的电烙笔的使用技巧有哪些，以及本节课还有哪些收获。

【学生总结】积极发言，总结本节课学到的技能及收获。

【教师导问】点、线、面是构成烙画最基本的笔法，这些笔法的组合会形成一幅幅美丽的图画。你对自己的第一幅作品满意吗？下节课，我们来挑战高难度电烙画，你想知道是什么吗？

【设计意图】引导学生畅谈收获，回顾本节课学到的方法和要领，同时对学生进行德育教育；激发学生学习电烙画的兴趣和热情，对学生提出更高的要求和建议。

（七）课时教学方案（二）

1.一般信息

课时名称："福禄"葫芦送妈妈

2.课时目标

（1）能够挑选合适的葫芦做素材；通过探究和动手实践，明确平面烙法和立体烙法的不同，掌握葫芦正确勾线、渲染方法，培养学生自主探究习惯、创新意识、动手能力及审美能力。

（2）在劳动中感恩母亲，体会劳动带来的幸福感和成就感。

3.评价设计

学生通过联系实际、积极思考、小组总结的立体构图的方法，学会挑选葫芦，并在挑选的葫芦上整体构图，通过已有技能，同学总结的方法，在葫芦上勾线，达成目标（1）。

运用已掌握渲染的方法，对比立体的渲染方法，在葫芦上根据兰花各结构特点渲染色彩，达成目标（1）。

导入环节引入对母亲的感恩，在交流感受环节提升情感教育，达成目标（2）。

4.学与教活动设计

（1）活动一：情境导入，感恩母亲

【教师导问】播放《葫芦娃》的动画片片头，学生跟唱，引导学生思考现实生活中人们用葫芦做什么。

【学生活动】学生观看视频，跟唱歌曲，积极思考葫芦的用途和寓意，明确本节目标，葫芦上烙制作品，为迎接即将到来的母亲节，为母亲制作"福禄"葫芦烙画送祝福。

【设计意图】葫芦娃的动画回顾和歌曲跟唱，调动学生学习的积极性。同时葫芦有"福禄"的深刻寓意，调动学生学习积极参与的热情。

（2）活动二：步步深入，以手绘情

①选材

【教师导问】引导学生思考，烙画应该选择什么样的素材和葫芦。

【学生思考】联系实际，积极思考，总结：a.素材：尽量要以老画、名画、画工较好的题材为临摹对象；画的内容和葫芦要协调，不能格格不入。b.葫芦：皮质较好、颜色纯正、水分干透的葫芦。

【设计意图】教授学生今后自己动手选材和选葫芦的方法和技巧，为今后的学习和深造打下基础。

②起稿

【教师引导】引导学生思考如何将画稿印到木板上，引导学生解答遇到的难题。

【学生思考】积极思考、动脑想方法，找到将画稿印到木板上的实用方法。

【评价活动】根据学到的方法，挑选自己妈妈的生肖在木板上起稿。

【设计意图】教师步步引领学生深入思考将画稿印到木板上的好方法，学生在探究和尝试的同时掌握正确的起稿方法。

③构图

【教师设问】引导学生思考：要想在立体葫芦上作画，与我们学过的平面作画构图上有何不同？

【学生讨论】积极思考，同桌讨论、交流。总结：A.构图要完整、连贯，360度的方位都便于欣赏。B.构图要主次分明，突出主题——最精彩的部分。

【教师小结】根据学生的总结板书。

【评价活动】学生根据立体构图的要点，在挑选的葫芦上整体构图。

【设计意图】学生通过积极思考、小组讨论，利用对比法发现不同，从而总结出立体构图的方法。

④勾线

【教师引导】引导学生回顾勾线时的口诀和注意事项，并在全班交流。

【学生回顾】回顾勾线的注意事项和方法：轻重轻，匀速，不停顿；强调温度的控制和力度、速度的把握。

【教师导问】从画的整体布局和审美角度，引导学生思考作画时线条的烙制与单独练习线条时有何不同。

【学生活动】小组讨论：整体作画和单独技法的练习有何不同？总结出整体作画要点：A.注意线条气韵流畅不断断续续。B.意在笔先，先整体观察再落笔，同时边勾线边观察。C.注重线条的粗细、虚实、浓淡变化及力度的体现。

【教师小结】根据学生汇总，板书整体勾线的注意事项。

【教师导问】引导学生思考：葫芦上的勾线与平面勾线有什么不同？

【学生交流】积极观察、思考、交流观点：a.勾线要行云流水，连贯自然。b.要仔细认真，把每个部分的细节都仔细地描绘出来。

【教师小结】根据学生总结板书重点。

【学生操作】通过已有技能，同学总结的方法，在葫芦上勾线。

【设计意图】巩固原有技法，对比新的技法，从而做到灵活运用。充分发挥小组的作用，在回顾已有知识的基础上，进一步引发学生思考技巧如何在实际操作中运用，提高探究、解决问题的能力，和实际操作能力，掌握从局部到整体的升华方法。

⑤渲染

【教师导问】引导学生回顾渲染时的注意事项和方法，引发进一步思考：在整幅画中如何用电烙笔体现立体感和层次感？

【学生回顾】回顾渲染的方法和注意事项：控制温度，控制速度，低温多次渲染，不要因为追求速度用高温，并进一步思考问题。

【教师提问】播放视频"动物渲染的方法"，提问：动物渲染时分为哪几步？

【学生讨论】观看视频，小组讨论汇总整体作画时渲染的方法和步骤。

A.分染：从画稿颜色最深的地方起笔，不断反复分层着色，突出立体感、层次感，达到理想的效果。

B.烘染：在所绘制的生肖周围淡淡地陷入一层底色，用以衬托或掩饰生肖，使画面不至于太单调。

【教师小结】根据学生汇总的步骤，板书步骤和注意问题。

【评价活动】根据已掌握的渲染方法和的注意事项，小组讨论汇总的整体作画时渲染的方法和步骤。然后根据自己生肖画稿的特点渲染出丰富的色彩。

【设计意图】在学生已有知识和技能的基础上，通过视频和问题激发学生深入思考整体渲染的方法，通过小组讨论汇总方法，将理论运用于实践。

【教师导问】引导学生思考葫芦与平面渲染有何不同？播放视频《葫芦上烙画》。

【学生讨论】回顾渲染方法，通过观看视频后，小组讨论交流，通过对比渲染方法的不同，总结注意事项：A.要呈现出叶片的多而有序。B.叶片有远有近，用烙笔画出的焦色浓淡表达不同层面的叶片。C.叶片在微风吹拂下有动感，应该细心地用烙痕描绘出叶片随风摇摆的动势。D.烫烙焦色渐变的叶片就应该有灵动之感。

【教师小结】根据学生总结板书重点并强调。

【学生操作】通过已掌握渲染的方法，对比立体的渲染方法，在葫芦上根据构图各结构特点渲染色彩。

【设计意图】通过观看视频与平面烙画对比，根据小组讨论汇总的方法，在立体葫芦上进行渲染。

（3）活动三：快乐分享，自评互评

【学生活动】组内选出优秀作品到讲台展示，并解说作品构思含义、表达的情感、包含的祝福。小组互评，票选"小巧手"。

【教师引导】引导学生展示介绍自己的杰作，并自我点评，表达妈妈的爱。

【学生点评】积极展示，自我点评，同时表达内心对妈妈的爱。

【学生活动】完成自评和组长评价。

【教师活动】及时点评并对学生进行德育教育。

【设计意图】通过欣赏、对比、交流评价，让学生认识到自己的不足，能正确表达自己的观点。

（4）活动四：总结收获，拓展延伸

【教师引导】请同学们分享自己的收获和祝福，在幸福和反思中成长。

【设计意图】激发学生畅谈收获的热情，在评价别人和自我评价中找到正确的方法，并借着想对妈妈说的话，对学生进行德育教育；在课程结尾抛出问题，激发学生课后主动探寻的兴趣。

（八）劳动教育与学科融合案例

六年级上册第三单元第10课《竹节人》
语文综合实践活动课程设计

【课程选择背景】

《竹节人》一课是语文六年级上册第三单元的第一篇课文。课文回忆了作者童年时代做竹节人、玩竹节人以及老师没收竹节人自己玩的情景，表现了童年游戏的乐趣，表达了儿童的喜悦与满足，同时也展现了老师童心未泯的一面，字里行间流露出简易的儿童玩具带来的心灵快乐。由于竹节人对北方学生比较陌生，单纯的讲述无法让学生体会这种游戏的快乐，因此选择制作竹节人。

【课程选择的意义】

学生通过劳动，初步学会制作竹节人的方法，在操作过程中形成安全规范生产劳动的意识，感受劳动制作的快乐与成就感，树立不怕困难、勤于思考的劳动精神。

【课程实施方案】

课时：2课时

涉及学科：语文、劳动、物理、美术

适合学段：六、七年级

【课程目标】

1.劳动观念：在教师的引导下，通过参与制作竹节人的过程，感受劳动的快乐与成就感，认识到劳动的意义和价值。

2.劳动能力：通过学习探究，能够总结制作经验，提高制作手工艺品的能力。

3.劳动习惯和品质：在小组活动中，敢于大胆发表自己的意见，组内成员互帮互助，顺利完成活动任务，并养成不浪费、及时整理工具、收拾卫生的好习惯。

4.劳动精神：通过积极参与、动手操作，在认识和体验过程中逐步树立敢于动手、不怕困难、勤于思考的劳动精神。

【活动准备】

1.活动场地：教室

2.工具材料：各种工具、手套、围裙、创可贴

3.教学准备：课件、评价表

【活动过程】

1.实物导入，激发兴趣

教师展示"竹节人"实物，并播放玩竹节人的视频。

"竹节人好玩吗？大家想玩吗？"

2.酷炫玩具做起来

（1）任务一：设计制作方案

①"想要玩'竹节人'，得先自己做'竹节人'。制作竹节人的材料好找吗？制作起来复杂吗？"

②请跳读课文3～19段，用"＿＿＿＿"画出做竹节人的语句，观察"竹节人"插图，自主完成《竹节人制作方案》，最后小组商讨并且完善制作方案（见表3-19）。

表3-19　方案设计评价量表

竹节人制作方案		
	基础款 （重点跳读3～7段）	升级款 （重点跳读8～19段）
材料与工具		
制作步骤		
注意事项		

方案设计评价量表			
	优秀	良好	不合格
自主	方案设计内容完整、具体，遗漏项目在2处以内；表述准确；条理清晰。	方案设计内容较完整但不够具体，遗漏项3处以内，表述较准确；条理较清晰。	方案设计遗漏项目在4处以上，表述混乱；无条理。
合作	积极参与讨论，主动表达自己的观点；主动帮助他人；认真听取他人发言。	参与讨论，能说出自己的观点，听取他人发言。	没有参与讨论。

（2）任务二：制作属于我们自己的竹节人

要求：

①结合《竹节人制作方案》和《小组活动方案》（见表3-20），组内科学分工，每个成员既有独立任务又能有效合作。

②观察员认真观察并做好制作过程记录。

③每个小组至少制作两个不同节数的竹节人。

④本阶段使用材料和工具：结实的细绳、空心木段、万能锯、剪刀、固定夹、锂电池手电钻、热熔胶、热风机、手套、围裙、护目镜、彩纸、卡通图像、彩笔等。

表3-20　小组活动方案表

小组名称	
小组成员	组长：
	制作者：
	记录员：
制作过程	至少制作完成两个竹节人，可进行装饰，升级为豪华版。 简述遇到的困难和解决的方法：

（3）任务三：难度提升——制作电动竹节人（见表3-21）

在当时那个物质条件贫乏的年代，小孩们只能用线拉扯着自己制作的竹节人进行"战斗"。可是，在你生活着的这个幸福年代，我们能否让竹节人自己"活"起来呢？

思考：

①如何让你的竹节人自己"动起来"？

②原版竹节人身上的绳子既是竹节人的"灵魂"，又限制了竹节人的动作。你能想办法用其他工具和材料取代绳子吗？

本环节需要的工具及材料：

①木工工具及材料：

木块、木条、木凿、刻刀、快速固定夹、刨子、墨斗、钢角尺、万用锯子、锂电池手电钻、电钻台架、锤子、锂电池角磨机、角磨机台架、各种孔径的开孔器、护目镜。

②电子工具及材料：

万用表、电烙铁、烙铁架、锡丝、松香助焊剂、螺丝、螺母、螺丝刀套件、吸锡器、电路板拆装夹具、各种钳子、各种镊子。

③手工工具及材料：

热风枪、热熔胶枪、电磨、普通剪刀、铁皮剪刀、锂电池小手钻、小台钳。

表3-21　电动竹节人制作方案表

	手动款	电动款
材料与工具		
制作步骤		
注意事项		

3.酷炫玩具玩起来

咱们也有属于自己的竹节人了！文章里小伙伴们玩竹节人的乐趣，咱们马上就能感同身受了！还等什么，玩起来吧，嗨起来吧！

【评价标准】（见表3-22）

（1）小组分工是否明确。

（2）能否发现并解决制作过程中遇到的问题。

（3）竹节人制作是否成功。

（4）表演过程是否流畅。

表3-22　过程性评价与终结评价

	优秀	良好	合格	不合格
制作效果	竹节人各种姿势变化自然、流畅。	竹节人能站立稳定，有两种以上变化。	竹节人能站立起来。	竹节人没有制作完成。
展示过程	表演者与演讲者配合默契，表演自然大方，情节设计有趣。	表演者与演讲者配合较默契，表演流畅，有情节设计。	表演者与演讲者配合不默契。不流畅，有情节设计。	表演者与演讲者没有配合不默契，没有情节设计。
分工合作	小组内分工明确，每个成员既有独立任务又能有效合作。	小组内有分工，个别同学参与不积极。	小组内有分工，组内有同学没有参与活动。	小组内没有分工，组员之间没有合作。

【反思拓展】

（1）你学到了哪些简单的木工制作方法？

（2）在制作竹节人的过程中，你遇到了哪些问题？又是如何解决的？

（3）你的表演是否流畅？在此基础上，是否有情节的创新？

（4）学习了制作竹节人的方法后，你是否能应用此方法制作类似的小玩具？试试看吧！

【工具】

（1）木工工具：

木凿、刻刀、快速固定夹、刨子、墨斗、钢角尺、万用锯子、锂电池手电钻、电钻台架、锤子、锂电池角磨机、角磨机台架、各种孔径的开孔器、护目镜。

（2）电子工具：

万用表、电烙铁、烙铁架、锡丝、松香助焊剂、螺丝刀套件、吸锡器、电路板拆装夹具、各种钳子、各种镊子。

（3）手工工具：

结实的细绳子、热风枪、热熔胶枪、电磨、铁剪子、锂电池小手钻、小台钳、剪刀。

（九）金山中学校本课程优秀案例展示

《传统养生》校本课程纲要

1.一般信息

课程名称：传统养生

适用年级：七年级

总课时：32

2.课程简介

养生是指顺应自然，运用恰当的手段，来维系人体生命活动的方式，其目的是达到保健强身、防病抗衰的效果。本课程主要讲述养生与学生衣食住行的关系，并引导学生养成更健康的生活方式，提高养生意识，使学生掌握一些基本的防病、治未病的简单常识，丰富学生文化生活。

本课程属校本课程，是选修课程，是学校共生课程中共健课程体系中的一门课程。它和其他共健选修课程一起，作为国家课程体育与健康的补充，共同完成共健课程"健体育人"的目标。

3.背景分析

人们的健康与养生意识越来越强，但许多中小学生因缺乏相关教育，未形成健康养生观念，养成不良生活习惯，影响身心健康。传统养生文化进校园，可纠正不良习惯，提升健康意识，培养健康生活方式，同时也是"治未病"的体现。此举对提升中小学生健康素养、弘扬中华传统文化有积极意义。

4.课程目标

（1）通过小组合作学习传统养生课程，学生能正确认识环境与养生的关系、起居与养生的关系、药食与养生的关系、精神与养生的关系、运动与养生的关系，掌握基本的养生知识，提高健康意识和养生意识。

（2）通过合作研究传统养生的基本技能和健身方法，学生能够顺应自然选择正确的养生方法和保健途径，提高保持健康体魄的能力，养成健康生活的习惯。

（3）通过学习传统养生的知识和技能，学生能理解并养成我国传统哲学思维和思维习惯，体会中国传统文化的博大精深，传承中国传统文化。

（4）通过合作探究学习，学生能形成合作探究的意识，提高合作探究的能力。

5.活动安排（见表3-23）

表3-23　活动安排时间表

日期	周次	内容
9月04日—9月08日	第一周	第一章　传统养生概论
9月11日—9月15日	第二周	第二章　环境与养生
9月18日—9月22日	第三周	第三章　起居与养生

续表

日期	周次	内容
9月25日—9月28日	第四周	第四章　第一节　饮食与养生
10月07日—10月13日	第五周	第四章　第二节　常用食疗养生方
10月16日—10月20日	第六周	第三节　药食同源及常用食物的性能和应用
10月23日—10月27日	第七周	第五章　第一节　四季养生：春季养生
10月30日—11月03日	第八周	第五章　第二节　四季养生：夏季养生
11月06日—11月10日	第九周	第五章　第三节　四季养生：秋季养生
11月13日—11月17日	第十周	第五章　第四节　四季养生：冬季养生
11月20日—11月24日	第十一周	第六章　精神与养生
11月27日—12月01日	第十二周	第七章　第一节　运动与养生
12月04日—12月08日	第十三周	第七章　第二节　科学锻炼身体的方法
12月11日—12月15日	第十四周	第七章　第三节　体育运动卫生保健常识
12月18日—12月22日	第十五周	第八章　刮痧及基本疗法
12月25日—12月29日	第十六周	第九章　按摩及基本疗法

实施要求：

根据学校实际状况，每周开设两节校本课程。课程内容由本校教师自主开发，学生自愿选择。本课程着眼于学生发展的教育价值观，把为学生的发展服务当作校本课程的基本价值取向。

（1）校内课程

学校自主开展《传统养生》校本选修课，由学校教师兼任，每周进行2节课的教学与实践。理论学习方面，采用教师讲授、观看视频、合作探究等方式进行；实践学习方面，采用教师演示、视频演示、学生个人或小组合作的方式进行，着力给予学生大量的实践操作机会，提高其实践操作能力。

（2）特色活动周

每个学期选择一周的时间作为活动展示周。学生将自己了解的养生知识、养生技能、养生用品等以手抄报、绘画、实际操作和成果制作等方式进行展示，供所有学生浏览学习。这不仅能提高学生的实践能力，也能同时丰富学生对养生知识的了解。

（3）校外讲座

每学期安排不低于两次的专业中医医师到校举办讲座或实践活动，开设中医药大讲堂活动。此外，每次大讲堂活动后布置养生类相关家庭作业，通过"小手牵大手"的方式带动所在家庭学习养生，普及养生知识。

（4）评价与改进

在课程实施的过程中，不断进行评价和反思，保留与学生生活实际最相关的养生知识，剔除与学生实际生活联系不紧密的学习内容，对课程不断进行改进和完善。

6.评价活动

评价不仅要关注结果，更要关注过程。要注重形成性评价和发展性评价，充分关注学生的过程体验，关注学生的情感、态度、价值观，把学生完成作品的耐心与毅力作为评价内容之一。同时，发挥评价的多元化作用，把学生自评、同学互评作为评价的重要内容。

具体体现为三方面评价：

（1）过程评价：体现为在教学过程中教师对学生的实时评价、学生之间的相互评价以及学生利用评价表进行的自我评价。在每节课堂中，通过设计评价任务单实施评价。

（2）成果评价：主要是对学生的课堂成果进行评价，采用优秀成果展评的方式进行，将成果按A、B、C分为三个等级。

（3）综合评价：综合过程评价和成果评价的结果，以A、B、C、D四个等级来进行呈现。能很好完成课程目标的学生，评定为A；能较好完成课程目标的学生，评定为B；能基本完成课程目标的学生，评定为C；不能完成课程目标的学生，评定为D。

将学生综合性评价纳入学生选修课积分中，A档记5分、B档记4分、C档记3分、D档记1分，最终纳入学生综合评定中。

（十）四季养生单元教学方案

四季养生

1.一般信息

单元名称：四季养生

单元课时：8课时

适用年级：七年级

2.背景分析

生命的产生，是自然界物质与能量相互作用的结果。四季养生就是顺应自然界四季的不同变化特点去生活，从而维持正常的新陈代谢活动。四季养生贴近学生的生活，学生已有的生活经验为本课程的进行奠定了良好的基础。四季养生不仅与学生的生活息息相关，还对学生未来的生活方式产生积极的影响，因此，四季养生是本课程中最重要的单元之一。本单元的学习重点是配制适应季节特点的养生茶，难点是如何使食（药）材的配方、配比更好地发挥养生的功效。

3.单元目标

（1）通过介绍新药材，使学生了解药材特性，丰富药材知识储备。

（2）通过已有知识和新知识的结合，学生能够科学配制四季养生饮品，提高学生动手操作能力和理论联系实际的能力。

（3）通过为他人配制四季养生饮品，学生能够提高关心、关爱他人的意识。

（4）通过配制四季养生茶，学生能够理解并养成我国传统哲学思维习惯。

4.评价设计

（1）在科学配制四季养生饮品时，对学生的配方选材、比例、功效是否符合需求等方面进行评价，采用同学间相互评价为主、教师适时点拨为辅的评价方式。

（2）养生饮品制作好后，让学生相互品尝、比较和评价养生饮品，投票评选出最佳养生饮品。

（3）利用评价任务表（见表3-24），让学生对自己的养生饮品配制过程和结果进行评价。

表3-24 评价任务表

评价维度	评价标准	评价结果	等级评价
养生知识	掌握了新药材的特性，懂得科学配比，选取药材适合季节特点。	☆ ☆ ☆	获得9颗星及以上的同学，可以获得"养生小能手"的荣誉称号！
养生技能	使用正确的步骤炮制养生茶，茶水品质优良。	☆ ☆ ☆	
情感态度	能够关心、关爱他人。	☆ ☆ ☆	
品质和习惯	有节约意识，能够运用我国传统哲学思维。	☆ ☆ ☆	

（十一）学与教活动设计

四季养生教学方案——秋季养生

1.一般信息

课时名称：秋季养生

2.教学目标

（1）通过认识菊花、玫瑰花、薰衣草、荷叶等植物，了解其各自的功效。

（2）通过结合已有知识和新知识，科学配制秋季养生茶，以提高学生动手操作能力和理论联系实际的能力。

（3）通过为他人配制秋季养生茶，培养学生的关心和关爱他人的意识。

（4）通过配制秋季养生茶的过程，使学生理解并养成我国传统哲学思维习惯。

3.评价设计

（1）在科学配制秋季养生茶的过程中，对学生的配方选材、比例搭配、功效是否符合需求等方面进行评价。评价方式以同学间相互评价为主，教师适时进行点拨为辅。

（2）养生茶炮制完成后，让学生从配方、观汤色、闻茶香、品味四个方面进行相互品尝、比较和评价，最后投票评选出最佳养生茶。

（3）利用评价任务表（见表3-25），让学生对自己的养生茶配制过程和结果进行自我评价。

表3-25　评价任务表

评价维度	评价标准	评价结果	等级评价
养生知识	掌握了菊花、玫瑰花、薰衣草、荷叶的特性，懂得科学配比，选取药材适合秋季季节特点。	☆☆☆	获得9颗星及以上的同学，可以获得"养生小能手"的荣誉称号！👉
养生技能	使用正确的步骤炮制养生茶，茶水品质优良。	☆☆☆	
情感态度	能够关心、关爱他人。	☆☆☆	
品质和习惯	有节约意识，能够用我国传统哲学思维。	☆☆☆	

4.学与教活动设计（见表3-26）

表3-26　学与教活动设计表

教学活动	学生活动	设计意图
1.导入：播放视频 提问：看完这个视频？你有什么感受吗？ 	思考并发言	通过新冠和钟南山的视频，让学生认识到自我防护的重要性和中医的作用。
2.秋季的天气特点及容易出现的问题 （出示身体不适的图片）提问：想一想，你或者你身边的人有没有出现这些问题？ ↓ 为什么会出现这些问题呢？为避免这些问题，我们应该遵循什么样的养生原则？ ↓ 依据这样的原则，在日常生活中，我们具体应该怎么做？我们可以怎样做呢？	学生回答问题 顺势思考出现的问题的原因 学生利用所学养生原则来回答问题 学生思考并回答问题	引发学生感同身受，顺势思考产生问题的原因，并复习养生原则，根据这样的原则，引导学生从与人生活息息相关的衣食住行等方面来思考问题。

教学活动	学生活动	设计意图
3.学习四种新药材 大家的桌上陈列着多种药材，找一找有没有大家所认识的？ ↓ 它有什么功效，谁还记得？ ↓ 老师给大家带来四种新的药材，不知道有没有同学认识他们？ ↓ 对于这些新药材，你想了解它的什么？ 	学生找到所学过的药材。 回答学过药材的功效。 学生主动发问。	复习所学过的药材功效，并引发学生对新药材的好奇心，主动去了解新药材，为配制养生茶做铺垫。
4.学习配制养生茶 接下来，让我们来做秋天的第一杯养生茶吧！ 1.先想一想你想送给谁？ 2.为什么想要送给他/她？ 3.你要怎样搭配呢？ ↓ 介绍适合在秋季饮用的养生茶 ↓ 菊花枸　　　玫瑰荷 杞茶　　　　叶茶 菊花3克　　玫瑰花3克 枸杞子3克　荷叶2片 水250毫升　水250毫升	学生思考问题并分享想法。 了解四款养生茶的功效和配比。	学生先思考想送给谁，为什么送给他/她。让学生明白要依据出现问题的思考配方，切忌贪多。然后推荐给学生四款适合不同人群在秋季饮用的养生茶。

教学活动	学生活动	设计意图
5.制作养生茶 接下来大家看老师演示简易版泡茶步骤： 第一步取菊花3克、枸杞子3克，放入茶壶中。 第二步加入80度的水，冲洗药材，然后将水倒出。 第三步，再次加入250毫升的水，静置4-6分钟，即可享用。 每次喝时，不要一次喝完，要留下三分之一杯的茶水，再加上新茶水。 薰衣草 柠檬茶 薰衣草3克 柠檬片2片 水250毫升 陈皮 白糖茶 陈皮5克 白糖10克 水250毫升 下面请同学们动起手来，配制秋天的第一杯养生茶吧，在这里，同时要提醒大家： （1）不要浪费药材。 （2）防止烫伤。 （3）轻拿轻放。	学生看老师演示泡茶步骤 学生自己动手操作泡茶	教给学生简易版的泡茶步骤，并提醒学生注意用量、水温、安全等，让学生学会泡茶，懂得节约和自我保护。
6.互相品茶 看到同学们都将养生茶配制好了，接下来让我们互相品茶，同学们可以从配方、观汤、闻香、品味四个方面来品尝与比较。	学生互相品茶	引导学生学会品茶，要有所依据进行品尝与比较。
7.品后评价 同学们，刚刚品尝了那么多茶，你最喜欢谁的茶？你能从配方、观汤、闻香、品味四个方面来评价一下他的茶吗？ 利用手中的评价表，对自己本节课的表现和所制作的养生茶作出评价。	学生分享和评价最喜欢的茶并评价自己的茶	引导学生相互评价并进行个人评价。

教学活动	学生活动	设计意图
8.总结与提升 通过这节课，你有什么收获吗？谁想来分享一下？ 同学们，想一想，你在生病时是谁在照顾你呢？（父母）没错，正是你的家人。通过养生，我们可以提高自身的免疫能力，减少生病的概率，同时也可以帮助父母减轻负担，甚至为家人提供抵抗疾病的一些养生小方法。所以啊，养生是一件既为自己好也为家人好的事情。不管做什么事，只有坚持做才能有效果，养生也一样，切记不可三天打鱼，两天晒网，一定要坚持，养生贵在坚持！ 同学们，你还知道其他哪些秋季养生的方法吗？那么，课后请大家多多去查阅了解一下。	学生谈本节课的收获，并明白养生是一件既为自己好也为家人好的事情以及养生贵在坚持。	总结这节课所学内容，提升学生的养生意识和情怀。

（十二）冬季养生教学方案——冬季养生

1.一般信息

课时名称：冬季养生

2.课时目标

（1）通过学习酸枣仁、龙眼、山药、燕麦等食材，了解其功效和作用。

（2）通过结合已有知识和新知识，科学配制冬季养生粥，以提高学生动手操作能力和理论联系实际的能力。

（3）通过为他人配制冬季养生粥，培养学生的关心和关爱他人的意识。

（4）通过配制冬季养生粥的过程，使学生理解并养成我国传统哲学思维习惯。

3.评价设计

（1）在科学配制冬季养生粥的过程中，对学生的配方选材、比例搭配、功效是否符合需求等方面进行评价。评价方式以同学间相互评价为主，教师适时进行点拨为辅。

（2）养生粥制作完成后，学生从配方、品味等方面进行相互品尝、比较和评价，最后投票评选出最佳养生粥。

（3）利用评价任务表（见表3-27），让学生对自己的养生粥配制过程和结果进行自我评价。

表3-27　评价任务表

评价维度	评价标准	评价结果	等级评价
养生知识	掌握了酸枣仁、龙眼、山药、燕麦的特性，懂得科学配比，选取药材适合冬季季节特点。	☆☆☆	获得9颗星及以上的同学，可以获得"养生小能手"的荣誉称号！
养生技能	使用正确的步骤制作养生粥，品质优良。	☆☆☆	
情感态度	能够关心、关爱他人。	☆☆☆	
品质和习惯	有节约意识，能够运用我国传统哲学思维。	☆☆☆	

4.学与教活动设计

表3-28　学与教活动设计表

教学活动	学生活动	设计意图
1.图片导入 提问：同学们这是哪个季节？冬天有什么特点？ 	思考并发言	由冬天导入为冬季易出现的疾病做铺垫。
2.冬季的天气特点及容易出现的问题 想一想，你或者你身边的人在冬季会出现哪 ↓ 冬季的季节特点是怎样的？ ↓ 为避免这些问题，我们应该遵循什么样 ↓ 冬季养生之道，应着眼于一个"藏"字。	学生回答问题 顺势思考冬季季节特点 学生利用所学养生原则来回答问题	学生联系实际回答问题，顺势引导思考冬季的季节特点以及应遵循的养生原则。

教学活动	学生活动	设计意图
3.学习新食材 大家的桌上陈列着多种食药材，找一找有没有大家所认识的？ ↓ 它有什么功效，谁还记得？ ↓ 老师给大家带来几种新的食材，不知道有没有同学认识他们？ ↓ 依据这样的原则，在日常生活中，我们可以怎样做呢？	学生找到所学过的药材。 回答学过药材的功效。 学生主动发问	复习所学过的食药材功效，并引发学生对新食材的好奇心，主动去了解新食材，为制作养生粥做铺垫。
4.学习制作养生粥 接下来，让我们为家人制作冬季养生粥： 1.先想一想家人存在什么健康问题？ 2.适合什么样的养生粥？ 3.你要怎样搭配呢？ ↓ 对于这些新食材，你想了解它的什么？ ↓ 介绍四款适合在冬季饮用的养生粥 枣仁龙眼粥： 酸枣仁15克、龙眼肉15克切小粒，与粳米50克一同入锅加适量水煮成粥。 山药羊肉燕麦粥： 山药50克、羊肉30克、粳米15克。先将洗净的羊肉煮熟，研成泥状，再将山药捣碎。取羊肉泥、山药泥和淘洗干净的粳米一同煮成粥。 红豆粥： 红豆30克、粳米15克淘洗干净一同煮。 栗子粥： 粳米25克，栗子5克，加水煮沸制成粥。	学生思考问题并分享想法。 了解四款养生粥的功效、配比和制作方法。	学生先思考家人存在的健康问题，适合何种养生粥，让学生明白要依据出现问题的思考配方，切忌贪多。然后推荐给学生四款适合在冬季饮用的养生粥。

续表2

教学活动	学生活动	设计意图
5.制作养生粥 下面请同学们动起手来，制作冬季养生粥吧，在这里，同时要提醒大家： 1.不要浪费。 2.防止烫伤。 3.轻拿轻放。	学生自己动手制作养生粥。	提高学生的实操能力并提醒学生注意用量、安全等，使学生懂得节约和自我保护。
6.互相品尝 看到同学们都将养生粥制作好了，接下来让我们互相品尝，同学们可以从配方、色泽、味道等方面来品尝与比较。	学生互相品尝。	引导学生要有所依据进行品尝与比较。
7.尝后评价 同学们，你最喜欢谁的养生粥？你能从配方、色泽、味道三个方面来评价一下他的养生粥吗？ 利用手中的评价表，对自己本节课的表现和所制作的养生粥做出评价。	学生分享和评价最喜欢的茶并评价自己的茶。	引导学生相互评价并进行个人评价。
8.总结与提升 通过这节课，你有什么收获吗？谁想来分享一下？冬季饮食宜多温少寒，以保阴潜阳为指导思想。冬季气候寒冷，为了御寒保暖，人们应该多食用一些具有温热性质的食物，而少食用寒凉生冷食物。在冬季，如果同学能够保护好自己的身体健康，减少生病的机会，也会给家人减少负担。同学们，你还知道其他哪些冬季养生的方法吗？那么，课后请大家多多去查阅了解一下。	学生谈本节课的收获，并巩固冬季养生的指导思想。	总结这节课所学内容，提升学生的养生意识。

二、拓展类课程——德育课程

（一）主题班会

主题班会在德育课程中占据着举足轻重的地位，它是学校德育工作的重要载体，也是学生思想道德教育不可或缺的一环。通过主题班会，不仅可以有效地传达德育理念，还能引导学生树立正确的价值观，培养其良好的道德品质和社会责任感。在这一背景下，金山中学积极创新，以主题班会为抓手，精心打磨出一系列的精品班会课程，为学校的德育工作注入了新的活力。

主题班会并非简单的集会或说教，而是一个需要精心设计、深入探讨和有效互动的教育过程。因此，学校在策划和实施主题班会时，始终坚持以学生为中心，注重内容的丰富性和形式的多样性。从确定班会主题到设计活动环节，再到最后的实施和总结，每一个环节都凝聚着教师们的心血和智慧。

在主题的选择上，金山中学紧扣时代脉搏，结合学生的实际需求，选取了一系列既具有时代性又具有针对性的主题。比如，针对当前社会普遍关注的网络安全问题，学校策划了"网络安全与青少年责任"主题班会，通过案例分析、互动讨论等方式，引导学生正确认识网络世界，增强自我保护意识。又如，为了培养学生的环保意识，学校推出了"绿色生活，从我做起"主题班会，通过环保知识讲座、废旧物品再利用手工制作等活动，让学生在实践中体会到环保的重要性。

在班会形式的设计上，学校摒弃了传统的单一讲授模式，而是采用了更为生动、互动的方式。比如，角色扮演、小组讨论、情景模拟等，这些形式不仅增强了班会的趣味性，也极大地提高了学生的参与度和思考深度。在一次以"感恩与成长"为主题的班会中，教师们通过组织学生进行感恩信的撰写和分享，让学生们在文字中体会感恩的力量，学会珍惜身边的人和事。

此外，我们还注重班会课程的持续性和系统性。学校将主题班会纳入整体的德育课程体系，确保每个学期、每个年级都有相应的班会课程安排。同时，学校还鼓励教师们进行跨学科的合作，将班会课程与其他学科知识进行有机融合，以更加丰富的视角和维度来探讨德育主题。

通过这一系列精品班会课程的实施，金山中学不仅成功地提升了学生的德育素养，还极大地丰富了校园文化生活。学生们在参与班会的过程中，不仅学到了知识，更学会了思考、学会了感恩、学会了责任。而这些，正是金山中学德育工作的核心目标。

（二）精品课程案例

拥有阳光心态，让青春不叛逆

【活动目标】

通过这次活动，帮助同学们解决青春期的心理问题，树立阳光心态，改变青春叛逆期的任性、固执、冲动。

【活动过程】

1.主题导入

我们在座的每一位同学，都面临着一个特殊的年龄阶段——13岁，有的已经到了13岁，有的正准备跨入13岁。13岁正面临心理断乳期——青春期，青春是如此的美好，然而，13岁的青春并非一帆风顺，也有着自己的烦恼、焦虑、叛逆。内心一定有许多想法要和别人倾诉。首先就请几位同学来谈谈这个阶段的他们感受到了什么困惑吧！

2.散文诗朗诵，说出我的困惑

（1）朗诵者（学生甲、乙、丙、丁）

学生甲：13岁，曾经有过向往，如今，越是更近，越有烦恼。

学生乙：早晨起床更早了，晚上睡觉却晚了。晚上躺在床上，头脑绷得更紧了，整夜想着英语。体育课，却找位置坐下，拿出作业。你是否也一样？

学生丙：开始注重外表，早晨总想把头发理顺，衣服穿整齐，总是以自己的最佳形象面对同学。你是否也一样？

学生丁：自己心里好像憋着有团气，身边的任何小事都使自己深感不爽，即使是老师让你坐端正，点了你的名，或者谁撞了你一下，总是生气地想大骂。你是否也一样？

学生甲：明明很在乎，却装作无所谓。明明很想留下，却坚定地说自己要离开；明明很烦恼，却偏偏说没事。你是否也一样？

学生乙：总是在忍耐，总是在包容。总是回想以前的无知，后悔以前没有珍惜时间，珍惜一切，感觉自己一下就成长了很多，你是否也一样？

学生丙：别人突然对你说："你变了。"自己总是无法应对，有一种欣喜，一种百感交集，一时不知道说什么。你是否也一样？

学生丁：有时候幻想一切都是因为自己创造的。有时候回到现实，发现一切还是平常，仿佛与自己根本就无关。你是否也一样？

齐：自己有很多的梦，却总是力不从心！做了坏事后心里很久不安，恐惧自己的未来！你是否也一样？

在无奈中，在烦恼中成长。其实不仅你我，所有人都一样！

（2）教师小结

听了刚才四位同学的朗诵，看来大家的困惑确实不少。进入七年级年级以来，不少家长向我诉苦：自打孩子上初中后就不一样了，尤其是上了七年级年级，开始爱顶嘴，不再对家长言听计从，有了自己的小秘密，不愿意与家长交流，不能理解父母，甚至时常以离家出走这类的举动来要挟父母，不停地伤害父母、伤害所有爱他和他爱的人等。出现上述问题，我认为最主要的原因是孩子不能理解父母，不能感受到父母对自己的关爱。

（接着请大家欣赏两个短剧）

3.欣赏小品，谈自己的看法

（1）**父子之间**（父亲：学生甲；儿子：学生乙）

（学生乙在看电视）

学生甲：大龙，头发那么长怎么还不去理发？

学生乙：……（不说话）

学生甲：跟你说话呢，你听见没有？成天就知道看电视，还坐那么近。

学生乙：听到了，我都多大了，你还要管这些小事儿，你累不累啊？跟个管家婆似儿的，我都替你累！

学生甲：嘿，你说你这小子，越大越没个正形儿了，连你爸都敢骂！你作业呢，写完了吗？

学生乙：写完了。哎，球进啦！

学生甲：（拿起遥控器关电视）

学生乙：你怎么关电视啊，君子动口不动手！

学生甲：把你作业拿来给我看看。

学生乙：告诉你写完了就是写完了，真啰唆（递给了爸爸）！喏，全是英语，你看得懂吗？

学生甲：想当年你老爸我英语全班第一，哪像现在的你，唉，真给我们家丢脸。

学生乙（小声嘀咕）：第一？我看是倒数第一吧。

学生甲：哎，你这小子，找打是吧，真是越来越不懂事儿了！

（2）**母子之间**（母：学生丙；女：学生丁）

学生丁：妈，我走了，不吃饭了。

学生丙：这怎么能行，快点，吃块面包。

学生丁：都说了不吃了，不然，一会儿迟到了你负责啊？

学生丙：唉，你这孩子，那拿着路上吃吧。

学生丁：（极不情愿接过面包）

学生丙：对了，今天天冷，把你的棉大衣穿上吧。

学生丁：（看了一眼，嘟囔起来）那么难看的衣服怎么穿到学校啊？我不冷，不穿！

学生丙：还嫌难看，我告诉你啊，我们那个年代，有一件棉大衣都是奢侈品，像这样的衣服几个兄弟姐妹都是轮着穿的，哪像你们现在的孩子。

学生丁：打住，打住，真不冷！

学生丙：不冷？你去外面试试，我告诉你啊，你冻感冒了可别找我！

学生丁：切，谁要你管！（拎起书包就走）

（3）短剧表演之后学生谈论交流：你有类似的经历吗？那你觉得叛逆有什么危害吗？（学生代表回答）

（4）教师点拨：刚才大家都从自己的角度抒发了看法，那么我们现在可否站在父母的角度去想想，叛逆的我们给他们带来怎样的冲击？我们可以想象一下生活中可能发生的情景：一碗热腾腾的饭端到了面前，连看一眼都不看；因为家长说错了一句话，摔门而出；因为家长少给自己几十块钱的零花钱，在同学们面前丢了面子，而对自己的父母不理不睬……当我们因为父母在某一方面做法欠妥，而采取全方位的封闭、抵触情绪，不怕伤了我们亲人的心吗？（略微停顿，让学生回味）

4.联系现实，讲述父子、母子之间的感人故事

5.活动深化，告别叛逆，拥有阳光心态

（1）多媒体大屏幕展示具体方法

①理解、体谅父母的批评和教育，欣赏他们的优点，宽容他们的不足。

②正确认识自我，经常自我反思，及时改正缺点。

③多看一些有益的书籍，多参加一些户外活动，不要一个人闷在家里。

（2）观看视频

（3）教师总结

记得有这样一句话："即使全世界的人都遗弃你，你的父母都会支持你。"对父母的认同和关爱是做人的基本素质。我们无法选择父母，但我们可以选择对待父母的方式。希望通过此次主题班会，同学们能更深刻地感受来自父母的爱，学会体谅父母，理解父母，感谢父母。享受最亲的人爱的温暖，健康快乐地成长。

6.思想升华，写给父母的心里话

请同学们拿起手中的笔，用自己的真心，给自己的父母写几句心里话，表达感激之情。让我们从此告别叛逆，健康成长！

（三）**精品课程案例**

拒做"干脆面"，要做"坚硬石"——防范校园欺凌主题班会

【社会背景】

电影《第二十条》的热播，校园霸凌的话题引起了人们的热烈讨论。《中华人民共和国未成年人保护法》第三十九条规定：学校应当建立学生欺凌防

控工作制度，对教职员工、学生等开展防治学生欺凌的教育和培训。《全国依法治校示范校创建指南（中小学）》也指出，学校要建立学生欺凌防控工作机制，定期开展防欺凌教育。

【班级背景】

结合本班班级实际情况，家庭教育较为薄弱，学生思想较为单纯，很少主动恶意伤害他人，但自我保护意识有待提高，且对自身言行不太在意，对他人情绪的感知能力较弱，容易出现无意识的伤害。同时，虽然班级中没有校园欺凌霸凌的情况发生，大部分学生在面对矛盾时能表现出相互理解和包容，初中生在成长过程中，随着自我意识的增强，容易呈现以自我为中心、做事冲动、不计后果的心理特点，班上个别学生情绪化较为严重，在与其他同学的交往过程中容易因为琐事发生口角。

1.班会目标

（1）认知目标

了解欺凌行为的定义、形式和影响，认识到欺凌行为对受害者的严重伤害。

（2）情感目标

通过角色扮演和情境演绎，培养同理心，能够设身处地地理解欺凌者和被欺凌者的内心感受。

（3）技能目标

培养自身的反欺凌能力，学会在遇到欺凌行为时采取积极有效的干预措施，保护自己和他人。

2.班会准备

主题教育课件、校园欺凌案例视频、干脆面和石头道具、防范欺凌星星卡。

3.班会过程

根据道德认知"知、情、意、行"的发展过程，本次班会设计分为四个环节："认识校园欺凌""感知校园欺凌""体验校园欺凌""防范校园欺凌"。

（1）社会惊闻——认识校园欺凌

①播放校园欺凌视频，学生谈感受：学校本来是一个美好的地方，每个同学都应该在这里快乐地成长，但是总会有令人难过的场景，请看这段视频。

②讨论：看完视频，你的感受是什么？

③提出问题，学生进行初步的思考，并简单说说自己的想法。

你对欺凌这个词有什么理解？你见过哪些形式的欺凌？你是否曾经目睹过欺凌行为？如果有，请描述一下当时的情境和你的感受。

总结：欺凌是长时间、故意的行为，通过身体接触、言语攻击或心理操纵对他人造成伤害或不适。参与者包括欺凌者、被欺凌者和旁观者。欺凌有多种类型，如言语、身体、关系、网络欺凌，以及基于性/性别的反抗型欺凌。这些行为可发生在任何人际互动场所。

设计意图：通过热点事件回顾，明确本次班会的主题及意义，让学生对校园欺凌产生直观感受，知道校园欺凌就在我们身边，激发其正义感、自我保护意识。

（2）我来挑战——体验欺凌危害

教师准备几包干脆面和几块石头，让学生进行以下挑战：

①让学生尝试挑战用手锤干脆面，提问学生感受。

②让学生尝试挑战用手捶石头，提问学生感受。

③教师提问：当一双充满恶意的双手捶向你时，你想做干脆面还是坚硬的石头？学生说自己的看法。

④感知危害：受害者：受害者如同干脆面，身体受到伤害，校园霸凌严重影响学生的正常学习能力，导致学生成绩和学习能力严重下滑；影响受害学生身心的健康发展，对欺凌发生的场所产生恐惧感、焦虑感，缺乏安全感；受害者难以形成良好的人际关系，导致不健全人格的形成，常常陷入怀疑和自责。施暴者：施暴者如同邪恶的双手，终身会受到道德谴责，严重的需要承担刑事责任，而犯罪记录是伴随终身的，将影响终身发展，影响家庭。

⑤教师点拨：面对欺凌，我们要像这块石头一样坚硬。当我们面对恶意

的欺凌时候，当别人把恶意的双手捶向我们的时候，我们都不能做软弱的"干脆面"，要做坚强的"硬石头"，抵制校园欺凌。

设计意图：干脆面和石头小游戏，非常具有冲击力，学生马上就感受到欺凌行为的杀伤力，且本活动通过自主探究法让学生感知校园欺凌的危害，让学生中的施暴者停止侵害、受害者不再软弱沉默，增强学生的安全意识。

（3）黑羊效应——感知校园欺凌

①播放《悲伤逆流成河》《少年的你》混剪视频片段，带着问题思考：他们分别经历了什么？校园欺凌有哪些角色？我们身边还有哪些常见的欺凌行为？

②教师点拨学生，从多个角度认识欺凌产生的原因，让学生意识到，欺凌者和被欺凌者都是有责任的，从而引出"黑羊效应"，作为数量更庞大的旁观者，也能对欺负行为的出现产生影响。

③链接《第二十条》法律条文，播放法律判决新闻。

④教师小结：请不要做欺凌者，不要让自己成为受害者，更不要做一个看客。

设计意图：通过视频和法律条文，引导学生积极正向参与活动，规范学生行为，不做霸凌者、受害者，更不要做看客。

（4）群策群力——防范校园欺凌

①观看视频，面对欺凌，我们应该怎么做？

②教师提问：我们还能怎么做？请小组讨论，填写防范欺凌保护星。

③学生分享，教师总结：在遇到欺凌时，防范欺凌的方法确实很重要。除了勇敢说出来，以下这些方法都可以帮助你避免成为欺凌的受害者：

A.机智躲避：当察觉到欺凌行为即将发生时，可以通过机智地转移话题、改变环境或寻求其他人的帮助来避免直接冲突。

B.勇敢说"不"：当受到欺凌时，要勇敢地表达自己的不满和拒绝。清晰、坚定地表明自己的立场，让欺凌者知道你不愿意成为他们的目标。

C.锻炼身体：强健的体魄可以为你提供一定程度的自信和保护。通过锻炼，你可以提高身体素质，增强自我保护的能力。

D.交到朋友：建立强大的社交网络可以帮助你避免成为欺凌的目标。与同学们建立友好关系，互相支持和保护。

E.避免触发：了解欺凌者的触发点，并尽量避免做出可能激怒他们的行为。这并不意味着你要完全改变自己的性格，而是要学会在某些情况下保持冷静和理智。

需要注意的是，这些方法并不是孤立的，而是应该综合使用。同时，也要根据实际情况灵活应对，选择最适合自己的防范策略。最重要的是，保持自信和勇气，相信自己有能力应对欺凌，并寻求外部支持和帮助。

（5）总结寄语

①歌曲欣赏：《玫瑰少年》

每个人，不论是谁，在生活中都会遇到困难和挫折，就如同玫瑰上的荆棘一样。而面对这些荆棘，我们应该学会坚韧不拔。

②拒绝欺凌"三不"（不做受害者、不做欺凌者、不做附和者或冷眼旁观者）

拒绝欺凌需要我们每个人都积极参与进来，做到"三不"原则。只有每个人都发挥自己的作用，才能共同营造一个安全、和谐的社会环境。

③教师寄语明善恶方能伸，正义之荣辱才可净心灵。我们要严于律己，宽以待人，做事不冲动，说话不凌人，凡事要三思而后行，拒做"干脆面"，要做"坚硬石"拒绝校园欺凌，守护美好青春，从你我做起，从大家做起，从现在做起！

（6）课后延伸

①网络媒体宣传正能量：请通过小红书、抖音和微信视频等新媒体力量，录制——拒做"干脆面"，要做"坚硬石"的抵制校园霸凌公益宣传活动，或者录下你本次班会的感受，让更多同龄人参与，一起做正义的使者，守护少年的我们。

②亲子普法互动课堂：请通过家庭沙龙时光，与你的父母亲人学习防范

校园欺凌手册，观看安全教育课堂知识等。在条件允许的情况下，进社区、进校园，分享防范校园欺凌亲子互动课堂知识。

（四）信用进校园

1.金山中学信用"进校园"工作推进方案

为进一步扩大诚信教育宣传效果，推进我校信用体系建设深入开展，强化全体师生的诚信意识，提高"知信、用信、守信"的自觉性，根据《威海市文登区信用"五进"工程行动计划》精神以及《威海市文登区社会成员信用积分和信用评价管理办法》《威海市文登区信用"进校园"工作推进方案》等有关规定，结合学校工作实际和相关考核办法，特制定金山中学信用"进校园"工作方案。

（1）总体要求

以习近平新时代中国特色社会主义思想为指导，全面贯彻落实党的二十大精神，紧紧围绕区教体局关于加快推进校园信用体系建设的决策部署，加强诚信教育宣传引导，规范信用管理与应用，弘扬"知信、用信、守信"的诚信意识。

（2）工作目标

加快推进以学校、教师、学生为主体的校园信用体系建设，培育和践行社会主义核心价值观，规范信用信息归集、信用分级分类监管、信用联合奖惩等标准体系。广泛推广诚信教育宣传，将信用承诺融入学校办学管理各环节，强化师生的个体诚信意识，发挥信用正向激励及负面警示作用，提高守法、守规的自觉性。到2022年底，在全校全面推进信用应用"进校园"工作，形成良好信用氛围。

（3）主要任务

①全面建立校园信用管理体制

A.完善教师群体信用档案。根据《金山中学教职工信用分级分类管理办法》，广泛宣传，严格执行，督促全体教职工遵守职业道德规范、遵守学校管理规定、履行职业信用承诺。建立教师守信失信行为记录，为职业守信激励与失信惩戒提供基础信息支撑。定期归集教师信用记录情况并上报区教育和体育局，信用记录情况可作为教师职称评审、课题申报等的有效参考。

B.完善校内学生群体信用记录。根据《金山中学学生信用分级分类管理办法》，积极探索学生信用管理方式。根据学生在校遵守学校管理规定、参与志愿服务活动、信用日常表现等情况，建立学生信用档案。将信用记录与评先选优、发展团员或党员、贫困生救助、发放助学金、无息助学贷款等挂钩，激发学生群体守信守诺的自主性。

C.建立"校园信用超市"相关制度。为强化学生"知信、用信、守信"的诚信意识，打牢立人之本、育人之基，倾力打造"爱心信用超市"，并完善相关制度。拓宽信用建设平台，增加信用教育途径，激励广大学生人人知诚信、人人讲诚信，营造良好信用环境。

D.探索"账户式"德育新模式。建立校园诚信银行，模拟储蓄场景，为学生开设融合诚信和校园行为的积分账户。依据学生日常学习、纪律、生活中的诚信行为，进行诚信和绿色积分管理。通过守信加分、失信扣分的方式，推动学生在学习生活、遵纪守法、勤俭节约等方面积极践行诚实守信、绿色低碳的理念，开创学校德育量化考核的新模式。

②实施信用承诺书制度

A.落实学校主体信用承诺制度。学校的办学资质、规范教学、合理招生、教育收费等方面的信息，应向社会公开，并作出行业信用承诺。

B.实施教师职业信用承诺制度。在职称评审、课题申报、重大考试等工作中，与相关教师签订职业信用承诺书。承诺书样式和签订情况应通过"信用文登"网站公示，接受社会监督。

C.实施学生信用承诺制度。在组织学生群体奖（助）学金申报、评先选优、重要考试等工作时，引导学生参与个人信用承诺，树立诚信规范意识。

③全面推广"信用分"校园应用

A.开展"信用分"推广活动。通过主题日活动、张贴宣传海报、志愿者推广服务等措施，以及与父母共查信用分、信用知识课堂、讲信用故事等活动，提高"信用分"在校园领域的知晓度与应用率。

B.发挥"信用分"激励导向作用。完善"信用分"配套体系建设，制定教职工信用管理办法，明确加分减分标准，并按照一定规则将职业信用结果与"信用分"个人信用积分挂钩。积极扩大"信用分"在教育体育领域的应用推广力度，充分发挥其在加强师德管理、提高教师师德修养等方面的正向激励作用，有效运用其在规范从教行为、严肃师风建设上的警示作用。

C.探索建立信用志愿者队伍。组织学生积极参与校内日常志愿服务和各类社会公益活动，探索成立"信用分"志愿服务队，主动开展"信用分"宣传及其他社会公益活动，提高参与社会活动的积极性。

④深入开展学生诚信主题教育

A.开展诚信主题教育活动。发挥诚信教育在学校思想品德教育中的重要作用，开展五个主题活动，包括"国旗下讲诚信"主题教育活动、诚信经典诵读活动、诚信主题班会、诚信征文活动、诚信校外实践活动。营造诚信和谐的社会氛围。在学校中，组织开展政策宣传会，引导学生积极参与社会志愿活动，树立正确的义利观，不断增强风险防控意识，持有正确的信贷消费理念。

B.加强学校教职工信用交流与培训。组织开展针对教师的信用知识培训，强化诚信执教理念。教师要率先掌握信用知识，言传身教，带动提升学生诚实守信水平。每学年至少要集中开展1次教师群体职业信用培训工作。

C.加强信用示范典型的表彰和宣传。积极开展学校诚信示范创建活动，对教育守信行为给予公示表扬，并通过学校公众号、校报、宣传栏等途径广泛宣传，营造诚信和谐的社会氛围。

（4）实施步骤

①第一阶段：动员部署（2022年9月）

根据职责分工，由学校信用领导小组牵头负责信用"进校园"工作，制定学校信用"进校园"工作推进方案。各处室作为信用"进校园"工作的实施主体，统一思想认识，营造良好氛围。

②第二阶段：组织实施（2022年10月—12月）

做好信用管理、信息采集、信用承诺、诚信教育等工作，进行调度指导、督促检查，及时跟进信用建设工作开展情况。

③第三阶段：总结提升（2023年1月—12月）

创新信用建设模式，探索"诚信超市+诚信银行+美德教育"的诚信教育新模式。学习区教体局评选出的信用建设优秀成果和典型经验，全面、高质量地推进信用"进校园"工作。

（5）保障措施

①加强组织协调

建立和完善学校信用信息的组织领导体系，成立社会信用体系建设工作领导小组，加强对学校信用体系建设工作的指导、督促和检查，明确专人负责信用体系建设的具体组织工作。

②明确责任分工

各处室各司其职、整体联动，认真履行统筹协调、督促落实等职能，及时发现问题、纠正偏差，积极参与和落实相关工作任务，稳步推进信用"进校园"各项任务落地见效。

2. 金山中学信用机构建设流程

校级信用机构建设流程

01 领导小组	02 信用议事会	03 信用管理员	04 采集员
由校委会讨论决定，党员、职工代表大会讨论通过。	成员由领导小组提名，5人以上单数组成，经党员、职工代表大会表决通过后成立。会长由议事会成员推选产生。	由责任心强的中层正职及以上干部担任，应为信用工作领导小组成员。	由学校根据职工人数确定采集员人数。人选可以自荐、推荐、提名等多种方式，由党员、职工代表大会确定。

金山中学信用机构建设流程图

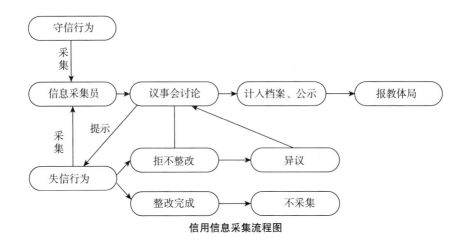

信用信息采集流程图

3.金山中学信用机构设置及职责

（1）信用工作领导小组

组长：于晓明

监事：于文刚、王小金

成员：邢鹏、陶永亮、杨媛媛

分工及职责：于晓明负责单位信用管理工作；于文刚、王小金负责对信用管理工作进行监督；邢鹏、陶永亮、杨媛媛具体参与信用管理工作。

（2）信用议事会

会长：于文刚

成员：王小金、丛晓燕、王月涛、邢鹏、姜永成、陶永亮、杨媛媛、房俊杰

分工及职责：于文刚负责联络议事会成员，对单位信用采集员整理提报的教职工信用信息主持召开联席会议进行审核，并向单位信用工作领导小组报告教职工信用议事会会议结果。对于信息采集员提报或者教职工主动申请的异议，可以一事一议。

（3）信用管理员

信用管理员：邢鹏

分工及职责：具体负责督促采集员进行信息采集，并负责对信息进行整

理汇总；做好每月信息采集记录簿、联席会议记录簿、台账等资料的管理；每月底负责对当月信用信息通过不同形式进行公开。

（4）信息采集员

信息采集员：陶永亮

分工及职责：负责采集本单位全体教职工（含合同工、临时工作人员）基本信息，并做到实时动态更新；负责对教职工日常信息的采集、记录，每周进行汇总并向单位信用议事会汇报；负责发放信用信息采集、认定文书，并对教职工的失信行为进行提醒，督促其及时改正等。

3. 金山中学信用建设领导小组职责

（1）根据上级信用建设领导小组的工作部署和要求，做好本单位信用体系的建设与管理工作。

（2）督导建立教职工信用档案，汇总并完善教职工基本信息，征集和记载教职工在教育活动中的信用记录。

（3）做好信用信息的采集、筛选、认定、整理、上报、更新等工作。每月5日前，将单位内上月形成的信用信息报送到教体局。

（4）负责本单位内的信用建设宣传教育工作，加大对单位诚信典型的宣传力度。

（5）学校信用建设领导小组成员应率先垂范，加强自身诚信建设，为教职工做出表率。

4. 金山中学教职工信用议事会章程

为了加强教职工信用管理，充分发挥教职工信用议事会在学校教职工信用管理中的重要作用，特制定本章程。

第一章　总则

第一条　信用议事会负责对单位开展信用工作进行监督指导，并引导教职工有序参与学校信用体系建设，促进学校诚信和谐氛围的形成。

第二条　信用议事会是在学校党支部领导下的教职工自我管理、自我服务、自我监督的信用议事协商机构。

第三条　本章程适用于本校内所有工作人员。

第二章　构成及职责

第四条　信用议事会成员由学校党支部提名，经校党员大会、教职工代表大会表决通过后产生。

第五条　信用议事会成员设为5人及以上单数，由校中层及以上干部、校务监督小组成员、党员代表、教职工代表、群众代表等不同层面人员组成，且信用等级必须为A级以上（校长不得兼任成员或会长）。

第六条　信用议事会设会长1名，由议事会成员推选产生。会长负责联络议事会成员，对学校信用采集员整理提报的教职工信用信息主持召开联席会议进行审核议定，并向学校信用信息管理领导小组报告信用议事会会议结果。

第七条　信用议事会成员应积极参加学校、教体局及以上层级与信用方面有关的会议。

第八条　信用议事会成员应主动学习《威海市文登区信用"进校园"工作推进方案》和《威海市文登区信用"进校园"（教职工）积分管理试行办法》等有关信用管理方面的知识，并熟知相关守信失信条款及赋分标准。

第九条　信用议事会成员应积极宣传党和国家信用建设体系的有关政策，维护教职工的信用权益，引导教职工积极参与信用体系建设活动。

第十条　信用议事会应及时督促学校信用管理员、信息采集员做好教职工信用信息的采集和整理工作。

第十一条　信用议事会有权收集信用管理工作中存在的问题，并对学校教职工信用管理提出合理化意见和建议。

第三章　议事程序

第十二条　信用议事会原则上每月召开一次，一般于每月25日至26日召开，遇有临时性工作或特殊情况可随时召开。

第十三条　信用议事会成员应对提交的信用信息逐条进行审议，依据《威海市文登区信用"进校园"（教职工）积分管理试行办法》的相关条款进行。审议内容包括：一是审核提报事项是否真实、合理；二是审核事项赋分是否正确。

第十四条　审议教职工信用信息时，须经半数以上议事会成员通过，方可确定为有效信息。不真实、不合理的信息要当场确认，不合理的赋分要当场纠正，并在当月的议事会会议记录上注明是否合理有效。

第十五条　信用议事会成员可以不定期召开信用联系会，对校级信用管理工作提出意见和建议，交由学校信用体系建设工作领导小组讨论决定。

第四章　附则

第十六条　学校信用议事会在教体局的业务指导下开展工作。

第十七条　学校信用议事会对开展的信用工作的意见、建议和做法可以直接向教体局提出。

第十八条　本章程自公布之日起执行。

金山中学信用工作领导小组

2022年9月

5. 信用信息采集员工作守则

为引导信用信息采集员（以下简称信息采集员）更规范、更顺利地开展工作，扎实推进学校层面信用管理，更好服务于学校教育管理，特制定本工作守则。

（1）负责宣传区、教体局及上级信用体系建设有关法规政策规定；

（2）认真学习《威海市文登区信用"进校园"（教职工）积分管理试行办法》。

（3）掌握学校内教职工基本信息、做到实时更新。

（4）对各种采集的信用信息要进行核实，做到全面、客观、真实、准确，采集信息时需向当事人说明原因及采集标准。

（5）每月月底前汇总采集到的学校教职工信用信息并向信用管理议事会汇报。

（6）负责发放信用信息采集、认定文书，并对学校教职工的失信行为进行提醒，督促其及时更改。

（7）做好学校教职工和学校信用管理议事会之间的沟通协调。

（8）负责宣传诚信典型、好人好事，传递正能量。

（9）承担其他信用建设工作任务。

6. 金山中学教师信用准则

（1）遵规守纪，依法执教。

（2）忠于职守，爱岗敬业。

（3）为人师表，言行一致。

（4）勤奋学习，严谨治教。

（5）廉洁从教，乐于奉献。

（6）团结协作，相互尊重。

（7）热爱学生，真情育人。

（8）尊重家长，真诚服务。

（9）公正评价，平等待人。

（10）注重修养，自警自励。

7. 金山中学学生信用准则

（1）对自己诚信，举止言行诚信为本。

（2）对他人诚信，与人为善遵守承诺。

（3）对家庭诚信，孝敬父母生活俭朴。

（4）对学校诚信，遵规守纪实事求是。

（5）对祖国诚信，热爱祖国乐于奉献。

8. 金山中学学生信用分级分类管理办法

第一章 总则

第一条 信用教育是社会信用体系的一个重要组成部分。将学生纳入信用体系当中，是培育和践行社会主义核心价值观的重要举措，也为全社会信用体系的构筑奠定良好基础。依据《中小学生守则》《日常行为规范》《中小学生管理处分暂行规定》《威海市文登区社会成员信用积分和信用评价管理办法》等有关规定，结合我校实际，制定本办法。

第二条 本办法适用于金山中学所有在校学生信用信息的征集及相关管理活动。

第三条 学生信用分级分类管理包括信用信息归集、评价标准、等级确定、分类管理、档案管理等内容。

第二章 奖惩标准

第四条 学生在校内外学习、生活和活动中，有下列表现之一的，给予相应的信用加分：

（1）在年级、校级各类体育、艺术、科技、读书、征文、知识竞赛等活动中获奖的，加1～5分。

（2）获得校、区、市、省、国家级荣誉称号的，分别加1～5分、5～10分、10～15分、15～20分、20～30分。同一奖项按最高级别加分，不重复加分。

（3）代表学校参加各级各类比赛者，按照区级加2分、市级加5分、省级加10分、国家级加15分进行加分。同一奖项按最高级别加分，不重复加分。

（4）在校报、校刊及其他各类刊物杂志发表文章者，按照校级加2分、区级加4分、市级加10分、省级加15分、国家级加20分进行加分。同一篇文章按最高级别加分，不重复加分。

（5）在诚实守信、尊老爱幼、拾金不昧、关爱同学、帮助他人、勤俭节约、环境维护、志愿服务、公益活动等方面表现突出或影响较大的，视情形加5～30分。

（6）完成校内志愿者活动，按照活动发布的具体规定给予加分。

第五条　学生在校内外学习、生活或活动中，有下列失信行为之一的，扣减相应的信用分值：

（1）说谎话欺骗家长、老师或他人，不尊重父母师长或他人，视具体情况，扣2～10分。

（2）乱丢垃圾、就餐不能光盘的，视具体情况扣1～5分。

（3）不遵守考场纪律、考试中有作弊行为的，视具体情况扣3～5分。

（4）没有按要求佩戴口罩，校内不按路队要求行走的，扣1～5分。

（5）不服从学生会干部管理，扰乱活动秩序的，视具体情况扣2～5分。

（6）过马路不走斑马线、不遵守交通规则的，视具体情况扣1～5分。

（7）不遵守托管纪律的扣1～5分。

（8）有饮酒、吸烟、出入网吧等行为的，扣5～15分。

（9）携带管制刀具、烟酒等违禁物品进校园的，扣5～15分。

（10）以大欺小、辱骂或欺凌他人，或故意挑起事端、打架斗殴或聚众斗殴的，视具体情况，扣5～20分。

（11）有偷窃、勒索等行为，或者结交社会不良人员，且不听规劝的，视具体情况，扣5～20分。

（12）有其他违反《中小学生日常行为规范》《中小学生守则》《治安管理处罚条例》或学校各项管理规定的行为，视具体情况，经学校信用议事会研究决定扣1～30分。

（13）学校开展的各项活动，完成不合格的，按照方案要求给予适当扣分。

第三章 信用信息归集与使用

第六条 金山中学学生信用信息采集使用要求如下：

（1）学校根据区教体局相关管理实施办法，制定学校内部管理细则，为每位在校生建立信用档案，并在学校组织的评选先进、发展团员或党员、贫困生救助、发放助学金等工作中使用信用记录。

（2）政教处、教导处、总务处负责制定信用管理制度和诚信承诺书。

（3）学校每月汇总一次学生信用信息，为有信用记录的学生建立档案。没有奖惩的学生信用分数为1000分。

第七条 超出部分的信用积分，学生可到校园诚信银行兑换成"诚信币"。诚信币在校期间可用，学生可在金山中学"爱心信用超市"根据诚信币数额兑换相应的物品。

第八条 当事学生对失信行为认定有异议的，可以向学校提出异议申请，并提交相关证明材料。学校自收到异议申请之日起7日内予以回复，并说明理由。异议处理期间，不影响失信行为记录的公示与处理。

第四章 信用等级确定

第九条 学生信用体系信用信息级别评价采用千分制，实行动态评价。

（1）A+级为优秀级别，分值在1100分及以上。

（2）A级为良好级别，分值在1000～1100分。

（3）B级为一般级别，分值在950～1000分。

（4）C级为帮扶级别，分值在800分以下。

第十条 信用信息默认总得分1000分。信用信息分值由基本分和加分、减分构成，具体评分标准见附件。

第五章 激励与惩戒

第十一条 对拥有信用A级及以上等级的学生，分别采取相应措施予以激励：

（1）在评选优秀团员、三好学生、优秀学生干部等荣誉称号时，信用等级必须为A级及以上。

（2）在发展团员时，个人诚信等级必须为A级及以上。

（3）对评选出的校级诚信之星，或有突出诚信事迹的同学，在学校公示栏、校报、公众号等途径进行宣传报道。

第十二条 对信用等级达不到A级的学生，给予警示提醒：

（1）对信用等级为B级的学生，责成学校与家长联系，督促其停止失信行为并进行整改。

（2）对信用等级为C级及以下级别的学生，除责成学校与家长联系外，还需参加学校组织的"文明自律培训班"，且不能参加各种评优活动及奖励。

第六章 管理和保障

第十三条 学校建立学生失信行为投诉举报制度，接受学生、家长的投诉举报，并负责投诉举报的受理、调查和反馈。对经核实无误的失信行为，学校给予相应的惩戒措施。

第十四条 当事学生对失信行为认定有异议的，可以由本人或其监护人向学校提交异议申请，学校需自收到异议申请之日起7日内予以回复。异议处理期间，不影响失信行为记录的公示与处理。

第十五条 信用信息有效期在学生就读学段内有效，学生升入新的学段就读后，原信用记录自动失效，信用情况重新记录。对于重大事项并造成严重后果或重大社会影响的，记录在学生档案内。

第十六条 对非主观恶意，影响范围有限，且尚未对经济社会造成实质危害的轻微失信行为，由各学校加强教育，促进整改，帮助其重塑信用记录。

第十七条 本意见由文登区金山中学负责解释。

第十八条 本办法自印发之日起施行。

金山中学信用工作领导小组

二〇二二年九月

9.金山中学班级信用评价办法

第一章 总则

第一条 为提高学生的知信、守信意识和用信水平，提升班级凝聚力，根据《威海市文登区信用"五进"工程行动计划》（威文办发〔2020〕3号）规定，结合我校实际，制定本办法。

第二条 本办法适用于我校各级部的所有班级。

第三条 班级信用管理采取积分制，并依据积分定期开展信用评价。

第四条 学校政教处负责班级信用工作的具体指导及工作推进。各班主任负责本班级信用积分管理工作，定期更新学生的信用信息。

第五条 本办法所称的信用加分、信用减分、信用等级，是指在学校信用管理中进行信用加分、信用减分，以及所确定的信用等级。

第二章 班级信用等级评定

第六条 班级信用等级采用六星级评定。基础星为一星，五星为最高信用级别，零星为最低信用级别。每月进行动态评定。

（1）五星信用级别，分值在200分以上；

（2）四星信用级别，分值在180～200分；

（3）三星信用级别，分值在150～180分；

（4）二星信用级别，分值在130～150分；

（5）一星信用级别，分值在100～130分；

（6）零星信用级别，分值在100分以下。

第三章　班级信用积分办法

第七条　班级信用积分的计算方法是：班级信用积分＝基础分（100）＋加分分值-减分分值。

第八条　班级在教育教学工作中，有下列表现之一的，给予相应的信用加分：

（1）班级在学校组织的集体活动中获奖的，一等奖加10分，二等奖加7分，三等奖3分。

（2）班级学生有见义勇为、拾金不昧等优秀表现得到社会赞誉的，视具体情况加10～20分。

（3）班级学生在学校、区教体局组织的比赛中获奖或被表彰的。凭获奖证书，校级加1分，区县级加2分，地市级加4分，省部级加6分，国家级加10分。

（4）班级得到家长或社会组织热线、锦旗表彰的，经学校信用领导小组确认后每次加5分，此项最多10分。

（5）班级在每月的级部考评中，每获得一面流动红旗，加20分。

（6）班级家长支持学校工作，为学校发展建设引进资源、做出突出贡献的，视具体情况加5～20分。

（7）主动承担节假日学校组织的志愿活动，视具体情况加3～5分，参加的学生获得相应的诚信分。

（8）经学校信用工作领导小组会议研究通过，信用议事会认定应当加分的其他情形，视情况加1～5分。

第九条　班级在学校教育教学工作中有下列失信行为之一的，扣减相应的信用分值：

（1）在教育教学活动中出现或造成重大安全事故的，本学年班级信用等级降为零星信用级别。

（2）学校收集的各项材料，不能按时提交的，扣1～5分。

（3）班级公物损坏、造成学校财产损失的，扣1～5分。

（4）在学校组织的集体活动中未按时参加或组织不力造成不良影响的，视情节轻重扣5～10分。

（5）班级学生在校内外有饮酒、吸烟、携带违禁物品入校、辱骂或欺凌他人、偷窃等重大违纪行为或造成不良社会影响的，扣5～15分。

（6）有其他违反《中小学生日常行为规范》《中小学生守则》《治安管理处罚条例》或学校各项管理规定的行为，视具体情况，经学校信用议事会研究决定1～30分。

第四章 班级信用积分分配原则

第十条 充分发挥信用积分的引导、激励作用，本着公正、公平、公开的原则进行分配到学生。

（1）每班要有具体的班级学生月度信用考核细则，细则的制定依据班级信用积分标准，结合班级管理及日常教学需要，由班级信用小组成员共同参与制定。

（2）学校每月对班级信用积分情况进行公示，班级每月对学生的考核结果及信用积分分配情况进行公示并存档。

第五章 班级信用积分使用办法

第十一条 班级信用积分每月分配给班级学生，用于信用超市的兑换或诚信银行的存储。

第十二条 学年平均信用等级为四星及以上级别的班级：

（1）在学生的评先选优上加大比重。

（2）在各级各类班级评先选优中，优先予以推荐。

第十三条 本办法由金山中学负责解释。

10.金山中学"校园诚信银行"建设实施方案

为加强全体学生的思想道德建设，金山中学计划打造"校园诚信银行"工作品牌，设立"校园诚信银行"，探索"德育+诚信+金融知识"的德育教育管理新模式。现计划从以下几方面着手打造：

（1）模拟银行储蓄方式，记录学生诚信行为

编订《金山中学校园诚信银行积分管理办法》，为学生开设诚信积分账户，借助诚信银行培养学生养成诚实守信的好习惯。以"学生诚信行为"为"币"，记录学生的诚信行为，实行守信加分、失信扣分，月度、期终、年终核算，形成学生信用成长档案。定期评选班级及校级的"诚信之星"，让诚信之花在校园美丽绽放。

（2）开展金融知识课程，丰富学生金融知识

加强与实体银行的合作，组织师生学习金融知识，开展诚信文化主题教育活动，如"钱币的发展""学会使用银行卡""做一个诚实守信的人""谨防金融诈骗""辨别真假币"等主题金融教育。组织部分学生成立金融宣讲志愿服务队，宣传金融知识，达到"教育一名学生，带动一个家庭，影响一个社区，辐射整个社会"的效果。通过创设新颖的体验式、互动式的"金融知识宣传+诚信教育"学习环境，有力促进师生诚信意识的提升。

（3）开展诚信主题教育，探索诚信教育模式

校内广泛开展诚信教育，实施七个方面的主题活动：定期举行"国旗下讲诚信"主题教育活动，每学期举行诚信承诺仪式，每学年举办诚信经典诵读活动，每学年举办诚信宣讲活动，定期征集诚信案例，常规性开展诚信主题班会，定期举行诚信主题征文比赛。

（4）树立诚信立教理念，提升诚信教学素养

教师在实施"校园诚信银行"管理的同时，承担起对学生诚信教育的责任，严于律己，以身作则，诚信立教，诚信治学，自觉遵守《教师诚信公约》，成为学生的守信榜样。

威海市文登区金山中学

2022年9月

11.金山中学校园诚信银行业务操作指引

（1）活动目的

鼓励学生亲身参与、体验金融业务，提高学生诚信意识和金融素质。

（2）活动时间

2023年2月启动，长期开展

（3）活动参与对象及时间

金山中学全体同学，且诚信积分达到规定标准。

（4）存款业务流程

①存款流程

A.开户时根据学生个人学籍信息，自行填写《金山中学诚信银行存折》，登记班级、姓名、性别、开户日期等基本信息。

B.储户把诚信币存入诚信银行（本银行只受理在金山中学获取的诚信币）。

C.业务经理在《金山中学诚信银行存折》上做相应存款业务登记并在经办人处签名确认。

②取款流程

A.向业务经理出示学生本人的学生证，提示取款金额。

B.业务经理按照客户要求支付相应的诚信币金额，并在《金山中学诚信银行存折》上做相应的登记，在经办人处签名确认。

③利息计算

在诚信银行每存入100诚信币每月可获得5诚信币的活期存款利息。

（5）诚信币兑换诚信超市物品流程

①兑换方式

为简化兑换礼品的方式，学校将相应的礼品标注不同的诚信币数额摆放在校园诚信超市，学生可依据自己的诚信币数量定期到诚信超市申请兑换相应的物品。

②兑换流程

部门经理（每班一名）公布当月获得的诚信积分——分行行长（班主任）审核签名并发放相应的诚信币——学生拿到诚信币可到诚信银行营业厅存款或到诚信超市兑换礼品——营业厅业务员及诚信超市服务员提供相应的服务。

（5）宣传规划

①宣传时间

从2023年3月开始启动积分兑换活动、诚信银行、诚信超市的宣传。

②宣传方式

行长召开分行行长（班主任）和部门经理（每班一名）、业务员（每班一名）会议，学习积分管理和积分兑换办法，并在组织在班会及国旗下演讲中积极宣传。

本业务操作指引只限于在威海市文登区金山中学中使用。

威海市文登区金山中学

2023年2月

12.金山中学校园诚信银行积分管理办法

金山中学校园诚信银行是一家虚拟"银行"，银行的存折是一份学生的信用成长记录，借助"诚信银行"培养学生诚实守信的好习惯。借助"诚信银行"记录学生诚信行为，是推动学生管理科学化、制度化，指引学生以德为首、以学为主、以诚信为本的一种德育管理新模式：培育和践行社会主义核心价值观，积极培养诚实守信、德才兼备、奋发有为的社会主义有用人才，并为学校各类评优评先提供量化依据，特制定本办法。

（1）总则

①诚信银行收、支管理力求体现测评体系的科学性，评价内容的导向性，测评对象的可比性，测评方法操作性和评选效果的客观性。

②学生在诚信银行的诚信积分是学生评选"优秀学生""诚信之星""三好学生"等评先评优的量化依据。

（2）诚信校园收、支入账依据

学校根据《金山中学学生德育量化考核条例》《金山中学学生违纪处分规定》《金山中学诚信教育实施计划》《金山中学校园管理规定》《金山中学学生评优、评先奖励办法》制定诚信银行收支管理细则。

（3）诚信银行存储办法

每位学生在诚信银行开设户头，学校在每个同学的户头中存100分。各班从本班实际出发，制定班级具体方案，认真落实实施。

（4）有关说明

①同一类的奖惩只按照最高标准收、支入账，不累计记录。各班成立"管委会"，每周公布一次对账结果。

②学生账户的诚信币低于80元将宣布破产，破产的学生需要参加学校统一开展的"文明自律培训班"。

③班主任在收、支管理过程中必须严格审核，不符合收、支条件的行为表现一律不得进行收、支入账。

④学生个人储存记账卡由指定班干部统一管理，周一发，周五收，不得遗失。

（5）学生诚信银行管理机构

总顾问：于晓明

名誉行长：于文刚

行长：邢鹏

分行行长：各班主任

总经理：学生会成员

业务经理：学生会成员

（6）附则

本办法自公布之日起实施，解释权归学校政教处、团委和学生会。

威海市文登区金山中学

2023年2月

13. 金山中学校园诚信银行服务要求

为践行"富强、民主、文明、和谐、自由、平等、公正、法治、爱国、敬业、诚信、友善"的社会主义核心价值观，规范服务行为，提高服务质量，现制定校园诚信银行服务要求如下：

第一条：规范服务行为，全面提升服务质量和水平，树立诚信银行良好的校园形象，促进各项业务的健康发展，推动构建和谐校园。

第二条：自觉遵守校规校纪及相关规定，提倡公正、公平、诚实守信的服务理念。以积极的态度、扎实的作风和文明的形象，向师生提供高质量、高效率、高层次的优质服务，保证客户的正当权益不受损害。

第三条：建立科学、规范、合理的服务机制，采用方便快捷的工作流程，构建高效便捷的多功能服务体系。

第四条：大力开展思想道德和服务意识教育，弘扬恪守诚信、公正廉洁、文明热情、谦虚有礼、耐心周到、注重效率、保守秘密的职业精神。

第五条：要求保持文明规范的行为举止，使用礼貌、亲切的服务用语；保持仪容仪表端庄、文明、自然，着装整洁得体、朴素大方；说普通话，做到来有迎声，问有答声，走有送声。

第六条：保证诚信银行内环境整洁明亮、美观大方，提供客户书写用具等。

第七条：公布服务监督电话。客户咨询要及时办理解释，虚心接受合理的意见建议，并及时答复处理。

金山中学爱心信用超市
管理制度

一、建立兑换物品进出明细账，严格物品管理制度，由管理员具体负责，每月及时登记入账，做到账物相符。

二、设立物品兑换明细账，兑换的物品需由领取人签字。

三、每月核对物品，各类明细账目保存完整。

四、信用超市接受爱心捐赠，捐赠的物品一律登记入账。认真做好捐赠物品的统计保护工作，严禁私分、调换和挪用物品。

五、信用超市由专人管理，不接受任何形式现金或卡的捐赠。

六、信用超市物品上架要摆放整齐，分类合理。

七、严禁发放质量不合格产品和过期产品。对过期、变质和损坏的物资，应按规定程序及时办理报废相关手续，未经审批任何个人不得擅自处理。

八、做好超市物品的分类和保管工作，认真做好"五防"工作，即：防潮、防水、防盗、防火、防蛀，定期进行安全检查，发现问题应及时整改。

九、信用超市坚持"公开、公平、公正"原则，接受全体学生、家长和社会的监督。

十、学校定期组织开展兑换活动。

金山中学爱心信用超市管理制度

金山中学爱心信用超市
管理人员守则

一、商品陈列分类清晰，保持整齐清洁美观。

二、定期征求师生意见，确保商品符合师生需求。

三、接待服务对象文明礼貌、热情服务、办事公道。

四、严格管理超市物资，不违反使用规定，不擅自动用或变更用途。

五、认真做好超市物资接收、入库、上架和发放工作，建立所接收物资清单和发放清单，严格履行申领登记签收手续，做到日清月结、账物相符、定期公示。

六、接收超市物资须有两人以上共同清点和验收，如发现数量不符或质量规格有异常，应及时核实和处理，有异常物资不得入库，不符合要求的物资应另行登记和处理。

七、超市物品接受全社会人士及其他社会团体组织的捐赠，将受赠物品及时登记造册，分类存放，建立统一台账。

金山中学爱心信用超市管理人员守则

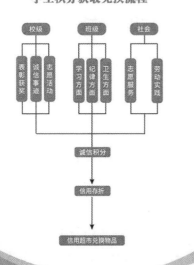

学生积分获取兑换流程

金山中学爱心信用超市
共建单位情况简介

威海市兴安建筑工程有限公司成立于1997年1月，是经文登区工商局注册的有限责任公司，位于文登经济开发区虎山路1号，注册资金4651万元，是文登区具有较强综合实力的企业，具有房地产开发；建筑工程施工；市政工程施工；装饰装修施工等资质许可。自2012年至2021年开发承建的明鑫花园BC区、明典居小区，共计27余万平方的商住楼，所开发楼盘质量优良、环境舒适、物业配套齐全，售后服务良好，受到业主高度赞扬和广泛好评，所建楼盘完美售罄。

2021年承建的重点推进的民生工程——金山中学，工程总投资3.2亿，建筑面积6.4万平方米，于2022年8月如期全部验收合格并投入使用，受到了社会各界及业主的赞誉

金山中学爱心信用超市共建单位情况简介

（五）红色教育

1.2023金山中学"奋斗的青春"课本剧活动方案

为了丰富学生的课余生活，我们将开展校级活动——"奋斗的青春"课本剧表演。该活动旨在帮助学生更好地理解书本内容，体验书中情节，感悟作者情感，并激发学生的读书兴趣。

（1）指导思想

为全面贯彻党的教育方针，促进学生全面发展，我们利用课本剧的表现形式，与课堂教学有机结合，进一步活跃和丰富学生的课外文化艺术生活。此举旨在激发学生的表演欲和创造欲，培养学生的自信心，让学生感受到"我体验，我快乐"的魅力。

（2）活动目标

①振奋全校学生的精神，使其以饱满的热情、崭新的姿态投入学习中，让文明之风吹遍校园的每一个角落！

②培养学生的创作能力和审美情趣，形成良好的情感体验；提高学生的艺术表现力和语言表达能力，进而提升学生的综合素质。

（3）内容与形式要求

①课本剧的类型可包括：童话剧、小话剧、小品、寓言剧、小歌剧、英语剧、音乐剧等，也可以是其他创新形式。鼓励师生同台演出。

②课本剧的选择以课本为主，既要忠实于课本，又不局限于课本。剧本可以来源于现行教材、课外阅读材料、童话名著，也可自编自创。鼓励基于课文内容进行合理想象，适当地充实和丰富故事情节。对课文进行再创作，改编成小剧本，展示师生的想象力和创造力。要注重塑造人物形象，注重作品的整体性。剧本语言应力求准确鲜明、生动简练、耐人咀嚼。

③剧目内容应健康向上，格调高雅，具有较强的艺术感染力。

④参赛剧目所需的服装、布景、道具、音乐、配音等由各班级自行准备。

⑤情节设计要合理，人物形象要鲜明（包括人物语言、动作、情感、服饰等）。道具和音乐的选择要为剧情服务，旨在加深学生对课文的理解和感

悟，并从中获得真切的体验。剧目应融知识性、思想性和趣味性于一体，让观众获得审美享受。

（4）时间和时限

①比赛时间：2023年5月26日。

②节目演出时间为10～15分钟，上下场总共时间不超过2分钟。

（5）评奖办法

本次比赛由评委根据台词、表情、形体、人物刻画、相互配合、主题体现等表演水平和创作水平进行当场打分。去掉一个最高分和一个最低分后，取平均分为最后得分。以分数高低评出年级一等奖一名、二等奖二名、三等奖三名。邀请指导教师、学校领导、学生家长、专业人士及其他观众参与评价。可以仿照电影艺术节评比的方式设计出各类奖项，如：最佳男女主角、最佳配角、最佳布景设计、最佳道具设计、最佳音响设计等。这样既能激励先进，又能鞭策后进，促进后续活动的开展。

（6）参考标准

①剧本创作：

有完整的剧本，情节连贯；选材应源于本年级所学课文或相关课程领域，符合学生的年龄特点和心理特点，对学生具有启发、引导和教育作用。

能够较好地体现原作的神韵，并融入创新元素。

剧本语言个性化，融知识性、思想性、趣味性于一体。

②节目编排：

节目编排合理，主题明确健康，演出情节跌宕起伏，矛盾冲突明显；编排具有新意，能深刻展现剧目主题，对学生进行思想教育。

演员扮相、动作以及舞台道具、音乐等应符合剧情要求；表演过程流畅、紧凑、完整。

③演员表演：

表演者服装、道具、舞台、音乐、背景设计富有特色，有助于表现主题。演员举止大方得体，精神饱满，表演自然、生动、优美，形象鲜明，配合默契。

演员吐词清晰，声音洪亮，发音标准，语言富有感染力和个性化，并带有幽默感。

上场、转场、下场过程自然流畅。

表演总体效果良好，既具有教育意义，又具备观赏性。

比赛时间应严格控制在10～15分钟内。

（7）课本剧教学的基本环节

①选读素材。

一般选择故事情节较为曲折、趣味性、可读性较强的叙事作品作为教学的素材。简单的叙事作品可以作为局部或单项教学训练的内容（如对话表演、神态表演、动作表演等）。材料选择后，要引导学生自己赏析故事情节特色，分析人物形象特点，准确把握作品主题；要注重品味具有表现力的叙述语言和人物对话语言，以把握作品的精髓。有些精彩的片段可以在阅读赏析过程中随机模拟表演，以检验和锻炼学生的表演才能，为分配角色、正式表演打下基础。

②解读、完善剧本。

教师给学生分发剧本，引导学生理解剧本主题、故事情节、人物表演的动作神态语言、舞台说明以及转场技巧。剧本的改编完善要考虑到实施表演的相关条件，因情制宜，因校制宜，以保障表演活动的有效实施。

③分配角色。

角色演员的选择与分配以自荐、民选、轮流相结合的方式产生，努力使人人有上场表演的机会。暂时没有分配到角色的人员，尽量安排剧务的各项任务，使人人有事做、事事有人做，形成一个服务表演的大团队。

④观看视频。

教师应充分利用多媒体资源，组织学生观看与课本剧相关的影视剧，为学生排练剧情提供帮助。

⑤排练剧情。

排练主要靠学生的兴趣与自觉性，老师必须随时随地观摩与指导。每次排练，剧情可以是整体，也可以是局部或片段。排练一段时间后，可以组织中期交流活动，分析进程与得失，策划改进措施。

⑥剧务策划。

在排练的同时，剧务组成员应参与观摩，以便构思与剧情表演相适应的布景、道具、化妆、音响等。剧务策划的过程应尽量发挥学生的专长，布景、道具的制作以学生制作为主。剧务组应努力争取他科（如美术、音乐等）教师及相应专业人士的指导。表演使用的器材应以因陋就简、节约环保、便利适用为原则。

⑦落实表演。

课本剧的正式表演应纳入学校中心活动的议事日程，定期或分批开展汇报表演或表演竞赛活动。在大型的节日活动中，应给予课本剧表演一定的席位。在即将表演的时节，要制定出切实可行的表演活动方案。表演的观众规模应尽可能扩大，尤其要邀请家长和社会相关人士参加；有条件时可以将课本剧表演送入社会，以扩大其社会影响。

⑧评价反馈。

评价反馈环节十分重要。这有利于反思过程、明确得失、总结经验、吸取教训；有利于发现人才，为促进学生可持续发展创造条件。评价反馈的主体是学生，提倡学生自评与互评，同时也可请指导教师、学校领导、学生家长、专业人士、其他观众进行评价。可以仿照电影艺术节评比的方式设计出各类奖项，如最佳男女主角、最佳配角、最佳布景设计、最佳道具设计、最佳音响设计等，这样有利于激励先进、鞭策后进，促进后续活动的开展。

2."奋斗的青春"课本剧活动总结

课本剧是一种极具吸引力的文艺表现形式。它不仅能丰富学生的业余文化生活，提高学生的综合素质，而且对学生思想品德的教育和语文自主学习能力的培养，起着课堂与书本无可比拟的作用。

为了落实和深化新课程理念，弘扬传统文化，促进语文课堂教学改革，提高学生的艺术表现力和语言表达能力，培养学生健康的审美情趣，展示我校语文教学成果，经过为期一个月的精心准备，语文教研组全体成员展开了主题为"我演经典"的课本剧大赛。

为了更好地提高孩子们的表演能力，激发孩子们的表演欲望，本学期初我们制定了详细的学期计划，降低了表演的难度，目标定位清晰，准备时间充分。因此，学生最终的排演都较为成功。在表演前，我们针对文本进行了细致的分析，挖掘了许多可以挖掘的内容。在此基础上，学生进行分级编创，以平行班为单位，在不脱离原文内容的基础上进行台词的编创和情节设计，然后进行分组练习，再进行彩排。让人欣慰的是，我们的孩子都是很好的表演者。原本一篇并不生动的内容，在他们的演绎下，变得有血有肉，充满激情。一次又一次地改进，学生们在表演的过程中收获的不仅仅是知识，还有那书本上所不具备的快乐。

当孩子们的兴趣得到了激发，还有什么是他们所不能做好的呢？课本剧的存在就是为了这些孩子。在这里，他们可以自由表演，可以大胆展现自我。从默默无言到剧中的声情并茂，这些点滴的进步，都是孩子们成长的表现。我们期待的不是他们一定要将剧本演绎得多么完美无缺，而是希望孩子们能在这样的过程中有所收获，有所突破。

本次活动给金山学子们提供了一个良好的平台。无论是表演能力的提升，创新思维的激发，还是自信心的增强，同学们都走上了一个新的台阶，看到了不一样的自我。

3.英雄故事剧场《狼牙山五壮士》剧本

人物：马宝玉、葛振林、宋学义、胡德林、胡福才，日本侵略者3人，农民3人，民兵1人。

秋日的平原上，庄稼成熟了，农民们正在忙着秋收。

农民甲：（边收粮食边提醒）咱们可得快点收粮食，趁着日本人没打来，多存点粮食过冬。

农民乙：（停下动作，担心地）听说几天前日本人已经占领了山那边的村子，他们不会就要打到咱们这儿了吧?

农民丙：（有点着急）哎呀，那可得做好随时转移的准备呀，大家快点干呀!

农民着急，收庄稼的动作明显加快。

一民兵匆匆跑上台。

民兵：（边跑边大喊）乡亲们，鬼子正朝着我们村这边来了。

（众人惊呼"啊"，顿时惊慌）大家快点收拾东西，我去通知大部队。

乡亲们慌忙散去，准备撤离。

马宝玉：（跑步上台）六班集合。

五战士跑步上台集合。

马宝玉：葛振林出列，宋学义出列，胡德林出列，胡福才出列。跟我走，吸引日军火力，掩护大部队和群众撤离。

葛振林等：（态度坚定）是! 坚决完成任务!

马宝玉：向右转。跑步走。

五战士列队跑步下场。

旁白：战斗激烈地进行着。为了拖住敌人，五壮士一边有计划地撤退，一边把大批敌人引上狼牙山，利用狼牙山险要的地形，打垮了敌人的多次冲锋。

五壮士一边不停地射击，一边进入舞台中央。

马宝玉：（边射击边指挥）等敌人靠近了再打。

宋学义：（放下枪，拿出腰间的手榴弹）小鬼子，叫你们尝尝手榴弹的滋味。

葛振林：（不停射击，大喊）来吧! 小鬼子!

五位壮士胜利地完成了掩护任务，准备转移。

胡德林：（边射击走到班长身边，指着部队转移的方向）班长，快，往这边走，咱们很快就可以追上大部队了。

胡福才：班长，快转移，不然没时间了。

马宝玉：（指着莲花瓣，神色凝重）同志们，这条路通向连队转移的方向，但也会把鬼子引过去。另一条路通向悬崖，这是一条死路。如果我们把鬼子引到这条路上来，就等于把鬼子引到了死路上。不过我们就……一面是生，一面是死。同志们，你们说，我们走哪条路？

宋学义：（往安全的路上跑了两步，又跑回来说）咱们大部队那么多人，难道还怕几个小鬼子？！

胡福才：这要是有更多的鬼子来增援，岂不是大家都不安全，还得再转移？

葛振林：要不，咱们就……（此时，传来敌人的声音）走这条。（手指通向峰顶的路）

宋学义等：（坚定地）走，上棋盘陀顶峰。

马宝玉：（激动地）全体听命，吸引敌人注意，向顶峰前进。

五壮士列队跑下舞台。

日军指挥部，日军上校正气急败坏地来回转悠，日军中校进来报告。

日军大佐：气急败坏，打了下属八格牙路！你们的精英部队连几个土八路都打不过，还配穿这身军装吗？

日军中佐：（低头哈腰）他们太厉害了！我们刚才就损失了百余人，这肯定是敌人的大部队。

日军大佐：八格牙路！据我的侦察，他们不过是几个土八路。

日军中佐：不起，我马上派兵再去。（出门对着一个小兵怒吼）还不快去！

日军士兵：是！我马上就去。

棋盘陀顶峰：五壮士边开枪边上舞台。

旁白：马宝玉等人借助树和石头掩护自己，拼命向敌人开火，敌人纷纷倒下。

葛振林：我们没有子弹了！

马宝玉：（拔出仅剩的一颗手榴弹，又插回腰间，抓起一块石头）同志们，没有弹药了，我们就用石头砸！

旁白：顿时，石头像雹子一样，带着五壮士的决心和中国人民的仇恨砸向敌人。又一波敌人冲上来，精疲力竭的马宝玉拔出最后一颗手榴弹，拧开盖子，用尽力气掷向敌人。随着一声巨响，传来了敌人的惨叫声。

马宝玉：同志们，我们已经出色地完成了党和人民交给我们的任务，（坚定地看着战友们）决不能让敌人抓住我们。

葛振林等：对！

马宝玉：我们的热血只为祖国而流！中国共产党万岁！（跳下悬崖）

葛振林：中国革命万岁！（跳下悬崖）

宋学义：打倒日本帝国主义！（跳下悬崖）

胡德林：小鬼子，你们的好日子不长啦！（跳下悬崖）

胡福才：总有一天，我们会胜利的！（跳下悬崖）

4.课本剧学生反思——难忘那一次课本剧

不久前，老师告诉我们即将要举行课本剧表演，并让我负责此次活动。这让我既紧张又激动，心里好像有一只小鼓在咚咚咚地敲着。

我们班表演的课本剧是《金色的鱼钩》。选择它的原因是因为这是一篇关于解放军奉献和自我牺牲精神的红色正义故事，能让同学们心生振奋，深刻感受到革命战士们高贵无私的优良品质。

选好节目后，就要找演员了。在这一方面，班主任和我都下了不小的功夫：小梁要活泼懂事，为他人着想；张丹、生涯子要活泼，会即兴表演；老班长要慈祥，服从党的命令，有自我牺牲精神。按照这些角色的性格特点，我们找出了几位演员，经过重重筛选，终于确定了四位战士的扮演者。

演员找好了，排练也就随之而来。每天，我们都辛苦地训练着。为了取得理想的成绩，我们都不敢有一丝怠慢。训练刚开始时，一切都好，没有任何问题。但练着练着，就出现错误了：他们的感情不到位——人物的焦急、忧虑、无奈、悲伤在他们的语言、表情中毫无体现，整个课本剧被他们演得死气沉沉，一点都不吸引人；他们有严重的偏台现象，总是找不到舞台的中央，演着演着就跑到了边儿上，怎么说也回不来。针对以上问题，我们进行了特别训练，着重练习他们的表演力和找舞台中心这两大技能。训练效果很显著，我们成功地将出错的概率降到最小，提高了成功的可能性。

时间一天天地过去了，表演的日子很快就到来了。

表演开始后，我在后台紧张地看着，就怕他们说错台词或偏台。没想到怕什么来什么——他们偏台了。开始时一切都好，可是到了后来，他们开始往左面偏，离舞台中央越来越远。我在一旁都要急死了！我不断地向他们招着手，想让他们往右靠一下。可是他们好像没看见，动也不动，仍在原地继续表演着，并未注意到自己偏台了。我都要看不下去了！但是所幸除此之外，他们的其他表现都还不错，也算是为我班扳回了一局，得了个二等奖。

美国著名演说家温德尔·菲利普斯曾说过："失败乃成功之母。"这句话一直激励着我，让我勇往直前、不退缩。此次课本剧亦是如此。虽然我们没能拿到一等奖，但我们收获了知识，收获了力量：我们知道了将课文转化成课本剧需要增加人物的对话，丰富人物的动作、神态、心理等多方面内容；我们知道了想要演好课本剧就应注意角色的性格特点、精神品质以及他（她）这个年龄该有的想法或要用怎样的说话语气……

生活并不是一帆风顺的。人生好比一片汪洋大海，我们自己就像一叶小舟，在人生之海中沉沉浮浮、漂漂荡荡，总也到不了彼岸。在漂游过程中，难免会经历暴风雨的洗礼。但只要坚持到底、不放弃，彩虹就会在不远处等着你！

六年级三班　曹玉青

5.课本剧学生反思——课本剧《狼牙山五壮士》的收获

班级课本剧表演结束后，我感受很深，受益匪浅。《狼牙山五壮士》讲述了五位战士掩护大部队，勇斗鬼子，最后跳崖的故事。

作为课本剧中的表演者，我同其他人一样收获和了解了不少。第一次排练时，我们纯粹就是糊弄事。一个个表情僵硬，目光呆滞地盯着剧本，嘴巴一张一合的，自己都不知道自己在说什么。一想到要面对上百的观众，心里就充满了畏惧，只希望这场"闹剧"赶紧结束。

可以说，没有她——郑老师，我们谁也获得不了最后的胜利。"话剧表演其实就是让你以另一个身份，在另一个环境中再活一次。你们要珍惜这次机会，在这过程中你们也许能学到很多东西。"一向不服管教的我们这次竟然听进去了，不得不说是一个奇迹。于是，这段排练之旅就这样开始了。

从来没有演戏经验的我们，第一次参与演出，只能摸着石头过河。每一个对话、动作都是靠着大家共同努力，经过不断地演练彩排，才得以完成。不知不觉中，絮絮叨叨的剧本精简了，呆滞的表情灵活了，僵硬的四肢也知道怎么动了。改变就这样悄悄地发生着。所有参与演出的同仁为了圆满完成此次演出，在学业繁重的同时，牺牲了自己的时间和体力，全力以赴。可以说，结果已经无所谓了。在这个过程中，我们增进了同学之间的友谊，也锻炼了大家的合作能力。同学们之间默契的配合、互相的理解、共同的努力，使我感受到了家的味道。这给我们正在准备考试、十分紧张的氛围中增添了不少的快乐和甜蜜。我们成长了太多，这才是最重要的。

这次课本剧的表演让我明白，表演是可以锻炼胆量的。我们表演的内容也让我知道了要学习先辈的优秀品质，学习他们那种勇敢、坚强，勇于克服困难，永不退缩的精神，更要有爱国的情怀。

六年级八班　王伟涵

6.课本剧学生反思——最难忘的那次课本剧

不久前的那一次课本剧表演让我记忆犹新，至今难忘。那次语文课，老师告诉我要选课本剧的题目。但由于我不是很在意，导致了我们班只选了题目，剧本没写，人也没选。可别的班的班长已经都选好人准备开始练习了，我感到很惭愧。于是，我便每天晚上抽出一点时间来编剧本。由于是我自己一个人弄，最后的剧本编得不是很好。但我的班主任和语文老师却很有耐心地和我一起改剧本、选人、订服装、买道具。演员们也很积极，我们甚至抽出周末的半天时间一起出去排练。经过我们的这些努力，最后在比赛上我们攒足了劲，得了一个二等奖。虽然不是一等奖，但我们只要用心去表演就是最好的。

这次课本剧让我最感动、最难忘的那句话就是班主任对我说的："放心，你的努力和付出终有一天会被看见，你的努力不会白费。"就是因为这句话，让我充满了信心。我们不断地去进步、去改进，最后我们的努力真的没被辜负，我们真的做得很好。我非常感谢我们的班主任。如果不是因为班主任的鼓励和帮助，我可能永远都做不好一个班长的职责。在我没做好这个事情时，老师也没怪我。我想谢谢冯惠老师，让我们这次的课本剧能完成得这么好。因为这次课本剧也让我变得有担当、勇敢，更好地去帮助老师管理班级。

这次的课本剧我收获了很多，也变得勇敢、有责任心。这次课本剧就像一次历练，让我知道了作为班级的顶梁柱该怎么做。下次再有这些活动，我一定好好完成，为班级争光！

六年级五班　曹淳翊

7.红色教育之跟着电影学写作

"跟着电影学写作"活动实施方案

为了丰富我校学生的课余文化生活，提升学生的思想素质，并进一步提高学生的语文修养，经学校研究决定，定期组织全校学生观看优秀电影。此举旨在促使全体师生"立足语文，走出课本"，走进电影殿堂，共同领略语文的魅力与电影的精彩。

（1）活动名称

"跟着电影学写作"

（2）指导思想

《基础教育课程改革纲要（试行）》指出："学校在执行国家课程和地方课程的同时，应视当地社会、经济发展的具体情况，结合本校的传统和优势、学生的兴趣和需要，开发或选用适合本校的课程。"可见，国家鼓励学校积极开发课程资源。而电影作为一种贴近当下学生生活的媒介，蕴含着丰富的语文课程资源。因为电影集自然与社会、文化与历史、科学与艺术、宗教与道德、理想与现实于一身，融语言、音乐、美术等艺术表现形式于一体，是生活的缩影。

（3）培养目标

①培养爱国主义、集体主义、社会主义思想道德和健康的审美情趣，发展个性，培养创新精神和合作精神，逐步形成积极的人生态度和正确的世界观、价值观。

②认识中华文化的丰厚博大，汲取民族文化智慧。

③关心当代文化生活，尊重多样文化，吸收人类优秀文化的营养，提高文化品位。

④激发学生学习语文的兴趣，丰富学生学习语文的形式，提高学生思维批判性、口语表达、书面写作等语文素养，使学生的语文综合能力显著提高。

（4）理论依据

①加德纳的"多元智能理论"。

②建构主义学习理论。

③教育部《基础教育课程改革纲要（试行）》。

（5）实施方式

以主题为板块。一个主题一个板块，每个板块汇集同一主题的电影，并根据课程的需要做相应的处理，使之符合小学生的认识和审美水平。如"环保"主题、"探险"主题、"英雄"主题、"民俗"主题、"动物"主题、"梦想"主题、"生命"主题等。

（6）教学思路

目的不同，教学的思路也不同。具体如下：

①提升学生的文字概括能力：引导学生理清电影情节脉络，通过口头和书面语言梳理并概括故事的关键情节。如"英雄"主题中的《天福山起义》，引导学生将电影复杂的情节概括为：达成合作抗日协议—红旗插上天福山—

岭上事件—威海起义—血战雷神庙。

②培养学生的批判性思维：

A.主题自由谈。设计问题："关于这部电影，我想谈……"，请学生根据自己的观影感受填上一个关键词，谈谈自己对电影的理解。如《摔跤吧！爸爸》，答案有：坚持、梦想、勇气、信任、嘲讽、歧视、偏见等。

B.自主问题探究。设计问题："请提一个你认为值得探究的问题，并尝试与同学交流解答。"

C.主问题探究。精心设计三到四个主问题，逐步引导学生借助问题深入解读作品。

③培养学生的书面表达能力：

A.进行多角度情节概括写作练习。

B.依据主题抒写观影感受练习。

（7）成果评价

①学习态度：

优秀：态度明确，积极参与，大胆质疑，主动探究。

良好：态度端正，主动参与，认真完成各项任务。

合格：态度较端正，能参与活动，按时完成各项任务。

②实践作品：

优秀：主题明确，有创意，且能完成作品。

良好：主题明确，能完成作品。

及格：能完成作品。

8.红色教育之研学——"瞻仰革命遗址，探秘耕读小镇"研学活动方案

一物一景皆文化，一花一草皆育人。5月的文登气候宜人，为落实新课程理念，让学生通过走进自然、走进历史、走进艺术、走进科学、走进社会，进一步了解家乡的自然地理，人文历史，从而培养学生的人文底蕴、科学素养和家国情怀，学校决定举行"探秘革命遗址、品读耕读小镇"研学活动，学生、家长本着自愿的原则参加。

（1）时间安排

5月20日（周六）一天

（2）参加人员

领导小组：于晓明、邢云贵、于文刚

组员：全体教师

（3）研学基地

①天福山起义纪念馆、红色胶东馆

②青少年研学基地

③紫光学校

④设计谷

⑤漫画村

（4）活动安排

①学生分为四组：A组1-2班、B组3-4班、C组5-6班、D组7-9班。

②每班一辆车，车号为班号。

③班主任和一名随班老师全程随班。

④每组负责人及随队医生服务本组的班级。

⑤各研学基地教师留守基地，组织4组学生活动。

⑥号研学点紫光，既是研学地点也是中午就餐地点。

9.红色教育之研学——文登天福山起义纪念馆研学任务单（见表3-29）

1937年7月7日卢沟桥事变后，日本发动全面侵华战争，中国全民族抗战开始。同年12月24日，中共胶东特委在文登天福山举行武装起义，组建山东人民抗日救国军第三军，打响胶东抗战第一枪。1938年9月，队伍改编为八路军山东人民抗日游击队第五支队。今日，我们将参观天福山起义纪念馆，了解起义历程与影响，感受革命先烈的英勇精神。

表3-29　任务单表

任务一：唤醒民众，求解放	1.谁于哪一年领导了胶东"一一·四"农民武装暴动？结果如何？你从他身上学到了什么精神？ 2."一一·四"暴动幸存人员转战昆嵛山，成立了什么队伍？队长是谁？还有哪些英雄人物让你印象深刻？
任务二：天福山上，举义旗	1.天福山起义爆发的时间？这次起义组建了一支抗日武装队伍是什么？ 2.哪一年由谁领导队伍攻克了牟平城？ 3.天福山起义部队西上抗日途中打击日本侵略者的第一战是什么？结果如何？谁壮烈牺牲？ 4.1938年9月18日，第三军编入哪支队伍，正式纳入八路军序列？
任务三：浴血抗日，战敌顽	1.为支援抗日，胶东根据地共建了几个兵工厂？ 2.胶东军区司令员＿＿＿＿＿领导胶东军民同日、伪、顽战斗。 3.1942年，日伪军在文登制造了什么惨案？ 4.列举一个八路军胶东部队的抗日军事斗争战果？
任务四：天福铁军，展雄风	1.山东人民抗日救国军第三军在战斗中发展为哪四个军？共歼敌多少人？ 2.介绍一下张玉华将军的事迹吧。
任务五：党群同心，奠根基	列举一个胶东党组织团结带领群众抗日和发展根据地的事例。
任务六：参观感想	

评价	自评	能够梳理天福山起义的经过、影响，知道重要历史人物的事迹。	☆ ☆ ☆ ☆ ☆
		能够认识捍卫国家主权和民族尊严是中华民族的优良传统，继承革命传统，坚定为实现中华民族伟大复兴而奋斗的信念。	☆ ☆ ☆ ☆ ☆
		能够认真听讲、独立思考、积极探究、解决问题。	☆ ☆ ☆ ☆ ☆
		能够积极参与小组合作，团结同学，共同进步。	☆ ☆ ☆ ☆ ☆
		具有安全意识，文明出行，遵守研学纪律。	☆ ☆ ☆ ☆ ☆
	互评	能够梳理天福山起义的经过、影响，知道重要历史人物的事迹。	☆ ☆ ☆ ☆ ☆
		能够认识捍卫国家主权和民族尊严是中华民族的优良传统，继承革命传统，坚定为实现中华民族伟大复兴而奋斗的信念。	☆ ☆ ☆ ☆ ☆
		能够认真听讲、独立思考、积极探究、解决问题。	☆ ☆ ☆ ☆ ☆

续表

评价	互评	能够积极参与小组合作，团结同学，共同进步。	☆ ☆ ☆ ☆ ☆
		具有安全意识，文明出行，遵守研学纪律。	☆ ☆ ☆ ☆ ☆
	师评		

10.红色教育之研学——文登红色胶东纪念馆研学任务单（见表3-30）

翻开中华民族的抗战史，胶东，像一团熊熊燃烧的火焰，生生不息，照亮了那段屈辱苦难的岁月。在这片土地上，曾激越着怎样的红色交响？辗转着怎样的巍峨身影？传承着怎样的民族气节？他们又是怎样为争取民族独立、人民解放和国家富强而不懈奋斗？让我们走进红色胶东馆去探寻那段历史。

表3-30　任务单表

任务一：红色种子播撒胶东大地	1.我们所说的胶东是指哪些地区？是谁走进胶东大地，组织民众奋起抗争，播撒红色种子？ 2.胶东党组织发动了哪些武装暴动？结果如何？ 3.北方沿海地区和山东省内仅存的一支红军队伍是什么？它后来成为天福山起义的主力军。
任务二：天福山起义开启红色胶东时代	1.天福山起义对于胶东地区来说具有什么样的历史意义？ 2.除天福山起义之外，胶东党组织还领导了哪些抗日武装起义？
任务三：在坚定抗战中红色胶东遍地红	1.胶东抗战的中流砥柱是什么？ 2.胶东百姓如何支援八路军抗日？ 3.胶东党组织如何领导人民群众建设胶东根据地？
任务四：在支援全国解放中红色胶东分外红	1.胶东为党组织为支援全国解放做出了哪些独特贡献？ 2.胶东解放过程中的重要战役有哪些？
任务五：红色胶东的优秀儿女	列举胶东儿女在争取民族独立与解放的过程中的英勇事迹。 你从中学到了什么？
任务六：参观感想	

续表

评价	自评	能够梳理红色胶东纪念馆的各个板块内容。	☆ ☆ ☆ ☆ ☆
		能够通过讲解，自主解决任务单上的问题。	☆ ☆ ☆ ☆ ☆
		能够通过独立思考结合小组合作，积极探究、解决问题。	☆ ☆ ☆ ☆ ☆
		具有安全意识，文明出行，遵守研学纪律。	☆ ☆ ☆ ☆ ☆
评价	互评	能够梳理红色胶东纪念馆的各个板块内容。	☆ ☆ ☆ ☆ ☆
		能够通过讲解，自主解决任务单上的问题。	☆ ☆ ☆ ☆ ☆
		能够独立思考结合小组合作，积极探究、解决问题。	☆ ☆ ☆ ☆ ☆
		具有安全意识，文明出行，遵守研学纪律。	☆ ☆ ☆ ☆ ☆
	师评		

11. 红色教育之国防教育——金山中学国防教育训练工作方案

（1）军训目的

认真落实《中华人民共和国兵役法》的有关精神，通过国防教育和入学教育，学生掌握基本的军事技能和军事知识，增强学生的国防意识，激发学生的爱国之心、报国之志。培养学生不怕苦不怕累的精神，提高学生组织性和纪律性，从而提高学生综合素质，形成良好的学风、班风、校风。

（2）训练时间

2022年9月1日—2022年9月6日

（3）训练对象：六年级学生（五天）。

（4）训练领导小组：

组　　长：于晓明

副组长：于文刚、邢云贵、王小金

组　　员：姜永成、丛晓燕、邢鹏、各班班主任

（5）国防教育训练单位：威海市文登区消防救援大队

（6）学员须知

①国防教育地点：校内。

②国防教育内容：

A.队列、队形、跑操训练。

B.讲军队故事、学唱军歌。

C.纪律教育。

D.行为习惯训练。

E.安静就餐训练。

③学员国防教育准备：

A.自备软底运动鞋，忌穿新鞋或高帮鞋，禁止穿凉鞋或皮鞋。六年级校服未发前，穿浅色长袖深色长裤。

B.自带水杯（训练时用）、手纸等日常用品，带笔、笔记本。

C.自备润喉片，用来保护嗓子（训练时喊口号用嗓子多）。

D.男生不留长发，女生发型不成人化；所有学员指甲一律剪短。

E.训练前，学员在家饮食宜清淡，以免训练时内热外感而导致感冒发热；要吃饱（以免营养不够，导致低血糖晕倒，影响身体健康）。

F.禁止学员携带任何通信工具、娱乐物品（扑克、象棋等）、贵重物品及与学习、训练无关的书、杂志等，一经发现将严肃处理。

④训练期间注意事项：

A.训练期间，要多喝凉白开水或纯净水，不能喝自来水，以免引起胃、肠道感染。

B.训练一般避开午间高温时段，学员要保证睡眠时间，确保有充沛的体力参加训练。

C.就餐训练：排队整齐，安静有序，严禁学员拥挤和奔跑，以防止发生烫伤和摔伤。

D.学员应学会自我防护，如不慎崴脚、扭伤、烫伤，切忌按摩或热敷，应立即用凉水冲洗15~30分钟（或用冰水冷敷），随即找校医处理。

E.训练时，学员如果感到头晕、眼花或感身体其他不适时，要立即喊报告或拽一下旁边同学的衣服，原地坐下，待眩晕过后再到阴凉的地方休息（避免身体直挺倒地，引发摔伤等意外）。

F.家长送完学生立即离开，一律不得进入学校训练区域，如送物品由家长写明接收学员姓名、家长姓名及家庭住址后，统一交传达室转交。

⑤训练纪律要求：

A.要爱护学校的公共财产，禁止向运动场、水池和厕所下水道扔杂物。损坏公物，照价赔偿，对故意损坏公物者，学校将严肃处理。

B.同学之间要彼此团结，互相尊重，互相爱护，严禁打架斗殴。

C.为防止出现意外伤害事故，学员要做到：不允许去的地方不去！严禁学员攀爬假山、翠簧园戏水，严禁私自离开训练区域，一经发现严肃处理。

D.训练期间不得擅自离开学校，学生因故离校须到班主任或医务室领取"离校登记表"，经班主任、校医、束嘉玮主任签字后方可离开。

（7）动员、总结大会流程

①动员大会流程（主持：姜永成）：

A.集合队伍。

B.宣布大会开始。

C.介绍出席动员大会领导。

D.举行升旗仪式。

E.学生、教官代表发言。

F.于晓明书记宣布国防教育活动开营。

②总结大会流程（主持：姜永成）：

A.集合队伍。

B.介绍出席总结大会的各位领导。

C.举行升旗仪式，国旗班升国旗。

D.请校领导检阅各受训方阵。

E.汇报表演。

F.宣布国防教育表彰。

G.颁奖仪式。

H.副校长于文刚作国防教育活动总结报告并宣布活动闭幕。

（8）对学生的要求：

①安全（防止运动伤害、勿拥挤等）。

②卫生（保持清洁，少吃冷饮，自带饮料瓶，多喝水）。

③健康（注意防中暑、受凉，可用防晒霜，不舒服随时举手）。

④守时（听教官安排，在规定时间内集中，迟到要受惩罚）。

⑤限时（安全演练、模拟就餐）。

⑥整齐（模拟就餐、集会、上下楼勿拥挤）。

⑦安静（模拟就餐、集会要绝对安静）。

⑧集体荣誉感（跑操、队列会操、拉歌、就餐、优秀学员评比）。

⑨爱护公物。

⑩注意交通安全。

每天写一篇军训日记，入学教育征文评比。

12.红色教育之国防教育——"强国有我　梦想起航"国防教育活动总结

在新时代的征程中，青少年是国家的未来和民族的希望。为了进一步加强学生的国防教育，激发他们的爱国热情，威海市文登区金山中学于近期开展了一场别开生面的"强国有我　梦想起航"国防教育现场教学活动。此次活动特别邀请了天福山女子民兵班的宣讲员到校，通过一系列丰富多彩的形式，为学生们带来了一场深刻的国防教育盛宴。

活动以"国防教育进校园　点燃爱国强军梦"为主题，旨在通过宣讲英雄事迹和红色故事，引导学生们树立正确的价值观和人生观，培养他们的爱国情怀和强军梦想。天福山女子民兵班的宣讲员们以饱满的热情和生动的语言，将一个个感人至深的英雄故事和革命历史展现在学生们面前。

活动的第一个环节是互动交流。宣讲员们以"致敬英雄"为主题，与学生们进行了面对面的交流。她们不仅讲述了英雄们的英勇事迹，还分享了自己在民兵班中的训练和生活经历。这些真实而感人的故事，让学生们深刻感受到了英雄们的无私奉献和崇高精神。在互动环节中，学生们积极提问，宣讲员们也耐心解答，现场气氛热烈而融洽。

紧接着，学生们观看了一段关于英雄事迹的视频。视频中，吉林省舒兰市人武部上校政治委员周昆训在抢险救灾中的英勇表现，让在场的每一个人都为之动容。他在危难时刻挺身而出，用自己的生命捍卫了人民群众的安全，展现了军人的担当和使命。这段视频不仅让学生们对英雄有了更加直观的认识，也进一步激发了他们的爱国热情和强军梦想。

除了英雄事迹的宣讲和视频观看，宣讲员们还生动讲述了天福山起义等红色故事。她们通过详实的史料和生动的叙述，将学生们带回到了那个烽火连天的年代。学生们仿佛亲身经历了那场波澜壮阔的革命斗争，对先辈们的英勇奋斗和无私奉献有了更加深刻的理解。这些红色故事不仅让学生们感受到了历史的厚重，也让他们更加珍惜来之不易的和平生活。

此次活动对学生们产生了深远的影响。许多学生在活动结束后表示，他们被英雄们的英勇事迹和崇高精神所感动，更加坚定了自己的爱国信念和强军梦想。他们纷纷表示，要努力学习科学文化知识，提高自己的综合素质，为将来报效国家、实现中华民族的伟大复兴贡献自己的力量。

同时，这次活动也对学校的国防教育工作起到了积极的推动作用。通过邀请天福山女子民兵班的宣讲员到校宣讲，学校进一步丰富了国防教育的形式和内容，增强了国防教育的针对性和实效性。这不仅增强了学生们的国防意识和爱国情怀，也为学校培养具有高尚品德和强烈社会责任感的新时代青少年奠定了坚实的基础。

展望未来，金山中学将继续深化国防教育工作，不断创新教育形式和内容，努力培养更多具有爱国情怀和强军梦想的新时代青少年。学校将以此次活动为契机，进一步加强与社会的联系和合作，共同为青少年的健康成长和国家的繁荣发展贡献智慧和力量。

总之，"强国有我　梦想起航"国防教育现场教学活动是一次意义深远的教育实践。它不仅让学生们深刻感受到了英雄们的英勇事迹和崇高精神，也进一步激发了他们的爱国热情和强军梦想。相信在未来的日子里，这些怀揣着爱国之心和强军梦想的青少年们一定会成为国家的栋梁之材，为实现中华民族的伟大复兴贡献自己的力量。

活动宣讲员宣讲　　　　　　　　　　　　活动现场学生

（六）大阅读工程

1.传承经典，筑梦未来——金山中学大阅读活动方案

（1）指导思想

"读一本好书，点亮一盏心灯"，"书籍是人类进步的阶梯"。阅读滋润童年，书香陪伴成长。童年是孩子们记忆的黄金阶段，教师是为学生点灯的人。为深化实施素质教育，全面提高学生的学习能力和综合素质，引导学生养成多读书、爱读书、会读书、读好书的阅读习惯，传承中华经典文化，增强学校人文底蕴，打造书香校园，促进终身教育体系的构建，特制定我校大阅读实施方案。

（2）目标要求

通过广泛深入地开展大阅读活动，让师生在中外经典文化的沐浴中，激发阅读兴趣，培养阅读习惯，提升思想道德品质；在书香的熏陶下，积累广博的知识，提高人文素养，提升专业素养；构建学校、家庭、社会一体的大阅读模式。

（3）活动内容

①营造浓郁的书香环境

A.营造读书氛围。各班级利用图书角、黑板报、班队活动课等形式多样的活动阵地，让学生时时处处沐浴在读书氛围中。

B.创造阅读条件。首先是学校积极充实学生读物，图书馆每周固定时间开放，同学们亲自选书，阅览室全天向老师和学生开放；其次是建立班级图书角，以班级为单位，各班鼓励学生捐献一本好书，以充实班级图书资源；再次是建立"好书交换站"，同学间定期交换阅读，让班级成为同学间的"交换站"。

C.利用国旗下演讲，向全体学生倡议，积极宣传"创建书香校园"活动。

②打造书香教师的幸福读书体系

A.制定教师学年读书方案，树立学习意识。学校确立"让读书为精神打底，让读书为教学添力"的行动理念，制定学年教师读书方案，明确规定教师每学期读好学校推荐的教育专著一本，用好订阅的教育杂志、刊物，写读书笔记，每周撰写一篇读书笔记或教学反思。

B.开展沙龙研讨，促成思想碰撞。每学期开展两次教师读书沙龙，以年级组为单位，围绕学校推荐的教育专著或读书课题，相互交流读书感悟和见解。

③形成书香学生的快乐阅读策略

A.确定阅读时间，规定阅读内容。

开展特色晨读：利用晨读时间，开展中国传统节日的诗词推荐和配乐背诵活动。语文教师设计相应任务单，结合传统节日的诗画、书法、民俗、农业生产种植等方面，让学生感受诗词的温暖和气息。

B.进行有效指导，增强阅读效果。

语文教研组要将阅读指导纳入教学研讨活动当中，开设阅读指导课。要求学生读的书，教师要先读，每月安排一节读书交流课。

C.丰富阅读活动，开展有效评价。

（a）每位学生要准备好阅读记录本，做好读书笔记（内容可以是摘抄精美词句、阅读赏析、阅读收获等）。

（b）每学期进行两次观影活动，根据新课标要求和教材内容，选择适合学生的经典影视作品，通过观影、分析人物形象、赏析细节刻画、交流观影感受等，提升学生语文素养。

（c）每学期举行一次舞台剧表演，学生选择自己最感兴趣的课文，设计剧本，准备服道化。

（d）开展好书推荐活动。学生从自己看过的课外书中选择书目推荐给同学，填写好书推荐卡，录制好书推荐视频，由公众号展播。

（e）积极向校报《百树苑》投稿。

（f）开展经典诵读大赛。根据威海大阅读推荐书目，选择一篇书目，以班级为单位推荐优秀学生。通过好书推荐和配乐表演朗诵的形式，提升学生对文学作品内涵的深入理解，提高语言表达能力和自信心。

D.激发书香家长的明智读书理念

（a）制定家庭读书计划。家长指导孩子按照学校推荐书目制定读书计划，明确读书进程，每天督促孩子进行有效阅读，逐渐养成孩子自觉读书的好习惯。

（b）开展"亲子读书"活动。鼓励家长每天抽出半小时和孩子同读一本好书，交流读后感，指导孩子将读书与做人相结合。

④总结表彰

A.每学期期末开展"书香学生""书香教师""书香班级""书香家庭"等评选活动。

B.将学生的读书评价与德育评价目标结合起来，表现优秀的同学奖励诚信积分。

⑤活动配档

A.9月份：

（a）营造读书氛围，完善班级读书角（每位学生将自己的有益书籍带到学校充实班级读书角，实现图书资源共享；班级之间可进行图书交流）。

（b）班级开展经典阅读活动，教师进行阅读方法指导，留存照片，传到学校共享文件夹里的大阅读文件中。

（c）编辑第五期校报《百树苑》。

（d）完成《享传统节日，传经典文化——中秋节》任务单的设计及活动开展。

（e）学生准备摘抄笔记本，记录并适当装饰。

B.十月份：

（a）举行第一次观影活动。

（b）利用阅读课，每班前往图书馆完成一次借阅活动。

（c）利用朗读亭或手机，进行朗读活动。

（d）完成《享传统节日，传经典文化——重阳节》任务单的设计及活动开展。

（e）继续开展家庭读书系列活动。学校家长群里由刘爱妮老师负责推荐书目并领读，班级推荐亲子共读的典型代表，安排学生录制视频。

C.11月：

（a）开展校园戏剧节活动。根据经典名著改编，演绎经典。从戏剧的前期阅读，到学生剧本改编、排练及上台演出，均留存照片、排练（拍摄片段）、演出（留有完整视频资料）。本学期由七年级同学准备参加。

（b）开展青年教师读书沙龙，阅读书目《为了自由呼吸的教育》。

（c）编辑第六期校报《百树苑》。

D.12月：

（a）继续开展经典阅读活动，每班选出优秀的读书笔记进行展览。

（b）进行第二次观影活动。

E.1月：

（a）评选、表彰班级"读书之星"和"书香家庭"。

（b）完成《享传统节日，传经典文化——春节》任务单的设计及活动开展。

（c）完成《享传统节日，传经典文化——元宵节》任务单的设计及活动开展。

（d）设计寒假大阅读作业。

2.金山中学开展"阅读悦美——做智慧型家长"活动实施方案

根据山东省教育厅《第三批山东省家庭教育实验基地建设实施方案》的要求，为全力推进"教育生态视域下校家社协同育人'1+X'模式构建与实施"的推广应用，结合我校实际情况，现拟定实施方案如下：

（1）指导思想

以习近平新时代中国特色社会主义思想为指导，深入学习贯彻习近平总书记关于注重家教、注重家风建设等系列重要讲话精神，落实《中华人民共和国家庭教育促进法》和《山东省中小学（幼儿园）家长学校课程指南》的要求。坚持立德树人，发挥学校的主导作用，以"学会陪伴学会爱，亲子活动共成长"为主题，以家长读书活动为切入点，引领广大家长营造良好的家庭书香氛围，推动学习型家庭和学习型社会的建设，同时推动家校间、亲子间、亲师间学习共同体的建设，形成家校社会环境育人的新格局。

（2）目标任务

按照"统筹规划、注重实效、创新引领、示范带动"的工作思路，点面结合，整体推进。以"家校社协同育人'1+X'模式"的实施为重点，以标准化建设为规范，以提升家庭教育指导技能为关键。将灵活多样、适用、好用的"家长读书"活动作为重要内容，进一步丰富家长学校的工作组织形式。引导家长掌握科学的家庭教育理念和方法，切实有效地提升家长的家庭教养能力和教师的家庭教育指导能力。构建全环境立德树人的新格局，推动家庭、学校、社会协同育人内在质量的提升，为培养时代新人提供强大的精神力量。

（3）活动主题走进阅读——做智慧型家长

（4）活动时间

2023年3月——7月

（5）活动实施

①成立家长读书交流群。

学校建立家长读书交流群，每个班级由班主任发动家长自愿参加。各班的班主任及家委会成员负责本班级家长管理工作，包括按时阅读、按时交流、记录等。

②成立家庭教育骨干教师团队。

由校长、主任及家庭教育名师刘爱妮老师带领，全体班主任及语文老师协同配合。积极学习专业书籍，努力提升自己的家庭教育指导技能，成为具备良好专业素养的"领读者"。

③利用网络平台，开展家长读书交流研讨活动。

由骨干教师团队在家长读书群里每日发送一篇或每周发送一本书的音频、视频或电子书等资料，带动家长认真阅读。要求家长每周分享一篇或一段反思到群里。

④开展家校读书会。

以班级为单位，班主任和语文老师作为"领读者"，组织开展每学期至少一次的家校读书会。教师、家长分享自己的阅读感悟，互相交流，引发深度思考，提升读书成效，促进智慧型家长的产生。

⑤开展名师指导课。

每学期，家庭教育名师刘爱妮老师会举行两次线上家庭教育讲座，引领家长有效阅读，并对家庭教育中常见的难题给予指导。

⑥开展家教故事报告会。

每学期，读书群里的家长可以拍一段音频或视频分享自己的家教故事。班主任选择性地进行分享，以鲜活的家教故事感染身边的家长，让更多的家长走在智慧陪伴的路上，享受智慧家教故事分享的快乐。

3.《智慧伴读　共生共长》教学设计

【活动目标】

通过视频赏析、游戏互动、交流探讨等，让家长深刻领会智慧伴读对孩子成长的重要意义；在此基础上，引领家长探索智慧伴读策略方法。

【教学准备】视频片段、多媒体课件

【教学过程】

（1）问卷入手，引入主体

导入：亲爱的爸爸妈妈，大家好！欢迎来到今天的父母课堂。再次代表孩子们，感谢大家在百忙之中抽出时间参与到教育孩子的学习和研究中，让我们共同努力，成为更好的父母，也成就更优秀的孩子。

今年四月是读书月，刘老师领着大家一起就问卷调查中如何管教孩子的困惑阅读了《正面管教》这本书。我们从书中寻觅答案，在思维碰撞中找寻方法。今天，我们又相聚到一起，就问卷调查中如何陪伴孩子读书的问题进行探讨，共同学习如何成为智慧型家长。

（2）交流探讨，明确重要性

①我们先来探讨一下：孩子在面临学业压力的情况下，抽出时间来阅读有用吗？

预设：有用。阅读可以锻炼孩子的思维能力，涵养孩子的气质，塑造良好的品格等等。科学家也发现，阅读与孩子的成绩息息相关。

②那家长陪伴孩子读书有必要吗？

预设：可以督促孩子读书，和孩子共读增进亲子关系，家长和孩子一起学习和成长。

③其实，只是督促孩子读书的家长并不算是有效的、智慧的陪伴。那么，家长的陪伴最终的目的是什么？

预设：想让孩子爱上阅读，自主阅读，同时家长也能获得成长，增进与孩子的沟通。

④《全国家庭教育状况调查报告》（2018）的调查结果表明，亲子阅读频率越高，孩子在阅读兴趣、阅读时间、阅读量、运用阅读策略的能力等方面表现越好。这份报告中也显示，学生最崇拜的榜样中，"父母"排在第一位。可见，家长对孩子的阅读起着至关重要的作用，智慧地伴读多么重要。

我们来看看我们身边孩子成长优秀的家长，他们对智慧伴读的看法是怎样的。

（3）共享分析，循证究因

既然智慧伴读对孩子的成长有这么大的作用，那我们先来分析一下，在您家庭中，影响您陪伴孩子有效阅读的不利因素有哪些？

预设：

①家长和孩子都不爱读书。大人觉得看手机挺好的，孩子也觉得玩电脑挺好的，并且上面也可以阅读广泛的内容。

②孩子爱读书，但只爱看漫画书之类的娱乐性书籍，不爱看经典作品。

③当今社会生活节奏加快，父母工作辛苦，没有时间陪伴孩子。

④家长只关注孩子的作业、考试，较少关注阅读。

总结：其实，咱家长的困惑主要集中在如何选书和如何有效而有趣地陪伴孩子读书上。

（4）探寻方法，同向共生

①选书有妙招。

游戏互动：现场准备五本书，让家长选择其中的一本，说说理由。

预设：家长是基于自己的兴趣爱好和心理需求而选择。

以下是修改后的文字，对原文中的标点和语病进行了修正：

兴趣是最好的老师。苏霍姆林斯基说过："如果一个人渴望读书，阅读的时刻给他带来欢乐，那么所读的东西就会深印在他的意识里。"我们家长作为成年人都是如此，何况孩子呢？但我们在家庭中往往会以家长的意愿强加给孩子，那这时候的孩子会有怎样的想法呢？我们也来设身处地感受一下。

扮演游戏：

情境：当你下班回到家，看到孩子在认真读书，你特别高兴。可是凑近一看，他在看你不想让他读的书，比如漫画书。你会向孩子提出什么要求？请在纸上写下来。

由一位家长扮演孩子，其余小组的成员把你的要求说出来。然后采访这位扮演孩子的家长有什么感受？

预设：听到家长的指责，孩子更不愿意读书，甚至想与家长顶撞。

总结：当你换位思考之后，是不是更加理解了孩子读书的行为？所以，请咱们家长尊重孩子的兴趣来选择书籍。

提问：那只是选择孩子感兴趣的书吗？咱家长有没有其他选择书籍的经验可以分享一下？

看专家推荐书的视频。总结：尊重孩子，理性选择。

②陪伴有方法：

如何让亲子共读更有效呢？家长们在家里和孩子读书时采用的是什么方法？

预设：

A.营造安静的读书环境。

B.亲子互动，一起交流心得，答疑解惑。

C.和孩子一起画一画思维图，用画笔记录读书体会。

D.和孩子一起制定长期的读书计划，有固定的家庭阅读时间，陪伴孩子一起完成。

师：我也要特别推荐一种亲子共读的方式，就是对话式阅读。对话式阅读包括设置填空式问题、回忆式问题、开放性问题、关联经验类问题。在与孩子的阅读交流中，可以反馈孩子的阅读质量。通过家长对孩子回应的及时评价，可以提升阅读能力的发展。同时，随着孩子年龄的增长、知识量的丰富，孩子也会为家长答疑解惑。这也让孩子获得了成就感，增进了亲子关系。

提问：那家长陪伴孩子阅读仅仅只是在我们的小家庭之中吗？咱们家长有没有将智慧伴读延伸到家庭以外的地方呢？请说说你的经历。

预设：

A.来金山学校和孩子一起借阅图书，一起选书，一起读书。

B.和孩子参与学校的朗读亭朗诵，用声音传递读书的力量。

C.到区图书馆和孩子在浓厚的读书氛围内一起读书。

D.孩子在经典篇目改编课本剧的展演中积极参与读书。帮助孩子完成剧本，参与编排活动。

总结：咱们的家长与孩子真的是在阅读中收获，在实践中成长。其实我们学校为家长提供了更多、更广泛的智慧伴读的条件，例如红色书屋等。孩子的成长离不开家长的智慧陪伴，也离不开学校和社会的有力保障。只有家校社共同联合，孩子才能全方位成长。

（5）总结收获

家长谈谈本次父母课堂中的收获。

总结：各位家长，在孩子们以后的阅读之路上，让我们更多尝试、更多陪伴、更多交流、更多收获。也让孩子们去感受世间的美好，让他们的人生更丰富、生命的色彩更靓丽！

4.大阅读传统节日活动方案

（1）指导思想

以培育和践行社会主义核心价值观为根本，深入挖掘传统节日文化内涵，不断强化认知传统、尊重传统、继承传统、弘扬传统文化的思想观念。积极创新传统节日的形式和载体，让学生在节日氛围中感受传统文化，提升文明素质，增强民族自信心和自尊心。

（2）主题内容及工作安排

在春节、元宵、清明、端午、中秋、重阳等中华民族重要的传统节日期间，组织全校师生开展节日民俗、文化娱乐、经典诵读等活动，推动"传统节日"主题活动深入开展。

①春节

A.搜集关于春节的诗歌、名篇及习俗，充分挖掘节日文化内涵和教育意义。

B.编辑一条祝福短信。

C.制作一份剪纸。

D.编一副新春对联。

E.制作一张新春贺卡。

②元宵节

A.搜集资料，了解元宵节的由来及习俗。

B.制作有关元宵节的手抄报。

C.制作创意手工花灯，设计灯谜。

D.背诵有关元宵节的诗歌。

③清明节

A.诵读清明缅先贤（诗篇）。

B.手绘清明爱中华（图画）。

C.诗歌配画赏清明（选择古诗如：《清明》杜牧，《寒食》韩翃，《清明夜》白居易，《闾门即事》张继，《清明》黄庭坚进行配画）。

D."对话"革命先烈：阅读革命英烈生前的信件、故事，尝试给英烈们写一封信，与英雄来一场跨越时空的对话，向英烈们展示中国如今的盛景。

④端午

A.品读故事，缅怀爱国诗人。通过查阅书籍、上网搜索等方式，搜集有关端午的童谣、诗词，了解并整理屈原的故事。感受他在坎坷的人生旅途中，始终不改初心、忠贞爱国的高尚品德。通过演一演、唱一唱、讲一讲等形式，将自己的学习感悟分享给小伙伴们，与大家共同缅怀屈原。（录制视频，每班择优上交2份）

B.绘诗情画意，品端午情怀。搜集习近平总书记引用过的屈原所写的诗句，品味内涵，绘制一张A4大小的诗配画作品。（每班择优上交5份，写上班级、姓名）

C.了解端午节由来、历史及与端午有关的故事等，认真思考自己的理想，并将自己的理想和祖国、人民、中国梦紧紧联系在一起。从小立下报国志，自觉将爱国精神转化为报国行动。将自己的理想制成卡片，激励自己不断前行，为实现中华民族伟大复兴的中国梦时刻准备着。

⑤中秋节（见表3-31）

A.搜集与中秋节相关知识，并在班内交流。让同学们了解中秋节的来历与含义，并从中解读传统节日在生活中的韵味。

B.搜集与中秋节有关的故事、诗歌、书籍。各班开展晨诵午读活动，讲一讲这些故事、读一读这些诗歌、看一看这些书籍。如与月亮或赏月有关的古诗文、美文及神话故事；与月球或登月有关的科技知识等。

C.组织同学们开展与中秋节有关的诗歌背诵活动，并录制飞花令视频。

⑥重阳节（见表3-32）

A.重阳溯源：搜集有关重阳的由来和相关的神话故事。

B.重阳习俗：搜集交流重阳节的民间活动，包括出游赏景、登高远眺、观赏菊花、遍插茱萸、吃重阳糕、饮菊花酒等。

C.重阳诗文：围绕重阳诗文进行交流，如王维写的《九月九日忆山东兄弟》。围绕诗歌创作书法、手抄报、贺卡等作品，并奖励中队的"孝敬之星"。

D.重阳敬老：组织相关活动，体现对老人的尊敬和关爱。介绍古代敬老故事，如《二十四孝》中《亲尝汤药》的故事，古今中外名人敬老的故事等。

E.重阳海报：将活动中收获的知识及体会制作成海报。

（3）参加人员

全校同学。

表3-31 "享传统节日，传经典文化"——中秋节"诗香盈袖 诗意中秋"任务单

班级		姓名		日期	
中秋习俗	我家这样过中秋：				
	我还知道的中秋节习俗：				
中秋佳作（赏析并背诵）	《水调歌头·明月几时有》 苏轼 丙辰中秋，欢饮达旦，大醉，作此篇，兼怀子由。 明月几时有？把酒问青天。 不知天上宫阙，今夕是何年。 我欲乘风归去，又恐琼楼玉宇，高处不胜寒。 起舞弄清影，何似在人间。 转朱阁，低绮户，照无眠。 不应有恨，何事长向别时圆？ 人有悲欢离合，月有阴晴圆缺，此事古难全。 但愿人长久，千里共婵娟。				

中秋探月	整理含有"月"（指月亮）的诗句，并将诗句归类，探究"月亮"这个意象在不同诗句中的不同意蕴。（以思维导图的形式呈现）			
飞花传令	班级内以小组为单位击鼓传花，以"月"字行飞花令，选出优胜小组。			
活动感悟				
自我/小组评价		习俗积累（2条一星，3条两星，3条以上三星）	诗词梳理（5句及以下一星，5~10两星，10条以上三星）	飞花令（3句及以下一星，3~5句两星，5句以上三星）	感悟（没有联系实际一星，联系实际50字以上两星，感悟深刻全面、层次清晰三星）
	一星				
	二星				
	三星				
	总分				

表3-32 品重阳古韵，习中华文化——重阳节"九九重阳节，浓浓感恩情"学习任务单

班级		姓名		日期	
知重阳（重阳知识大探秘）	搜集整理关于重阳的相关知识，例如来源、习俗、发展、蕴含的文化内涵等。				
话重阳（重阳节日大盘点）	用流畅的语言说一说自己家是怎样过重阳节的。				
诵重阳（重阳诗歌大荟萃）	搜集整理跟重阳有关的诗词，背诵这些诗句，并根据诗句探究作者在诗中寄寓的不同情感。（可以用思维导图的形式呈现）				
绘重阳（重阳海报大比拼）	请设计一份海报，向不了解重阳节的人宣传重阳节，让更多的人了解我们的传统节日。				
学习所得	通过这次活动你对重阳节有哪些新的认识？你打算以后怎样过重阳节？				
自我评价	你对重阳节感兴趣吗（是 否）	你是否积极参加此次学习活动（是 否）	你是否与伙伴合作完成查找资料（是 否）	你在活动中的收获多吗（是 否）	你喜欢用何种形式呈现学习效果

续表

小组评价	知重阳 A.能明确说出重阳节来历、重阳文化内涵等知识，表述清晰。 B.阐述不清晰，有错误	绘重阳 A.海报设计能体现重阳节日特点，有创意。 B.海报设计缺少创意，体现不出节日特点	诵重阳 A.能背诵5句以上重阳古诗 B.能背诵三至五句重阳古诗	话重阳 A.能说出三条及以上习俗 B能说出两条习俗。	学习所得 A.条理清晰，明确写出自己的收获 B.缺乏条理，内容简单。
班级		姓名		日期	
知重阳 （重阳知识大探秘）	搜集整理关于重阳的相关知识，例如来源、习俗、发展、蕴含的文化内涵等。				
话重阳 （重阳节日大盘点）	用流畅的语言说一说自己家是怎样过重阳节的。				
诵重阳 （重阳诗歌大荟萃）	搜集整理跟重阳有关的诗词，背诵这些诗句，并根据诗句探究作者在诗中寄寓的不同情感。（可以用思维导图的形式呈现）				
绘重阳 （重阳海报大比拼）	请设计一份海报，向不了解重阳节的人宣传重阳节，让更多的人了解我们的传统节日。				
学习所得	通过这次活动你对重阳节有哪些新的认识？你打算以后怎样过重阳节？				
自我评价	你是否对重阳节感兴趣	你是否积极参加此次学习活动	你是否与伙伴合作完成查找资料	你在活动中的收获多吗	你喜欢用何种形式呈现学习效果
小组评价	知重阳 A.能明确说出重阳节来历、重阳文化内涵等知识。 B.阐述不清晰，有错误。	绘重阳 A.海报设计能体现重阳节日特点，有创意。 B.海报设计缺少创意，体现不出节日特点。	诵重阳 A.能背诵5句以上重阳古诗。 B.能背诵三至五句重阳古诗	话重阳 A.能说出三条及以上习俗 B.能说出两条习俗。	学习所得 A.条理清晰，明确写出自己的收获。 B.缺乏条理，内容简单。
	总体评价				

（七）大阅读观影活动（见表3-33）

表3-33 大阅读观影活动任务单

姓名		班级		日期		观影地点	
电影名称				《满江红》			
重点关注内容				从《满江红》看见家国情怀			

任务一：《满江红》电影的故事梗概。

任务二：影片中有没有让你印象深刻的场景？看完后记录下来。

任务三：电影《满江红》中出现了几首词呢？

任务四：牺牲这么多人只为引出岳飞遗言《满江红·写怀》这首词，值得吗？

任务五：诵读《满江红·写怀》。

《满江红·写怀》

宋·岳飞

怒发冲冠，凭栏处、潇潇雨歇。

抬望眼、仰天长啸，壮怀激烈。

三十功名尘与土，八千里路云和月。

莫等闲、白了少年头，空悲切。

靖康耻，犹未雪。臣子恨，何时灭。

驾长车，踏破贺兰山缺。

壮志饥餐胡虏肉，笑谈渴饮匈奴血。

待从头、收拾旧山河，朝天阙。

课本剧《木兰诗》剧本

·序幕

台景：现代家庭，台中央大屏幕上正播放女宇航员刘洋从问天实验舱气闸舱出舱实施舱外活动的新闻镜头。

爷爷看新闻，奶奶收拾家务。一个初中女孩写作业，偶然回头看到电视新闻，说："爷爷奶奶，这宇航员是女的，我长大了也要当宇航员！"

奶奶："女孩子当什么宇航员，太危险。"

孙女："这个阿姨能当，我也能当。"

爷爷："诶，老婆子，你在孩子面前说什么呢？历史上女英雄、女科学家还少吗？"

孙女："爷爷说得对！我们刚学了《木兰诗》，我背给爷爷奶奶听，'唧唧复唧唧，木兰当户织。不闻机杼声，唯闻女叹息。问女何所思，问女何所忆。女亦无所思，女亦无所忆'……"

在孙女背诵声中，灯光渐暗。爷爷奶奶和女孩回后台换衣服。

·第一场　替父从军

随着女孩朗诵声的逐渐减弱，画外音起：北魏太武年间，北方蒙古高原上的游牧民族频繁南下骚扰，北魏朝廷规定每家必须出一名男子上前线抵抗侵略。

鼓声响起。灯光渐亮。

一生边挥手边喊："边关告急，可汗点兵啦！——"

五女子出场，唱舞《花木兰》，唱完退场。

台景：古代家居环境，家徒四壁。花木兰坐在织布机前，（众人诵完）长叹一声，停止动作。

台侧五女子同时诵读：

唧唧复唧唧，木兰当户织。不闻机杼声，唯闻女叹息。

问女何所思，问女何所忆。女亦无所思，女亦无所忆。

弟弟挥舞木刀喊着"驾！驾！"蹦蹦跳跳上场。

木兰："小心点！"

弟弟："姐姐，你这两天不是发愣就是叹气，出什么事啦？"

五女子诵读：

昨夜见军帖，可汗大点兵。军书十二卷，卷卷有爷名。阿爷无大儿，木兰无长兄。

木兰："要打仗了，朝廷发来征兵文书，这整整十二卷的文书，卷卷都有阿爹的名字。爹爹的身体不好，怎么能上战场打仗啊？这可怎么办啊？"

（木兰父母互相搀扶上台，在门外偷听。）

弟弟："我是男子汉，我去！"

木兰："你呀，尚且年幼，去了也不够格，我们又没有哥哥。不去，咱们家……（叹气）所以，我这才发愁～（踱步）对了（拍手）我可以女扮男装！替爹爹从军！"

弟弟："我不让你去，你要在家陪我！"

木兰："等姐姐平定边关，带一把削铁如泥的真正的宝刀给你玩，好不好？"

弟弟高兴地蹦跳着拍手："好呀好呀！"

父母推门而入："木兰，我的好闺女，爹怎么舍得你去战场，更何况这是欺君大罪，爹舍了这条命，也不能连累你呀。"

木兰："爹，不入伍，咱家也是大罪。何况我平日坚持练武，身手矫健。爹爹，为了咱的家，为了边境上的老百姓，也为了国家，你就让我去吧，我一定能夺得军功，平安回家！"

木兰和女子齐颂："愿为市鞍马，从此替爷征！愿为市鞍马，从此替爷征！"

父母叹息，母抹泪。

母亲：配音："木兰啊～天冷啦～要注意身体！"

父亲："木兰啊～万事小心～"

弟弟："我们等你平安归来……"

·第二场　英勇杀敌

众人诵读：东市买骏马，西市买鞍鞯，南市买辔头，北市买长鞭。旦辞爷娘去，暮宿黄河边，不闻爷娘唤女声，但闻黄河流水鸣溅溅。旦辞黄河去，暮至黑山头，不闻爷娘唤女声，但闻燕山胡骑鸣啾啾……

诵读声中，灯光效果由黑逐渐转亮，大屏幕播放《花木兰》电影中行军和战场搏杀的镜头。花木兰着戎装，和众士兵执大旗从舞台一侧急行上台，在舞台后侧表演一段舞蹈，模拟行军、演练和战斗场景。

众人："万里赴戎机，关山度若飞。朔气传金柝，寒光照铁衣。"

一声急切："不好，将军有埋伏！"

一声急切："小心，小心，敌人在高处！"（花木兰拔剑而舞。）

众人："将军百战死，壮士十年归。将军百战死，壮士十年归！"

· 第三场　凯旋

台景：皇宫，八个将士分列两侧，齐颂：归来见天子，天子坐明堂。策勋十二转，赏赐百千强。

可汗问所欲，木兰不用尚书郎，愿驰千里足，送儿还故乡。

音乐强起，皇帝在正中。四个宫女侍立两侧。

皇帝："各位英雄，十多年来你们为国家出生入死，朕甚感激。如今胜利归来，你们对朕的赏赐可否满意？"

众将士：（齐跪）"臣等谢陛下恩典！"

皇帝："花将军，十多年来，你带领将士们为国家出生入死，将蛮夷赶回漠北，朕及黎民百姓甚为感激。如今凯旋，今有尚书郎一缺，你可满意？"

木兰："皇上，我本一介草民，只能在战场上奋勇杀敌，胸无韬略，实在担不起如此重任！"

皇帝："那金银财宝，随你所取！"

木兰："财宝身外物，富贵不长久，均非小民所求。如今边境平安，兵患已除，但我爹娘已风烛残年，恐不久于世，唯愿尽早回家尽孝，侍奉双亲。"

皇帝："木兰啊，你为国尽忠，此功汗青留名；为家尽孝，此心日月可鉴！既然你不愿意做官，想早日回家，朕一定会满足你的要求，赐给你一匹日行千里的汗血宝马，由你的伙伴护送你回家，如何？"

木兰：（感激地抱拳、跪拜）花木兰叩谢陛下！

台景：木兰故乡村口，不远处有农家宅院，村里炊烟袅袅。木兰父母、弟弟和姐姐在村头翘首盼望。弟弟已长大。

木兰跑步上场。

众人诵读：爷娘闻女来，出郭相扶将。阿姊闻妹来，当户理红妆。小弟闻姊来，磨刀霍霍向猪羊。

木兰："爹，娘！孩儿回来了！"（跪拜，爹娘喜极而泣，赶紧扶起木兰）

爹娘："让我们好好看看宝贝闺女！"

弟弟："爹娘，我赶紧去杀猪宰羊，好好招待我的英雄姐姐！"

木兰："你是弟弟？长这么高了，成大青年啦！我当兵的时候，你还穿开裆裤呢！"

弟弟："这都过去十多年了啊。姐，你答应给我的宝刀呢？"

木兰："放心，我没忘。（从腰间拔出宝刀，递给弟弟。弟弟高兴地接过来，挥舞几下）弟弟，你知道真正的宝刀是什么吗？"

弟弟："姐姐，这不就是宝刀吗？"

木兰："真正的宝刀不是这把暂时看得见、摸得着、握得住的兵器，而是永远属于咱们自己、永远不可能被人偷走的家国情怀、文韬武略！"

弟弟若有所思："姐，我记住了。我一定向你学习。我赶紧忙活去了。"（下台）

木兰："爹爹，阿娘，我去脱了这身戎装吧。十二年了，一直不敢脱掉它，生怕露出女儿真面目。"

姐姐："木兰快跟姐进屋，一路劳累，好生歇息歇息。让我好好为妹妹梳妆打扮一番。"

喜庆音乐　　木兰：（用旗子遮住，边换衣服边诵读。）

木兰："开我东阁门，坐我西阁床。脱我战时袍，著我旧时裳。当窗理云鬓，对镜帖花黄。"

伙伴1："这原来就是木兰家乡呀，真是一个山清水秀的地方，怪不得木兰长得如此英俊。大叔大娘，木兰在战场上骁勇善战，敌人闻风丧胆。您二老真有福气，有这样一个好儿子呀！"

木兰换女装上场："伙伴们，看看我是谁？"

伙伴2："啊……这……你……你是木兰？同行十二载，不知木兰是女郎！我们几个和你一同在战场上厮杀，杀敌没你多，军功没你高，羞杀我等！"

木兰："哈哈，雄兔脚扑朔，雌兔眼迷离，双兔傍地走，安能辨我是雄雌？谁说女子不如男，巾帼亦能胜须眉！"

弟弟："大家赶紧来啊，喝庆功酒，吃庆功宴，不醉不休！"

众人搀扶木兰爹娘，在豫剧《谁说女子不如男》的背景音乐中欢呼下场。灯光渐暗。

回到序幕场景。

台景：现代家庭，台中央大屏幕上仍在播放女宇航员刘洋在太空中从问天实验舱气闸舱出舱实施舱外活动的新闻镜头。爷爷奶奶和孙女边看新闻边聊天。

奶奶："这花木兰真是了不起啊。"

孙女："当然了，她是大英雄，我要向她学习。"

爷爷："孩子，除了替父从军的花木兰，还有很多女英雄、女豪杰、女科学家，抗金女英雄梁红玉、纺织技术改革家黄道婆，还有个屠呦呦成为咱中国第一位获诺贝尔科学奖项的科学家。"

孙女："爷爷，她们为什么能成功呢？"

爷爷："她们哪，爱学习，爱国家，爱民族，爱人民。"

孙女："哦，爷爷我明白了，木兰姐姐因为爱家爱国，才能替父从军，才敢奋勇杀敌，才成为女英雄女豪杰，是吗？"

爷爷："是的，没有国哪有家，没有强大的祖国，哪有祥和的家？正如一首歌里唱的……"（歌曲《国家》旋律响起，一家人同唱）

我爱我的国，我爱我的家；国是我的国，家是我的家；我爱我的国，我爱我的家……

（剧终）

（八）教师大阅读相关论文

《当一天学生在角色转换中思考——读〈体育教育的智慧行走〉有感》

读了吕兵文老师的《体育教育的智慧行走》，我被一位体育教师对教育的执着追求深深打动了。吕老师的工作态度和工作方法值得我们每一名教师学习。我结合自己的教学工作，谈谈几点做法和体会：

（1）移情体验，把握学情

吕老师在书中说："为了找寻更好的教学方法，我经常去听别的老师的课，看他们是如何组织的。得到解答后，往往都有耳目一新的感觉。在自己的课堂上，我经常去尝试、改进。有时，感觉同一种方法，别的老师用了，效果很好；我用了，效果却没那么好。我就再去听课，再尝试，最终总能琢磨到其中关键的东西。现在想来，这样的探究还是那么有趣、有价值。"受吕老师的启发，为更好地把握学情，我决定再"当一天学生"，和全班同学一起置身于真实的课堂中，听不同学科老师的课，并从中进行移情体验。

英语课，老师讲评句子翻译，主要采用集体讲解、集体回答问题的形式，偶尔提问个别学生回答。我感觉老师讲得很快，有些题还没来得及思考，加上有些单词遗忘了，我努力听了一会儿就走神了。我只好站起来，走到学生身边，看看学生的状态。有5名学生桌上虽然放着卷子，却不动口也不动笔，显然，他们完全游离于课堂之外。其他同学一边听一边记，他们是不是完全听懂了？是不是也有分心的时候？我不确定。

物理课，主要采用集体讲解和个别提问相结合的方式进行。老师边讲解边在黑板上板书，每讲到一个知识点都提问学生，在频繁的师生互动中完成题目讲评。每道题讲完之后，又留给学生自主订正和讨论的时间。我感觉物理课的节奏很容易适应，老师的讲解也容易理解。

语文课，我学得很轻松。放眼周围的同学，老师讲解的时候，所有同学抬头专注听讲；做题的时候，所有同学都在动笔写。课堂参与率在所有学科中是最高的。语文老师能够将教学起点降到最低，让人感觉语文课上人人都有成为优生的潜力。

这一天，除了数学课，我一直和学生一起坐在教室里听课。我感到身心疲惫，也感受到学生一天天坐在教室里的不易，体会到中下游学生的无奈。因此，我们的教学更需要站在学生的角度，进行换位思考。

（2）换位思考，改进教学

吕老师说："我们要留心身边的教学问题，但光发现了问题还不行，还要实践，通过实践来验证、解决问题。"为更好地促进教学，我决定从以下方面进行改进：

①面向全体，适当降低教学起点。

数学学科的抽象难懂挫伤了很多学生的积极性，数学学困生越来越多。加上今年情况特殊，网课效果大打折扣，学生的双基比想象中的还差。因此，课堂上要全面关注学生的认知起点，正确把握学生的学习起点。

②问题设计要关注学情。

数学教学需要基于学情进行问题设计，运用问题驱动学生感悟、发现，从而得到"教师举一而学生反三"的教学效果。我开始留心课堂上学生的反映，捕捉课堂中的生成性资源。

③留给学生安静思考的时间。

课堂上，我开始慢下来，给学生充分的思考时间，让学习真正发生，让学生在思考中体验发现的愉悦。学生每解决一个问题，我就引导学生对问题进行变式、延伸。我发现，学生越来越爱思考了。

吕老师的研究精神为我们树立了榜样。学无止境，我坚信，只要不断探索，就一定能让每一个生命在教育的理性和诗意中成长。

金山中学　丛晓燕

《故事，让教育更有爱——读〈做有故事的教育〉有感》

炎炎夏日，心中总是有几分浮躁。翻开王维审老师的《做有故事的教育》，一个个有魅力的故事，将带着爱的教育细致娓娓道来，如拂面的春风，如轻柔的细雨，于无声中抚平内心的波澜。

　　《做有故事的教育》是王维审老师"觉者为师"系列图书中的第四本，主要记录了王老师利用故事来改造教育实践，形成教育理念的实践历程。让我感触特别深的是本书第二章《学会用故事经营常规德育》，王老师提倡以"故事法"来经营学校德育。具体做法就是以故事为教育的基本底色，把故事的柔性和教育性自然地融入德育过程中，让故事说话，以生动贴切的小故事为切入点，动之以情，晓之以理，在无形中把美德与力量根植于学生心灵深处。

　　作为班主任，传统的德育活动，一不小心就走上了"高大上"的台子，无法贴近学生的心灵。一套一套的行为准则，同学们听得耳朵都磨出茧子来了，内心却依然没有深刻的认识。于是我想到了王老师"把班级事件故事化"的理念，试着把自己做班主任这些年经历的一些事情与现在的学生分享，让他们找到事件真正的意义和价值，让带着爱的教育细致浸润学生的心灵。

　　这学期，我和去年带的孩子们一起升入七年级。新班级里除了几位原来带过的学生，大部分学生都不认识，只能按照学校给的分班表安排了座位。课间，一个叫小媛的女生带着怯怯的眼神走到我面前，轻声说："老师，我不想和小涵同桌。我害怕他，大家都说他会打人，都不敢和他一起坐……"我没有马上调换座位，而是让她先和小涵坐，答应她回去调查这个事儿，然后给她个满意的解决办法。回到办公室，我向小涵六年级时的班主任仔细询问了一下情况。原来这个孩子有孤独症和轻度的狂躁症，在教室基本不说话，遇到不会做的题会疯狂地抓头，上学期甚至因为自己捡不起掉落的笔而生气地把桌面的书都推到地上……更多的时候，他都是一个人默默地抓头、写字，没有伤害同学的行为。了解了这些情况，我找到了小媛，讲了前年发生在我班的故事给她听。

　　故事的主人公叫小淇，也是个男孩儿。同学眼中的他性格内向、脾气暴躁，基本不和同学交流。他会因为没有回答上老师的提问而生气地当场撕掉自己的课本，会因为找不到就餐卡着急地直接把书包和课桌掀翻在地，甚至同学经过他身边不小心碰到他，他都会怒目相向、举起拳头吓唬同学……类似的事情很多，同学们唯恐避之不及。但是经过几周的观察，我发现小淇却从来不曾真正伤害过别人，他只是不知道该怎么和别人正常相处。对自己的不满意和同学畏惧的眼神让他越来越讨厌自己，只能像刺猬一样用满身的尖刺来保护自己，远离大家。这样一来，就如同一个恶性循环：他行为偏激—同学不敢接近他—他拒绝交流—同学不理解他—他封闭自己……作为这个大家庭的一家之长，我怎能看着一个孩子自己默默地在团体之外蜷缩着舔舐伤口？经过多次与小淇及父母的沟通，我才知道孩子本性是善良的，内心存在暴力因子，这来源于父亲非打即骂的教育方式以及童年迈爷爷一起生活的缺少色彩的童年。我格外注意和他的交流：我会轻声细语地和他说话，偶尔抚摸着他的头、看着他的眼睛或是拍拍他的肩膀；让他帮我去拿故意落在操场上的书袋，感谢他帮了我的忙；午饭的甜食，我以减肥也不能浪费为借口和他分享……我刻意地增加和小淇之间的互动，带来的效果很明显：刚开学的小淇每当和老师交流的时候只低头看脚，慢慢地，头抬起来了，微笑也会挂在嘴角；他会在想要生气的时候手掐自己大腿，用疼痛来转移自己的情绪……一天，班上一位同学的脚不小心让凳子磕破了，我着急地给小淇一块钱让他去买两个创可贴。回来的时候，小淇递给我6个创可贴，原来是他自己又花钱买了四个。小淇说："老师，我基本不花钱，多买几个给你备着，下次有这种情况你就不用着急了。"我震撼于孩子的感恩。这对别人来说是一种比较常见的情绪，而对原本性格略有偏激的小淇来说，这是真正地接纳、是发自内心的关怀！原来，不知道从什么时候开始，小淇已经能够抬起头、睁开眼、敞开心扉了！

听了这个故事，小媛沉默了一会儿，慢慢说："老师，其实我也没见小涵打过人，只是听别人那么说。他也很可怜，我愿意对他好，做他的朋友。"故事才刚刚发生，我还不知道确切的结局，但友爱的种子正在发芽，我相信改变会一点点地发生。

就这样，班级中出现的很多情况，我都会在脑中快速思索是否经历过类似事件，我当时是如何处理的，结果是什么样的。我会把我脑中储存的故事讲给我现在的学生听，让他们思考什么事情该做、什么事情不该做。因为故事的场景、发生的事件都是学生们熟悉的，所以他们会较轻松地融入故事中，设身处地地思考：如果当时是自己发生了这种事，我会怎样做？最终可能会出现什么结果？从事件到故事，丰富的不仅是细节和内容，更是事件的意义和价值。

在教育的道路上，我想要开始做一个会讲故事的教育者。完善素材库，把我的班级事件丰富为有教育价值的班级故事，我还会把故事继续讲下去，因为带着故事的教育，让教育更有爱！

金山中学 刘 宁

《生长数学，让学生幸福成长——读〈生长数学教学概论〉有感》

最近，我认识了数学大咖卜以楼教授，被他提出的"生长数学"理念深深折服，于是购买了他的著作《生长数学教学概论》来阅读。刚读了几页，就看到一句让我热血沸腾的话："要做一位大气的数学教师，用'不像学数学'的方式浸润数学。"坏的教育，会把人耗得穷形尽相；好的教育，则会把人滋养得神采飞扬。平时出门，别人问我是教什么的，我都极不愿意回答是教数学的，因为收获到的评价往往是："数学太难了，不喜欢数学，数学老师总是严厉又固执。"这是社会对数学老师的刻板印象，也是我不愿意成为的样子。落实好"生长数学"的理念，能让学生体会到学数学的快乐，教师也能体会到教数学的幸福，这正是我所向往的。于是我拿起了笔，开始认真圈画和思考。

（1）重觅学习乐趣，让兴趣生长

我一直以为，函数有三种表示方式只是一种人为规定，并没有深入思考过它们之间的内在联系。站在学生的角度想，他们是否会有这样的疑问：为什么要学习这三种方式？为什么是这三种方式？但我从未引导学生思考过，学生也就失去了思考的兴趣。在书中，卜教授给出了自己的观点：函数是研究两个变量之间的一种依赖关系。为了表示这种"唯一对应"的关系，产生了解析法，但这种方法过于抽象，于是发明了列表法。列表法比解析法更直观，但还停留在"具象"层面，因此又引入了更为直观的图像法。这是一个从抽象到具象再到形象的认识过程。有了这样的整体架构，找到了知识的生发点和必要性，数学就不再是枯燥的记忆和做题了。

（2）重塑学习习惯，让能力生长

数学的最高权威是证明。最近在教六年级的学生学几何，感觉犹如教一年级的小朋友学算数。这一阶段教师培养的学习习惯将影响深远。卜教授的观念是，几何结构在于把握关联。现阶段我需要渗透给孩子们的是：一，通过强化或弱化条件实现图形的变化。无论多么复杂的图形，都是由简单图形通过不断强化或弱化条件生成的。将"式结构"和"形结构"双向连结，研究图形的位置关系，最终都是转化成数量关系。已知的数量关系又能带来哪些位置关系？培养这样思考问题的习惯，让几何能力逐步生长。

（3）重组课堂模式，让思维生长

听了卜老师和他的弟子的几节课，我印象十分深刻的就是他们的雕塑式板书。教学是一门艺术，而板书是将这种艺术呈现出来的一种重要方式。作为当代教师，我们享受着一体机带来的便利，经常在课堂上一次粉笔都不曾拿起，只是在屏幕上龙飞凤舞。一堂课结束后，学生能回味的，只有空荡荡的PPT的最后一页。书中有几个雕塑式板书的例子，我研究过后十分崇拜。有理数的混合运算上学期刚刚讲授过，当时我进行了简单的板书（如图3-13），按学习顺序梳理了有理数运算类型，引导学生以小学的混合运算顺序为抓手，总结有理数的运算顺序。我提问为什么要先算乘除再算加减，从而引出一级运算和二级运算的概念。接着再提问乘方何时算，学生总结说乘方是乘法的简便运算，比乘法运算更高一级，应先算。最后我用双向箭头连结学习顺序和运算顺序，指出他们的联系和区别。当时我觉得效果还算尚可，但过后也没有深入思考。看到卜老师的板书后，我感觉自己实在肤浅，把课堂上成了纯计算课。

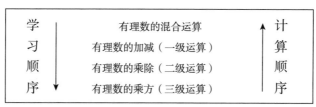

有理数的混合运算板书

卜教授会围绕 $8-2^3 \div (-4) \times (-7+5)$ 一题，将其拆分为减法、乘减混合、乘除减混合、乘除减乘方混合，最后加上括号，一步一板书，自然地引出法则。在得出法则后，卜教授还会用水流方向形象地比喻计算顺序。他们的相同之处在于都要降低重心，以寻求和谐与稳定。不断增加计算难度的过程就像漫漫人生路，需要逐步攀登。最后他会点明计算的要领在于化繁为简、化难为易。虽然我只见到了板书，但我已经能够感受到学生的思维和素养在不断地向上生长，开出璀璨绚烂的花朵。

记得以前看过这样一句话：在学校里，最可怕的是一群不读书、缺乏学习的教师，在辛勤甚至忘我地工作着。他们会把本来聪明的学生教得不会学习。虽然我不是聪明的老师，但我要不断学习，争取每天都拿起笔来读书，将数学的生命力传递给学生。

金山中学 冯 惠

三、拓展类课程——美育活动

（一）以美立德 以美启智 以美育人——金山中学美育工作的探索与实践

在新时代的教育征程中，美育作为培养学生全面发展的重要组成部分，日益受到社会各界的广泛关注。2019年6月，中共中央、国务院《关于深化教育教学改革全面提高义务教育质量的意见》明确提出，要坚持"五育"并举，全面发展素质教育。随后，关于加强和改进新时代学校美育工作的系列文件相继出台，从国家层面到地方实践，都对学校美育工作的实施和推进给予了高度重视。金山中学作为一所新建公办初级中学，积极响应国家号召，不断探索和完善基础教育美育实践，致力于构建具有校本特色的美育理论体系，充分发挥示范校的引领作用。

1.全面覆盖、多元融合的艺术教育——美育实施的主渠道

艺术教育是实施美育的主要途径，而艺术课程则是美育的核心抓手。金山中学不仅按照国家教育部门的要求开齐开足了相关美育课程，还结合学校实际和学生发展需求，积极探索、勇于实践，建立了一套完整的美育课程体系。

（1）科学系统、前瞻性的课程体系

金山中学的美育课程体系以艺术课程为核心，涵盖音乐、美术、舞蹈、戏剧、影视、设计、书法、工艺等多个领域，面向全体学生，旨在培育学生的艺术学科核心素养。课程体系包括基础类课程、拓展类课程和荣誉类课程，既有必修课程，也有选择性必修和选修课程，以满足学生个性化发展需求和兴趣特长。目前，学校已开设美育课程总计二十多门，涉及传统非遗项目、播音主持、古典高雅艺术、大众流行文化等多种艺术门类，兼具普及型和提高型两种教学模式。

（2）高素质、专业化的教师团队

优秀的教师队伍是美育教学质量的重要保障。金山中学美育教研组由音乐、美术两大艺术学科的七位一线教师组成，他们拥有丰富的教学经验和艺术造诣。教师们对美育事业充满热情和使命感，不仅在教育教学方面取得了优异成绩，还在艺术社团建设、活动组织、教学评比等方面作出了突出贡献。

2.高水平、高质量的学生社团——美育特色的集中展现

学生社团是金山中学美育工作的重要组成部分，也是学校美育特色的集中体现。经过两年的发展壮大，金山中学的共生民乐团、合唱团、舞蹈团等艺术社团在各级各类比赛中屡获佳绩，为学校整体美育工作的推进发挥了举足轻重的作用。

3.多元化、多样态的实践活动——营造校园文化的美育氛围

金山中学注重将美育渗透到校园的每一个角落，通过丰富多彩的课外活动和厚重大气的校园文化，共同营造美育环境。

（1）随时随地的艺术体验

金山中学发起了"一心一艺"艺术展等系列活动，将学生的艺术作品在教学楼、走廊、艺术馆等区域进行展示，使学生在校园的任何时间、任何地点都能感受到艺术的魅力。此外，学校还注重将美育与其他学科相结合，如语文课间历史课等，通过跨学科的教学活动，提升学生的综合素养。

（2）一年一度的电影节盛事

金山中学每年举办电影节活动，鼓励学生自主创作影片、课本剧等，通过现代技术展示表演才华和创作潜能。电影节设置多个奖项，由专业评审团进行评选，旨在激发学生的参与热情和创作激情。这一活动不仅丰富了学生的校园生活，还提升了学生的审美能力和团队合作精神。

4.各美其美、美美与共——学科美育的融通与渗透

金山中学的美育工作不仅深扎在艺术课程中，还积极向其他学科渗透和融通。学校注重美育与体育、劳动教育、德育等相结合，通过跨学科的教学活动和实践活动，培养学生的综合素养和审美能力。

（1）美育与体育的交相辉映

金山中学通过校园集体舞、原创韵律操等活动，将美育与体育相结合，使学生在锻炼身体的同时感受艺术的魅力。这些活动不仅增强了学生的体质，还提升了他们的审美能力和团队协作能力。

（2）美育与劳动教育的相互助力

学校开设了传统工艺课程群等劳动教育课程，将美育融入其中。学生通过亲手制作传统工艺品，不仅掌握了劳动技能，还培养了审美情趣和创新能力。

（3）美育与德育的齐头并进

金山中学还注重将美育与德育相结合，通过唱响红色歌曲、舞动青春旋

律等系列主题活动，培养学生的爱国主义精神和集体主义精神。这些活动使学生在感受艺术魅力的同时，也接受了德育的熏陶。

（4）科学与艺术的跨界合作

金山中学在美育工作中还积极探索科学与艺术的跨界合作。例如，"博物图志"项目就是将生物学知识与美术绘画相结合的教学实践。学生通过观察和绘制食虫植物等生物样本，不仅学习了生物学知识，还培养了审美情趣和观察能力。这一项目弥合了学科之间的裂痕，引导学生更加全面地认识和理解世界。

多年的实践探索使金山中学的美育工作取得了显著成效。学校始终坚持面向全体学生开展美育教育，关注和提升不同学生群体的艺术所长，最大限度地发挥学生的个体艺术潜能。逐渐形成了"以审美为核心、以兴趣为动力、以实践为基础"的美育理念，并确立了"以美立德、以美启智、以美育人"的美育目标。金山中学将继续在开发美育课程校本教材、固化和延续美育教学的既有成果、建立健全美育教学的评价方式等方面进行深入探索和研究，为学校美育工作开拓更多切实可行的新路径。

（二）教学研究成果

中华优秀传统文化在美育教学中融入的思考与实践——以音乐教学"大单元"设计为例

【摘要】在全面推进学校美育浸润行动的大背景下，为避免中华优秀传统文化教育内容在学校美育中的零散与随机融入问题，音乐课程的教学设计与教授应当深入探索并实现与美育教材内容的系统性融合。通过精心构建的结构化框架，我们对教学内容进行科学合理的重组与编排，旨在开展一系列根植于文化理解的主题式学习活动。这些活动不仅丰富了学生的音乐学习体验，更引领他们在深入探索中华优秀传统文化的精髓过程中，逐步建立起坚定的文化自信，让传统文化的光芒在现代美育教育中焕发新的生命力。

【关键词】美育　中华优秀传统文化　音乐大单元教学

中国传统文化对初中教育具有重要意义。它不仅丰富了教学内容，为学生提供了了解历史、文学、艺术和哲学的宝贵资源，还通过其深厚的文化底蕴和价值观，帮助学生塑造正确的道德观念，培养爱国情怀和民族自豪感。此外，传统文化的学习能够促进学生综合素质的提升，增强他们的文化认同感和文化自信，为成为具有深厚文化底蕴和国际视野的现代人才打下坚实的基础。我们以音乐教学为例，使用山东教育出版社（后文称鲁教版）的音乐教材，努力将中华优秀传统文化和音乐教材紧密结合在一起，形成一个有条理的教学体系，并探索如何通过单元教学的方式，帮助学生更深入地理解中华优秀传统文化。

1.问题缘起

《中国学生发展核心素养》总体框架与音乐学科核心素养的发布，带来了我国音乐教育发展进程中的又一次重大变革，也给中华优秀传统文化教育带来了更多的挑战。在学科教学中，存在中华优秀传统文化知识未遵循学习科学规律、未深入挖掘中华优秀传统文化精髓、缺乏系统性规划的教学设计与实施现象。此现象具体表现有三：

一是散点化教学，单元和单元之间以孤立的活动替代系统性的课程教学，忽视与常规课程的内在联系及教材的整体框架，导致学习停留于表面，难以深入。

二是经验导向，部分教师仅凭个人偏好或经验决定教学内容，忽视学生作为学习主体的实际需求，将中华优秀传统文化元素随意穿插于课堂，致使教学内容杂乱无章，缺乏连贯性。

三是形式化倾向，部分课堂过分追求传统文化艺术的直观展示，而忽视了背后深厚的文化内涵与美学价值，未能有效挖掘和传承其深层次的教育意义。

2.策略探索

面对中华优秀传统文化的博大精深与多样性，如何精心选择内容并将其有效融入课堂成为关键。首要任务是挑选出具有代表性的文化教育精髓，提炼出其核心精神，确保传递给学生的是最为深邃、持久的民族之魂。教师需要精准地考虑学生的心理特征和认知水平，遵循教育教学的科学规律，分阶段、系统性地将这些文化瑰宝融入音乐教材体系中，实现跨学科的无缝衔接与融合。

在具体教学策略上，我们倡导采用单元重构、主题学习等结构化方法，促进学生对中华优秀传统文化的深入学习与理解。我们不仅要在教材中精耕细作，更要将这份文化自觉融入校园文化的每一个角落，让每一位学生都能在成长道路上留下中华民族独有的精神烙印。

（1）根植教材，精细绘制学习路径图

①深入剖析教材中的中华优秀传统文化精髓。中华优秀传统文化精髓广泛散布于多学科、多版本教材中。随着2021年教育部《中华优秀传统文化进中小学课程教材指南》（后文称《指南》）的发布，其在学科教学中的挖掘与强调达到了新的高度。《指南》强调融合育人目标与内容形式，通过厚植中华文化底蕴、激发民族自豪感、坚定文化自信，培养具有中国灵魂的时代新人。

鲁教版音乐教材对中华音乐传统文化进行了精心规划与系统呈现（见下页图），每册均设有专题课程，采用唱歌与欣赏为主要教学手段，促进师生共学共进。在素材遴选上，鲁教版教材兼顾学生成长阶段特征与地域文化特色，广泛覆盖民族乐器、民歌、诗词歌曲、戏曲等多个维度。对教师而言，深入剖析教材是有效融入中华优秀传统文化并实现结构化教学的基石。

②依托教材，深度融合中华优秀传统文化精髓。鉴于中华优秀传统文化内容的丰富性、多样性与广泛性，尤其在音乐领域的广泛涉猎，为教师提供了取之不尽的教学素材。教师应深入剖析教材内容，以其为框架，兼顾学生成长特点与生活经验，精心筛选贴近学生生活的地方特色文化，同时融入必知的民间艺术、经典艺术元素、文化象征及传统习俗等。在整合过程中，以相关文化主题为线索，实现教学内容的有机统一与整体构建。

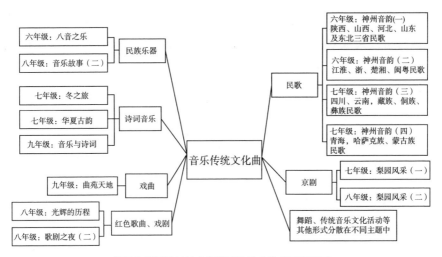

基于鲁教版教材的中华优秀传统文化单元设计图

（2）主题式学习引领下的结构化探究

在单元重构的过程中，我们既可聚焦学科内部的紧密联系，也可跨越学科界限，实施跨学科的综合学习。

①深化理解，强化学科内联结：鲁教版教材明确标注单元，如六年级围绕"八音之乐"的系列课程（《春江花月夜》《二泉映月》《小放驴》《行街》）已形成单元框架。但在单元框架之外，我们还应在"隐性单元"中挖掘重组素材，旨在更有效地促进学生核心素养的发展。

实例解析：以"神州音韵"主题单元为例，教师以六年级教材中的《黄河船夫曲》《茉莉花》为基石，巧妙融入陕北民歌、舞蹈、戏剧等素材，构建以陕北音乐文化为脉络的学习情境。该单元以"民族音乐文化受什么因素影响"为核心问题，通过四个递进式问题链"陕北民歌与江苏民歌的差异何在？""民间音乐与民间舞蹈有何联系？""民歌的独特魅力是什么？""如何表现地方戏曲的神韵？"——引导学生深入探索民族音乐审美精髓。此设计不仅基于教材，更尊重学生视觉认知，营造真实学习场景，使孤立的音乐知识与地理特点、历史背景及人文底蕴深度融合，形成有意义的学习体验。

②跨学科融合，深化传统文化学习。中华优秀传统文化，其艺术想象尤

为丰富，融合了人文、自然、历史等多元元素，塑造了独特的中国式浪漫情怀。教师可以采取双轨策略：一是延长教学时段，促进学生对传统文化艺术的持续感悟；二是搭建跨学科桥梁，利用多学科联动，促进学生全面而深刻地理解中华优秀传统文化。

以六年级下册音乐《凤阳花鼓》为例，可将其置于文化历史长河之中，重构为"非遗音乐"主题单元，与前课《黄河船夫曲》无缝衔接。此单元融合历史课、地理课，围绕"非遗音乐"核心，设计系列探究活动：从非遗音乐的源头到想象源头的深度挖掘；从东西方非遗音乐的对比到想象创造技巧的学习。这一系列活动，旨在通过聆听欣赏、文化探索及跨文化比较，引领学生深入体会中华优秀传统文化的精髓，实现深度学习与理解的双重飞跃。

（3）素养导向下的文化创新：多元表达与传承

党的二十大报告中强调"必须坚定历史自信、文化自信、坚持古为今用、推陈出新"。中华优秀传统文化，其生命力在于不断创新与丰富，这也是其跨越千年而熠熠生辉的秘诀。因此，教育不应止步于刻板传授，而应深入挖掘其育人与审美价值，结合时代脉搏与儿童学习特性，创新教学方法与表达形式。

①链接生活，活化传统文化教育。教材中的自然单元为教学提供了坚实基础，我们巧妙融合地方文化与学生现有的生活经验，构建真实学习情境。以鲁教版八年级音乐"茉莉花"为例，教师可围绕"多彩的汉族民歌"主题，引导学生走出课堂，实地考察记录家乡的民歌，通过录音、记谱、模唱等方式感受家乡胶东音乐的风格和特点，既锻炼了技能，又深刻体会了中国传统民歌之美与精神内涵。

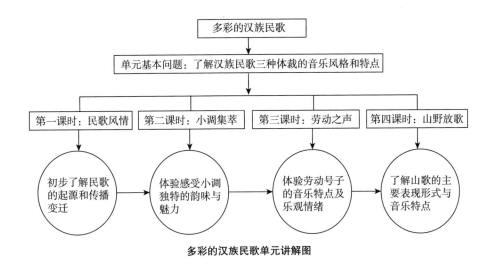

多彩的汉族民歌单元讲解图

②融合创新，激发艺术新活力。在传承中创新，是中华优秀传统文化教育的关键。以《色彩的对比与和谐》一课为引子，开展"博里农民画新探"主题学习，让学生直面民间艺术的生动实践，感受农民画家对土地的深情与生活的热爱。面对农民画面临的困境，鼓励学生以文创设计为桥梁，运用现代科技手段赋予其新生命，如电脑绘画改编、文创产品开发等，展现传统文化在创新中的生命力。

综上所述，将中华优秀传统文化融入学科教学，需把握三大要点：

首先，坚持系统性与儿童中心原则，尊重教材但不拘泥于教材，通过真实情境构建，促进学生对传统文化的深度理解与自觉传承。

其次，超越传统表达形式，深挖文化精髓与人文精神，鼓励学生在新媒体、新材料中探索创意表达，实现"守正不守旧，尊古不复古"。

最后，以教材为蓝本，灵活融入学生生活经验与地方文化特色，精准对接学习与创新需求，通过主题式学习激发学生的共鸣与创造力，让传统文化在学生的主动运用与转化中焕发新生。

（三）教学设计展示

《凤阳花鼓》教学设计

1.教学内容

（1）学唱歌曲：《凤阳花鼓》。

（2）掌握凤阳花鼓的表演技巧。

2.教学目标

（1）通过聆听、模仿、探究等方法学习凤阳花鼓音乐的衬词、旋律和创作手法，掌握凤阳花鼓的表演技巧，初步了解凤阳花鼓。

（2）学唱凤阳花鼓，品味凤阳花鼓边歌边舞的多种形式相结合的韵律之美。

（3）通过对凤阳花鼓的体验和学习，愿意了解凤阳花鼓、亲近民歌、喜欢民间音乐，热爱相关的音乐文化。

3.教学重点和难点

重点：用轻松有弹性的声音演唱歌曲，掌握凤阳花鼓的民歌特点，体验凤阳花鼓的音乐魅力。

难点：正确处理歌曲中的切分节奏，对凤阳花鼓的表现形式进行表演和创编。

4.教学过程

（1）导入

师：同学们好，今天的音乐课堂，老师带大家去一个神秘的地方，领略一种特别的民间音乐，是哪里呢？老师先卖个关子，答案就藏在这段锣鼓节奏里。

师：让我们用人声模仿一下这段锣鼓节奏。（咚　锵锵　咚咚　锵）

师：同学们的节奏感太棒了！

师：让我们加上动作，重复唱出这段锣鼓节奏，直到老师有结束手势时再停止。（教师弹奏钢琴，配以"5"的音高节奏）

学生拍、念锣鼓节奏，老师演唱。（左手锣，右手鼓，手拿着锣鼓来唱歌，凤阳是个好地方，不服徭役不纳粮，淮河两岸喜洋洋。）

师：锣鼓节奏配合得太完美啦！你找到答案了吗？我们今天要去哪？

【设计意图：锣鼓经二声部导入，激发学生的学习动机，也为后续的凤阳花鼓表演形式做铺垫。】

（2）进入新课

①欣赏歌曲。

师：大家听得很认真，正是凤阳。明朝时期，明太祖建中都凤阳府，他下令从江南迁富民到凤阳，要将凤阳建设为最繁华的都城，当时的凤阳人是富足、幸福的。

师：让我们也去瞧一瞧吧。所谓入乡随俗，就让我们进入角色，化身为富裕的凤阳人，欣赏当地特有的民歌，感受凤阳人幸福的生活！（初听音乐）

师：同学们感受到了他们欢快的情绪了吗？歌曲的哪部分让你印象最深刻？

【设计意图：通过倾听，培养学生专注倾听的习惯和具有概括总结的能力。】

②探秘衬词。

师：我们再来听一遍歌曲，想一想这部分歌词是什么意思呢？

师：这部分是衬词，没有实际意义，"得儿另当"是模仿凤阳花鼓的声音，"飘一飘"是形容舞动凤阳花鼓的状态。

师：这就是凤阳花鼓，也叫"双条鼓"，鼓面只有碗口大小，鼓槌有两根，像筷子，是世界上最小的鼓。它的演奏方式和其他的鼓可不一样。左手的持鼓方法：无名指穿过鼓环，虎口托鼓；右手鼓槌的持法：二三指控制上鼓条，四五指控制下鼓条。

师："得儿"我们敲击上鼓槌，"另当"我们敲击下鼓槌，"飘一飘"我们把小鼓举到我们头顶的左上方，最后的一个"飘一飘"像老师一样摆一个结束动作。下面，你们来读衬词，老师来打花鼓。

师：谁来演示一下？我们帮他唱衬词。

师：拿起你们的小鼓一起试试。

师：我们在敲击"得儿"的时候，上鼓槌划出了快速、优美的弧线，你能用声音把它唱出来吗？

师：同学们演唱得活灵活现。我们来演唱一遍衬词部分的旋律，请你观察，旋律由哪几个乐音构成？

师：由5个乐音组成，分别是1.2.3.5.6。民族五声调式正是由这五个音组成的，那到底是不是五声调式呢？我们一起到歌曲的前半部分寻找答案。

【设计意图：了解衬词的具体作用，通过律动学唱衬词，尝试凤阳花鼓的表演形式。】

③分析旋律。

师：我们来挑战一下，直接试唱旋律，看看前半部分由哪几个音组成？

师：全曲就是由宫、商、角、徵、羽五个音组成，《凤阳花鼓》属于民族五声调式。

师：中国民歌的创作手法多种多样，独具特色。我们一起在旋律中找一找，我们分工合作。

师：刚才你们演唱的旋律有什么特点？

师：这正是"重复"的创作手法。重复是民歌的一大特点，是民歌创作口头性特征的具体表现，便于记忆，朗朗上口。

师：我们再来配合一遍，请观察乐句与乐句之间的连接有什么特点。

师：你不光发现了，而且还总结得很完整。鱼咬尾是指前一句旋律的结束音和下一句旋律的第一个音相同的结构，也叫衔尾式、接龙式，也是民歌常见的创作手法。

师：加上前奏，我们完整演唱旋律。

【设计意图：对歌曲旋律进行模唱、视唱，加深学生对旋律的记忆，了解鱼咬尾的旋律发展手法，分析辨识五声调式。】

④填词演唱。

师：加上歌词，你们还可以吗？

师：同学们，你们认识这是什么符号吗？

师：有连音线的音符，演唱时要更加的圆滑，流畅。

师：我们带着连音线的感觉再来演唱一遍。

师：同学们的音乐素养真强，这么短的时间就能把歌曲完整演唱下来。

师：老师觉得你们还能唱得更加好听，让我们加上鼓槌敲击鼓面时有弹性、上扬的感觉，同时，注意一字多音的圆滑性。

师：同学们演唱的太棒了，给大家一个大大的赞！还记得课前我们的锣鼓节奏吗？我们加入锣鼓节奏来丰富我们的表演，前两行女生唱，男生模仿锣鼓节奏，后两行一起唱，并加上花鼓动作。

师：凤阳花鼓不仅是民歌、乐器，还是一种表演形式，我们把源于安徽凤阳县、集歌、舞、奏于一体的民间曲艺形式也称为凤阳花鼓。不知不觉中你们完美地呈现了凤阳花鼓的魅力。

【设计意图：对演唱方法进行辅导，突出民歌演唱的特色风格，学生能够完整演唱歌曲。】

⑤创编歌曲。

师：岁月更迭，历史变迁，富裕的凤阳连年遭遇水灾，百姓们流连失所、无家可归，不少凤阳人一路走村串户地卖唱、乞讨，欢快、喜庆的凤阳花鼓变成了他们沿街乞讨的工具和方式。

师：用于乞讨的凤阳花鼓会发生哪些变化呢？歌曲如何能呈现这种悲伤、无助的情感呢？请从速度、力度、语气、动作等方面思考，如何更好地再现乞讨时的凤阳花鼓？小组讨论一下，讨论结束后我随机邀请任意小组上来展示。

师：其实，凤阳花鼓就是从乞讨时的碗、筷演变而来的。

【设计意图：通过创编，让学生充分体验和尝试凤阳花鼓的表演形式、激发热爱民族民间音乐的热情。】

⑥拓展延伸。

师：凤阳花鼓就这样在沿街乞讨的过程中，传到了大江南北，中国改革开放以后，凤阳花鼓的形式和内容也随之产生了很大的变化，凤阳花鼓成为人们自娱自乐的工具。我们来欣赏现在的音乐家如何演唱《凤阳花鼓》。

【设计意图：通过欣赏视频，体验改革开放后《凤阳花鼓》的趣味性及娱乐性，感受音乐要素的变化对音乐情绪的影响。】

（3）小结

同学们，这节课我们通过唱花鼓、敲花鼓，初步感受了安徽民歌凤阳花鼓的魅力，通过这节课，我相信同学们会更加珍惜现在的美好生活。困难和逆境并不可怕，只要我们心中有梦想并为之努力奋斗、不负韶华，我们坚信：春天花会开，美好的未来一定会来到！

四、探究类课程

（一）项目化学习探索与实践

新颁布的《义务教育课程方案和课程标准（2022年版）》中明确，要深化教学改革，强化学科实践，基于真实情境，培养学生综合运用知识解决问题的能力；要推进综合学习，探索大单元教学，积极开展主题化、项目式学习等综合性教学活动，促进学生举一反三、融会贯通，加强知识间内在关联，促进知识结构化。

项目化学习作为深刻影响教育实践的重要概念，被认为是有效落实新课标的重要载体。在此背景下，我校开展指向核心素养的，以引导学生综合运用知识解决问题的项目化学习活动，更好地落实立德树人根本任务，为新时代培养适应未来社会变革的创新型人才。

（二）SSI课程实施与优秀案例展示

1. 金山中学SSI课程实施与培养方案

（1）课程背景与目标

SSI（Student Self-Directed Instruction）教学法，即学生自主学习教学法，

强调学生在学习过程中的自主性和主动性，旨在激发学生的学习兴趣和积极性，提高学习效果。金山中学引入SSI教学法，旨在通过构建以学生为中心的学习环境，培养学生的自主学习能力、批判性思维和团队协作能力，为学生的终身发展奠定坚实基础。

（2）课程设计原则

①自主性：鼓励学生根据自己的兴趣和需求选择学习内容和学习方式。

②目标导向：明确学习目标，制定个性化的学习计划。

③过程管理：注重学习过程的自我监控和调节。

④反思评价：强调自我评价和反思，促进学习方法的持续改进。

⑤合作学习：鼓励学生之间的合作与交流，共同解决问题。

（3）课程实施步骤

①设立学习目标：教师与学生共同设立明确、具体、可衡量的学习目标，确保学习方向明确。

②确定学习资源：师生共同确定适合的学习资源，包括教材、参考书籍、互联网资源等，为学生提供丰富的学习材料。

③制定学习计划：学生根据个人情况制定学习计划，包括时间安排、学习步骤、预期成果等，确保学习有序进行。

④学习实施：学生按照学习计划进行自主学习，积极参与课堂活动，进行自主阅读和研究，完成学习任务。教师在此过程中提供必要的指导和支持，解答学生的疑问，引导学生深入探究。

⑤自我评估与反思：学生定期对自己的学习进行评估和反思，发现学习中的问题和不足，制定改进措施。教师通过作业、测试、课堂表现等多种方式了解学生的学习情况，给予及时反馈。

⑥合作学习：鼓励学生与同学进行合作学习，共同探讨问题，分享学习经验，增强学习效果。组织小组讨论、项目合作等活动，培养学生的团队协作能力和沟通能力。

（4）保障措施

①教师培训：加强对教师的SSI教学法培训，提高教师对SSI教学法的认识和应用能力。

②技术支持：提供必要的技术支持，如在线学习平台、数字化教学资源等，方便学生进行自主学习和合作学习。

③评价机制：建立完善的评价机制，包括学生自我评价、同伴评价、教师评价等多元化评价方式，全面反映学生的学习情况。

④家校合作：加强家校合作，共同关注学生的学习进展和成长需求，形成教育合力。

金山中学SSI课程方案的实施，将有力推动学校教育教学改革，促进学生全面发展。通过构建以学生为中心的学习环境，培养学生的自主学习能力、批判性思维和团队协作能力，为学生的终身发展奠定坚实基础。未来，金山中学将继续探索和完善SSI教学法，不断提高教育教学质量，为学生的成长成才创造更加优越的条件。

2.金山中学SSI课程纲要及实施计划

金山中学SSI课程的实施，将有力推动学校教育教学改革，促进学生全面发展。通过具体的课程设计和实施步骤，旨在培养学生的自主学习能力、批判性思维和团队协作能力。未来，金山中学将继续完善SSI课程体系，不断创新教学方法和手段，为学生的成长成才创造更加优越的条件。

（1）课程概述

SSI课程是金山中学为了培养学生自主学习能力、批判性思维和团队协作能力而特别设计的课程体系。该课程以学生为中心，鼓励学生根据自己的兴趣和需求选择学习内容和学习方式，通过自主学习、合作学习等方式实现学习目标，为学生的终身发展奠定坚实基础。

（2）课程名称与目标

①"自主阅读与思维拓展"SSI课程。

目标：培养学生的自主阅读习惯，提升阅读理解能力，拓宽思维视野。

A.经典文学作品中的道德困境与抉择

课题简介：选取经典文学作品中的道德困境案例，引导学生深入阅读并分析人物在面对道德抉择时的思考过程和行为结果，旨在培养学生的批判性思维和道德判断能力。

B.科技伦理与社会责任

课题简介：围绕当前科技领域中的伦理问题（如人工智能的伦理边界、基因编辑的道德争议等），通过阅读相关学术论文、科普文章和新闻报道，探讨科技发展与社会责任之间的关系，旨在培养学生的社会责任感和科技伦理意识。

C.环境保护与可持续发展

课题简介：结合环境保护领域的实际案例和研究成果，通过阅读相关书籍、报告和学术论文，探讨环境保护的重要性、挑战及可持续发展策略，旨在培养学生的环保意识和可持续发展观念。

D.历史视角下的文化多样性

课题简介：通过阅读不同历史时期的文献资料和学术著作，了解不同文化的起源、发展和交流过程，探讨文化多样性的价值和意义，旨在培养学生的跨文化交流能力和全球视野。

E.未来社会的探索与构想

课题简介：引导学生关注未来社会的发展趋势和可能面临的挑战（如人口老龄化、资源短缺等），通过阅读科幻小说、未来学著作和相关研究报告，激发学生的想象力和创新思维，鼓励他们提出对未来社会的构想和解决方案。

②"科学探究与实验设计"SSI课程。

目标：引导学生自主探究科学问题，设计并实施实验，培养科学探究能力。

A.水的净化与污染控制

课题简介：通过探究水的净化过程（如过滤、沉淀、蒸馏等）和污染控制策略，设计并实施相关实验，旨在让学生了解水资源的珍贵性和保护水环境的重要性。

B.绿色能源的探索与应用

课题简介：聚焦于绿色能源（如太阳能、风能、生物能等）的原理、优缺点及实际应用，通过实验设计探究绿色能源的转换效率和可行性，旨在培养学生的环保意识和科技创新能力。

C.植物生长与环境因素的关系

课题简介：选取特定植物作为研究对象，设计实验探究光照、温度、水分等环境因素对植物生长的影响，旨在让学生理解生物与环境之间的相互作用关系。

D.微生物世界的奥秘

课题简介：通过实验观察和培养微生物（如细菌、真菌等），探究微生物的形态特征、生长条件及其在自然界中的作用，旨在培养学生的微生物学基础知识和实验操作技能。

E.物理现象的探究与解释

课题简介：选取日常生活中的物理现象（如光的折射、力的平衡、电路原理等）作为研究对象，设计实验进行探究和解释，旨在加深学生对物理原理的理解和应用能力。

F.化学反应与日常生活

课题简介：通过实验探究常见化学反应（如酸碱中和、氧化还原等）的原理和现象，分析这些反应在日常生活中的应用和影响，旨在培养学生的化学素养和实验设计能力.

③"社会热点与公民素养"SSI课程。

目标：关注社会热点问题，培养学生的公民意识和社会责任感。

A.网络舆论与公民理性

课题简介：探讨网络舆论的形成机制、影响，以及公民在网络空间中的理性表达和责任担当。引导学生正确看待网络舆论，培养理性思考和信息甄别能力。

B.环境保护与可持续发展政策

课题简介：分析当前环境保护面临的挑战、可持续发展政策的内容及实施效果。引导学生关注环境问题，理解政策背后的科学原理和社会意义，培养环保意识和参与政策讨论的能力。

C.公共卫生事件与社会应对

课题简介：以近年来发生的公共卫生事件为例，探讨事件的成因、传播机制、社会影响及应对措施。引导学生关注公共卫生安全，理解个人、社区和国家在应对公共卫生事件中的角色和责任。

D.人工智能与未来就业

课题简介：探讨人工智能技术的发展趋势、对就业市场的影响，及未来就业形态的变化。引导学生关注科技发展对职业生涯的影响，培养职业规划能力和终身学习的意识。

④"创意写作与表达"SSI课程。

目标：激发学生的创意写作兴趣，提升写作表达能力和沟通技巧。

A.未来城市的想象与构建

课题简介：引导学生想象并构建未来城市的图景，包括城市规划、交通方式、居住环境、能源利用等方面。通过创意写作，展现对未来生活的设想和愿景。

B.科技伦理的创意叙事

课题简介：选取科技伦理领域的某个议题（如基因编辑、人工智能的道德边界等），要求学生通过创意写作的方式，构建一个与议题相关的虚构故事或场景。探讨科技发展与伦理道德之间的冲突与平衡。

C.环境保护的创意宣传文案

课题简介：针对当前的环境保护问题，要求学生创作一系列具有创意和感染力的宣传文案，旨在提高公众对环境保护的认识和参与度。文案形式可以包括广告语、短文、诗歌等。

D.社会现象的创意解读

课题简介：选取当前社会中的某个热点现象（如网络文化、消费主义、代际沟通等），要求学生通过创意写作的方式对该现象进行深入解读和个性化表达，展现自己独特的见解和思考。

⑤"团队合作与项目管理"SSI课程。

目标：培养学生的团队协作能力和项目管理技能，学会在团队中有效沟通和协作。

A.跨学科项目合作实践

课题简介：学生需组成跨学科团队，围绕一个具体的社会科学议题（如环保项目、社区服务、科技创新等）进行项目策划、执行和评估。通过实践，学习如何在团队中有效沟通、分工合作，以及运用项目管理工具和技术来推进项目。

B.敏捷项目管理在团队中的应用

课题简介：介绍敏捷项目管理的核心理念和方法，如快速迭代、持续反馈、用户参与等。并引导学生将这些理念应用于实际团队项目中。通过模拟或真实项目，学习如何快速响应变化、优化团队流程，提高项目交付效率和质量。

（3）课程保障措施

教师培训：加强对教师的SSI教学法培训，提高教师的专业素养和教学能力。

技术支持：提供必要的技术支持，如在线学习平台、数字化教学资源等，以方便学生进行自主学习和合作学习。

家校合作：加强家校沟通与合作，共同关注学生的学习进展和成长需求。

金山中学SSI课程的实施，将有力推动学校教育教学改革，促进学生全面发展。通过具体的课程设计和实施步骤，旨在培养学生的自主学习能力、批判性思维和团队协作能力。未来，金山中学将继续完善SSI课程体系，不断创新教学方法和手段，为学生的成长成才创造更加优越的条件。

（三）"思行"系列课程

1.金山中学"思行"课程之服务家乡

【活动目的】

青少年是未来的主人。通过综合实践活动，加强对学生的教育引导与启迪激励，进而培养学生良好的思想品德和人文精神，塑造学生健康的体魄和健全的人格，强化学生热爱家乡、热爱祖国的主人翁意识和社会责任感。让学生在校做一个好学生，在家做一个好孩子，在社会上做一个文明公民，用实际行动来证明"时代因你们而精彩，家乡因你们而骄傲"。

【活动要求】

（1）进行服务家乡的志愿活动，可以收拾小区或家乡的卫生死角；服务家乡的老人或留守儿童，为他们讲故事、帮助学习、打扫卫生等；在景区捡垃圾；在景点宣讲家乡历史等。

（2）用心服务，不要摆拍。

（3）注意个人行为，维护良好形象。

【活动展示及评价】

（1）提交服务前后的场景对比拼图或被服务人员的笑脸拼图照片。照片需体现服务成果，并记录自己的服务过程。同时，附上较为详细的文字说明。

（2）采访被服务人员或和你一起参加活动的家长、亲人，记录他们对你的评价。

（3）写出你服务家乡过程中的心得与感受。

表3-34　"思行"课程之服务家乡综合实践活动记录表

姓名		班级		家乡		活动日期	
活动主题			活动地点				
我想做	（你选择这项活动的理由是什么，这项活动能为家乡增添什么色彩？）						

我来做 （拼图展示你的服务过程及服务前后对比效果，并赋以文字说明）	服务过程图片	服务过程文字说明
	服务效果对比图	服务效果对比说明
大家说（写出别人对你的评价，评价人亲手写更好）	评价人简介： 评价人打分：（满分100） 评价人发言： 　　　　　　　　　　　评价人签名：	
我要做 （写出你的感受及今后努力方向）		

2. 金山中学"思行"课程之家乡美食

【活动目的】

"一方水土养一方人"，各个地区都有属于自己的美食，家乡的味道永远是印象最深刻的美食。柴米油盐酱醋茶，人间烟火抚人心。家乡美食体现着家乡独有的特色与文化底蕴，能给你带来暖暖的满足感与幸福感，更可以成为你以后异乡求学途中最熨帖心灵的慰藉。这个暑假，让我们一起了解家乡美食，动手学几道拿手的家乡美食吧！

【活动要求】

（1）调查并记录你家乡的特色美食都有哪些，加强对家乡美食文化的了解和热爱。

（2）学习并练习两至三道家乡特色美食，要求能够安全、熟练、独立完成美食烹饪。选择你最拿手的一道美食，进行介绍，并与家人或朋友分享，感受劳动的辛苦，体会劳动给自己和家人带来的幸福。

（3）通过了解和学习家乡美食文化，畅谈个人感受。

【活动评价】

（1）开学后，各班汇总活动记录单、图片或视频资料，进行班级评比，选出热炒、冷拼、面点、其他等种类的"班级小厨神"各一名。

（2）"班级小厨神"将代表各班参加金山"家乡的味道"厨艺大赛，由教师代表、学生代表、家长代表、社区代表等从以下方面进行量化评价（见表3-35、3-36），最终选出"金山小厨神"，代言家乡美食。

表3-35　"家乡的味道"厨艺大赛评价量表

项目	名	色	香	味	貌	操作技能	工具使用	场地整理	含义表述	得分
分值	10	10	10	10	10	20	10	10	10	100
选手1										

表3-36　"思行"课程之家乡美食记录表

姓名		班级		家乡	
美食名称		种类	热炒　冷拼　面点　其他		
家乡美食我细数	（有什么？什么原因使得这里有别处没有？你这个假期想学做哪些？）				
家乡美食我来秀（在右侧的表格里图配文介绍你学的几道菜或者一道菜你前后做的差别。）	图片+文字说明1		2		
	3		4		
家乡美食大家尝					
家乡美食我最爱	写出你了解与学习家乡美食的感受。				

3.金山中学"思行"课程之家乡美景

【活动目标】

本活动围绕"家乡"这一主题，将地理课程及其他课程中涉及的乡土知识，以及学生身边的各类学习资源进行整合，设计为一个跨学科主题学习活动。旨在培养学生热爱家乡、热爱祖国的情感。

【育人价值】

将书本知识应用于认识家乡的实践活动中，学以致用，发展学生的知行合一品格。

【活动任务】

山川大地，江河湖海，各种地理要素的奇妙组合，组成了中华大地复杂多样的自然环境，也孕育了各具特色的人文风俗。这些都值得被记录。作家为其撰稿，歌手为其作词，诗人为其吟诵。金山学子则选择用自己的方式，展现家乡之美。

【活动要求】

（1）版面设计要求：版面整洁、美观、大方，标题突出，内容丰富，图文并茂，疏密相宜，给人以赏心悦目的感觉。

（2）确保所展现的美景是家乡的标志性美景（包括自然美景和人文美景）。

（3）查阅这些美景与当地地形、气候之间是否存在某种地理原因的关联。

（4）照片可以是单张也可以是组图，但必须保证清晰、完整，并具有一定的美感。

【评分标准】

（1）自评：写出自己作品的亮点和立意说明，给自己的风景照片打分（满分5分）。

（2）互评：小组内部开学后进行评价打分（满分5分）。

（3）师评：教师根据作品情况打出等级（ABC三档）（见表3-37）。

表3-37　"思行"课程之家乡美景劳动记录表

师评：教师根据作品情况打出等级（ABC三档）

图说家乡 标志性美景	要求：家乡的美不仅体现在自然美上，还体现在人文美上，包括自然风景、人文风景以及标志性建筑等。请将你眼中的'家乡的美景'用照片（组图也可）或者手绘图的形式表达出来。（在下方贴上照片或者绘图）
风景亮点： 立意说明：	
你选择的这张照片与当地的地形、气候的关系？藏着怎样的地理奥秘？	
家乡之美游记感受 "逛景点，写游记"	请用"移步换景"或"定点赏景"的方法，写出你游览家乡美景的所见、所闻、所感。注意详略得当，至少用到两处修辞，两处细节描写，写出真情实感。300字左右。

4.金山中学"思行"课程之小小代言人

【活动目标】

激发学生学习英语的兴趣，并提高实际应用语言的能力。

【活动任务】

以"My hometown"为题，制作一幅手抄报，介绍家乡的气候、风景、美食等。同时，利用所制作的手抄报内容，用英文进行介绍，并录制成视频。要求主题鲜明，内容健康向上，生动活泼。

【活动要求】

（1）版面设计要求：版面整洁、美观、大方，标题突出，内容丰富，图文并茂，疏密相宜，给人以赏心悦目的感觉。

（2）拍摄要求：讲演视频只围绕一个最鲜明的家乡特点，时长不超过1分钟。制作要求如下：

①格式为MP4或MPG；

②视频分辨率为高清1920×1080；

③画面宽高比为16:9；

④拍摄时尽量使用三脚架、稳定器等辅助固定设备；

⑤不要附加背景音乐；

⑥站立讲解，横屏拍摄。

【评分标准】（见表3-38）

表3-38　评分标准表

分类	指标及评价标准	分值
画面	图文并茂，疏密相宜，给人以赏心悦目的感觉。	2分
视频	声情并茂，语音正确，语速适中，表情自然。	3分

5.金山中学"思行"课程之家乡名人——寻名人足迹　获成长力量

【活动目标】

（1）通过搜集家乡名人资料，增强对家乡名人和家乡的了解与热爱。

（2）通过对部分家乡名人做进一步的了解，感悟名人身上的优秀品质，思考自己成长中的问题，汲取营养，获得启示，找寻成长的方向，获得成长的动力。

（3）通过设计勋章，提高审美能力。

【活动任务】

人人都说家乡美，最美还是家乡人。每一个心系家乡、投身家乡的个体，都是一颗闪闪发光的明星。因为他们的不懈努力和引领探索，我们的家乡才焕发出蓬勃生机，孕育无限希望。他们用平凡演绎伟大，用善举创造美丽。我们的家乡，因他们而变得更加美好。请你通过多种途径搜集家乡名人资料，选取一位人物进行介绍。

【活动要求】

（1）请从人物简介、重要事迹等方面进行介绍。

（2）家乡名人努力活出生命的精彩，请结合"生命的思考"所学内容，谈谈他们对自己的生命启示。

（3）请为你介绍的家乡名人设计一枚专属勋章，要求具有一定的美感。

（四）非遗课程展示

1.金山中学非遗传承课程纲要

（1）课程背景与目标

在"共生教育"办学理念的引领下，金山中学致力于构建一个多元文化、和谐共生的教育环境。非物质文化遗产作为中华文化的瑰宝，承载着丰富的历史记忆和深厚的文化底蕴。本课程旨在通过太极、花饽饽制作、武术、陶艺、剪纸、布艺等一系列非遗项目的学习，让学生亲身体验传统文化的独特魅力，增强文化自信，同时培养学生的创新精神和实践能力，实现人与文化、人与自然的和谐共生。

（2）课程原则

①共生性原则：强调非遗文化的传承与创新相结合，鼓励学生在学习中探索传统文化的现代价值。

②实践性原则：注重动手操作，通过亲身体验加深对非遗技艺的理解。

③综合性原则：融合历史、艺术、体育等多学科知识，拓宽学生视野。

④创新性原则：鼓励学生在尊重传统的基础上进行创新，为非遗文化注入新的活力。

（3）课程内容

①太极课程：学习太极的基本动作和套路，掌握呼吸配合和意念控制。探讨太极的哲学思想和养生功效，了解其在现代生活中的应用。

②花饽饽制作课程：学习面点制作的基本技能，了解花饽饽的历史和文化背景。掌握花饽饽的各种造型技巧，创作具有个人特色的面点作品。

③武术课程：学习武术的基本功和套路，掌握武术的攻防技巧。了解武术的文化内涵和道德规范，培养尚武崇德的精神。

④陶艺课程：学习陶艺的基本技能和创作方法，了解陶瓷的历史和发展。创作具有个人风格的陶艺作品，体验泥土与火的艺术魅力。

⑤剪纸课程：学习剪纸的基本刀法和图案设计，了解剪纸的民俗应用。

创作具有文化寓意的剪纸作品，感受传统文化的独特韵味。

⑥布艺课程：学习布艺制作的基本技能和缝纫方法，了解不同布料的特点。创作实用或装饰性的布艺作品，提升动手能力和创造力。

（4）教学方法与评价

①采用理论讲授、示范操作、小组合作、项目式学习等多种教学方法。

②结合过程性评价与结果性评价，重视学生的参与度、技能掌握程度、创新能力和文化素养的提升。

（5）课程期望

①深刻理解非遗文化的价值与意义，成为传统文化的传播者与守护者。

②掌握多项非遗技艺的基本技能，具备初步的创新设计能力。

③培养出对多元文化的尊重与包容，促进个人综合素质的全面发展。

同时，鼓励成立学生非遗社团，定期举办非遗文化节、作品展览等活动。加强与社区、非遗传承人的交流合作，共同推动非遗文化的保护与传承。探索将非遗课程与学科课程相结合的新模式，实现非遗文化的深度融入和广泛传播。

2.特色课程陶艺非遗课程纲要

（1）课程开发背景

陶艺，作为我们民族的文化瑰宝，历史悠久、扬名寰宇。它以物载道，蕴涵着深厚宏博的中华文化精神。古老的制黑陶历史，积淀了深厚的文化底蕴，其优秀技艺在陶文化史上书写了重要篇章。

在专家和校领导、师生的共同努力下，陶艺课程从兴趣小组的活动形式，逐步发展至全校的美术课堂中，深受各年级学生的喜爱。课程改革的推进，使陶艺教学活动走进了校园，启发了学生的创造思维，培养了动手能力，提高了审美能力，养成了健康的审美情趣和生活方式，继承和发扬了中华民族的优秀文化，促进了学生的全面发展，符合素质教育的要求。

在硬件方面，各校已建立艺术创作专门教室、作品展示廊和烧窑安全区，并根据实施进度逐步扩展空间，丰富文化内容。在师资方面，通过送师上门及培训专职美术教师，进行美术教育提升及教改实验。

　　从社区到社会各界，从校领导到校外专家，从教师学生到家长，大家齐心协力开发各校的陶艺校本课程。我们坚信，在这个开发过程中，学生和教师都能得到更好的发展，理论和实践都能不断丰富和完善。

　　（2）开发方案

　　陶艺校本课程的研究与开发，部分学校已开展多年，在不断改革、发展和完善的过程中积累了丰富经验。一、五年级的班级可以率先纳入课程计划，每周安排2节陶艺课，并逐步扩展至全年级参与。

　　六年级年级学生以彩泥、陶泥为主要造型材料，并综合运用多种材料，初步感受泥性，掌握团、搓、压、捏等基本技法，体验玩泥造型的乐趣。之后，在陶艺室以陶（瓷）泥为主要材料，初步掌握陶艺技能。陶艺课则以连堂课的形式进行，让学生了解陶艺制作的基本语言，进而进行泥条成型、泥板成型及运用多种语言进行综合创作，紧密联系学生生活，由简单到复杂。让学生在每一次陶艺活动中享受创作的快乐，发展能力，张扬个性。

　　七年级年级学生则以兴趣小组和课外活动的形式进行，每半周下午为固定活动时间，由喜爱陶艺的学生组成，每班约40人，每次活动都安排具体内容和详细计划。学生在这里继续学习手工陶艺创作技能技巧，还穿插安排手工拉坯训练和施釉技法训练。他们在享受玩泥快乐的同时，也见证着一件件精美陶艺作品的诞生。

　　师资是陶艺校本课程研究开发成败的关键。我们选择了具有相关专业理论水平和实践经验的服务机构或专家送师上门，传递大国工匠精神，绽放艺术之花。同时，选择具有奉献精神的助教老师配合上课。学校在政策和经费上给予保障和支持。

　　（3）课程理念

　　①适应素质教育：面向全体学生，以学生发展为本，培养人文精神、思维能力、实践能力、创造能力和审美能力。选择贴近学生兴趣、基础且利于发展的陶艺知识和技能，结合过程和方法，组成课程基础内容。坚持学生主动探究，重视个性与创新意识的培养，最大限度开发学生创新潜能。

②陶艺教育魅力：使课程内容与不同年龄阶段学生的情感和认识特征相适应，以形式多样的活动内容激发学生学习兴趣，面向生活和社会实践，帮助学生体验生活并学以致用。在广泛的文化情境中认识陶艺的多样性、独特贡献及中国陶艺发展史，培养对传统文化的热爱和爱国主义精神，学会健康、愉悦、自由、负责、智慧而富有创意地生活。

③跨学科融合：营造各学科相互支持、补充的艺术学习环境，构建跨学科渗透，扩展认知空间，促进学生综合素质提高。强调信息技术与陶艺活动的整合，创造反思性自主合作探究学习情境，促进学生信息素养和艺术修养的养成。

④互动师生关系：建立和谐、平等的师生关系，注重多元化过程性评价，采用"自我参照标准"，突出学习过程的体验、情感、态度、价值观及综合能力，为促进学生发展而评价。

⑤实践性课程：基于学生直接经验，密切联系生活和社会、文化资源，鼓励体验性、探究性、合作性学习，促进每个学生最大限度发展，获得成功感受。突出陶艺多元化和个性化，结合小学其他学科，运用学校和社区资源，培养学生整合创新意识，发挥陶艺教育在素质教育中的作用。

⑥整体性、实践性、开放性、生成性、自主性：陶艺课程体现个人、社会、自然的整合，科学、艺术、道德的整合；以活动为主要形式，强调学生亲身经历，在活动中发现问题、解决问题；开放内容和形式，多元评价标准为个性发展提供舞台；陶艺不断创新发展，学生认识和体验不断加深；活动中尊重学生兴趣、爱好，教师指导而不控制。

（4）课程目标

总目标：学生以个人或集体合作的方式参与活动，尝试各种陶艺材料、工具及制作方法，丰富视觉、触觉和审美经验，体验陶艺活动的乐趣；了解基础的表达方式方法，个性地表达情感和思想，提高美化环境的能力和生活质量，形成对自然、社会、自我内在联系的整体认识；在合作与分享中激发创造意识，提高问题解决能力，发展实践能力，形成基本的美术素养和信息素养，促进学生全面、整体的发展。

（5）课程内容

教材载体：依据课程目标和学生身心发展的特点，从学生兴趣、能力、需要出发，结合陶艺特点开展教学活动，培养学生主动学习的精神。

内容综合性：考虑传统文化与现代观念的结合，开阔学生的眼界和思路；以活动为主线，陶艺基础知识和技能为副线，激励学生自主学习。

学习活动方式：划分为欣赏与评述、造型与表现、设计与应用、综合与探索四个领域，注重创作活动的比重。

跨学科结合：结合社会、思品、语文、信息技术等学科，形成开放性的陶艺教学结构。

具体内容：

造型与表现：菊花形揉泥法、羊头形揉泥法、雕塑挖空法、手捏法、泥条盘筑技法等。

设计与应用：陶艺小挂件、手势的语言、垃圾桶之花样年华、创意自行车等。

欣赏与评述：陶艺发展史、泥的特性、泥板成型作品等。

综合与探索：有趣的泥板画、愤怒的小鸟系列等。

（6）内容标准

①欣赏与评述：多视角欣赏陶艺作品，了解其作品内涵，感受民族文化精神；提高视觉感受能力，用语言、文字表达个人感受；交流并评述作品感受。

②造型与表现：运用多种材料、工具探索造型方法，体验造型的乐趣；感受泥性，运用组织原理进行造型活动；大胆采用辅助材料和造型方法表达个人想法。

③设计与应用：学习设计知识，运用材料进行创作；感受材料特性并进行设计制作；提高审美评价能力，激发美化生活的愿望。

④综合与探索：通过综合性活动进行探索研究，解决问题；了解陶艺与其他课程的联系，设计探究性活动方案；认识陶艺与生活的关系，发展综合解决问题的能力。

第四章　校家社共育

第一节　家委会活动

一、家校携手　同向共生——金山中学首届家委会成立

金山中学第一届家委会成员合影

在金秋送爽、硕果累累的季节里，为进一步凝聚家校力量，构建和谐共进的教育生态，金山中学于2022年9月19日在庄严的党建室内隆重召开了首届家长委员会成立大会。此次盛会标志着家校合作迈入了一个崭新的阶段，旨

在搭建一座坚实而温馨的沟通桥梁，促进家校同频共振，携手前行。

会上，经过公正、公开的投票程序，首届家长委员会主任、副主任及秘书长顺利产生。他们承载着全体家长的信任与期望，将在家校共育的征途上发挥关键作用。随后，校级家委会成员与学校领导围绕学校发展规划、学生全面成长等核心议题展开了深入交流与热烈讨论，并对开学以来学校在教育教学方面取得的显著成效给予了高度评价。

金山中学校长兼党支部书记于晓明同志，向新当选的家委会成员致以诚挚祝贺，并详细介绍了学校的历史沿革、发展现状及未来展望。他殷切期望家委会成员能够发挥模范引领作用，积极传播学校正能量，深化家校合作，共同为孩子们的成长撑起一片蓝天。同时，他呼吁家校双方紧密携手，在学校、家庭与社会之间构建起一座教育的彩虹桥，凝聚共识，共谋发展，为培养德智体美劳全面发展的社会主义建设者和接班人贡献力量。

会后，学校领导引领家委会成员参观校园，每一处细节都彰显着学校对教育的热爱与执着。午餐时分，家委会成员步入餐厅，亲身体验学生日常餐饮环境。于晓明及餐厅管理团队详细介绍了食材采购的严格标准、食品加工的安全流程以及食品留样的规范管理，让家长们亲眼见证了学校对学生饮食安全的重视与保障。面对色香味俱全、营养均衡的餐点，家长们纷纷表示满意与放心，并通过填写问卷的方式，为进一步提升餐厅服务质量提供了宝贵的意见和建议。

金山中学首届家长委员会的成立，不仅是家校合作历程中的一个重要里程碑，更是开启了家校共育新篇章的序幕。它让家长更加贴近学校，深入了解孩子的学习环境，同时也让学校的声音更加广泛地传播到家庭和社会中去。通过这座桥梁，家校双方将更加紧密地联系在一起，形成一股强大的教育合力，共同为孩子们的成长撑起一片广阔的天空，让他们在爱的阳光下茁壮成长，绽放属于自己的光彩！

二、家校携手，共绘成长蓝图——金山中学第二届家长委员会荣耀启航

第二届家长委员会合影

在这金秋送爽、硕果累累的季节里，家校合作之树再添新绿。为深化家校沟通，强化教育合力，构建更加完善的学校、家庭、社会协同教育体系，2023年10月16日，金山中学迎来了第二届家长委员会成立大会的盛大召开。会议于学校会议室温馨举行，由团委副书记姜永成主持。

会上，每一位校级家委会委员都以饱满的热情和坚定的决心进行了自我介绍，展现了他们参与家校共育的积极态度。随后，通过民主、公正的选举与推荐程序，新一届家委会常务委员团队正式诞生：汤序秋女士荣任主任，于绘琳、王汝玲两位女士担任副主任，孙晓丽女士出任秘书长，蒿杰先生则担任副秘书长。学校领导亲自为家委会成员颁发聘书，以示肯定与鼓励。

教导处主任丛晓燕与政教处副主任邢鹏分别就教育教学与德育工作向家长们进行了简明的汇报与交流，加深了家校双方的理解与信任。新任家委会主任汤序秋女士在发言中，对学校工作给予了高度评价，并深情地表示："家校目标同向，皆系于孩子的健康成长与全面发展。新一届家委会将秉持初心，勤勉尽责，搭建起一座连接学校、家庭与社会的尊重、平等、合作、共赢之桥，为金山中学的发展及每位学子的成长倾注心血与力量。"

金山中学党支部书记、校长于晓明同志向当选的家委会成员致以热烈祝

贺，并对上一届家委会的辛勤付出表示衷心感谢。他强调："构建家校共育共同体是时代之需，更是教育之责。"他呼吁家校双方深化合作，实现教育资源的优化配置与共享，携手推动家校共育工作迈向新高度。他诚邀全体家委成员积极建言献策，共同为孩子们的成长撑起一片更加美丽晴朗的天空，让金山学子的青春在爱的阳光下熠熠生辉，绽放出最耀眼的光芒！

让我们携手并肩，以爱之名，共筑梦想。在金山这片充满希望的沃土上，精心培育每一棵幼苗，静待花开之时，共赏那份属于成长的喜悦与幸福。

第二节　家长大课堂

一、班主任在家长会上的发言稿

（一）家校携手，共筑成长桥梁

尊敬的家长们：

上午好！首先，请允许我代表七年级九班班全体教师团队，向在百忙之中抽空莅临本次家长会的每一位家长，表示最热烈的欢迎和最诚挚的感谢。您的到来，不仅彰显了对孩子教育的深切关怀，更是对我们工作莫大的支持与鼓励。我们坚信，今天的相聚将是一次富有成效的沟通与交流。

本次家长会旨在进一步加强家校之间的联系，通过分享学生在校与在家的表现，共同探索更加优化的教育策略，以期提升教学质量，促进孩子们的全面发展。我们坚信，"一切为了学生"不仅是我们坚定不移的工作理念，也是家校合作的共同目标。因此，我满怀信心地期待今天的会议能够达成预期的成效，开启家校共育的新篇章。

接下来，我将简要回顾本学期以来我们班级在教育教学方面所取得的进展：

在学校的统筹规划与年级组的精心组织下，我们紧密围绕学生全面发展的核心目标，开展了一系列扎实有效的工作。一方面，我们加强了学生的思想教育，通过"新学期新打算"等活动，引导学生树立远大志向，同时强化纪律、法制及集体主义教育，营造了积极向上的班级氛围。另一方面，在教学上，我们鼓励学生明确学习目标，优化学习方法，通过学案导学、个性化辅导等措施，有效提升了学习效率与兴趣。七年级作为学生学习生涯的关键期，我们每一位教师都深感责任重大，正以高度的责任心和饱满的热情投入每一天的教学工作中，为孩子们的成长保驾护航。

在此，我要特别表扬那些在学习和生活中表现突出的同学们，他们的努力和成绩是我们共同的骄傲。然而，我们也须正视部分同学在学习上存在的偏科、缺乏恒心、时间管理不当等问题。针对这些问题，我们将采取针对性措施，并恳请家长们给予更多的关心、支持与配合。家校携手，方能助力孩子跨越难关，迈向成功。

对于家长如何更好地参与孩子的学习生活，我有以下几点建议：

1.营造良好的家庭学习环境。

家庭是孩子成长的摇篮，良好的学习环境对孩子至关重要。家长应以身作则，注重言行举止，成为孩子学习的榜样。同时，鼓励孩子参与家务劳动，培养责任感和感恩之心，与孩子建立有效的沟通机制，关注其心理健康，给予适时的鼓励和支持。

2.理性看待孩子的学习成绩。

成绩只是衡量学习效果的一个方面，不应成为评价孩子的唯一标准。家长应树立正确的成绩观，关注孩子的全面发展。在孩子成绩不理想时，保持平和心态，与孩子共同分析问题所在，寻找改进方法。避免过度施压或盲目攀比，让孩子在轻松愉快的氛围中成长。

3.学会鼓励孩子。

赞美和鼓励是孩子成长道路上不可或缺的养分。家长应善于发现孩子的闪光点，给予真诚的赞美和肯定。这不仅能增强孩子的自信心和动力，还能激发他们的潜能和创造力。

4.积极配合学校教育。

家校合作是提升教育效果的重要途径。家长应认真对待学校交办的任务，如实填写家校联系卡；加强对孩子吃苦耐劳精神的培养；关注孩子的身体健康和课外时间管理；与教师保持密切联系，共同关注孩子的成长动态。

最后，我想引用一位教育专家的话来共勉：我们追求的是孩子的成长而非仅仅是成功，我们重视的是孩子的人格而非仅仅是成绩。让我们携手合作，为孩子们打造一个充满爱与智慧的教育环境，让他们的未来更加光明灿烂！

感谢各位家长的聆听与参与，期待我们后续更加紧密的合作。接下来，请大家与班主任及任课老师进行深入的交流，共同为孩子们的成长贡献力量。谢谢大家！

——徐静

（二）家校共育，筑梦未来

尊敬的各位家长朋友：

大家好！在这金秋送爽、硕果累累的美好时节，我们齐聚一堂，共同探讨孩子们成长的宝贵旅程。首先，请允许我代表六年级一班全体师生，向你们致以最诚挚的感谢和热烈的欢迎。感谢您在繁忙的工作与生活中，依然不忘对孩子们教育的重视与投入。今天，您能抽出宝贵的时间参加家长会，正是对我们教育工作最大的支持与肯定。

1.携手树立"成长同行，共筑梦想"的教育理念

我们深知，孩子的每一步成长都凝聚着家长的心血与期望。在初中这一人生新阶段的起点上，我们倡导"孩子成功即家长成功"的共赢理念。这意味着，我们不仅是孩子学习上的引导者，更是他们心灵成长的伙伴。让我们携手并进，共同为孩子们营造一个充满爱与支持的学习环境，让他们的梦想在这里启航，让成功的种子在心中生根发芽。

2.正视差异，以多元视角看待孩子成长

（1）学业上的精进与探索

随着课程难度的提升，孩子们将面临更多的挑战与机遇。我们鼓励家长以开放的心态看待学业成绩，认识到每个孩子都有其独特的优势与潜力。通

过家校合作，我们可以一起引导孩子探索适合自己的学习方法，培养他们的批判性思维和解决问题的能力，而不仅仅是追求分数的高低。

（2）身心健康的全面发展

青春期是孩子们身心变化最为显著的时期。他们开始更加关注自我，对世界的认知也日益深刻。作为家长，我们要成为他们最坚实的后盾，关注他们的情绪变化，引导他们正确面对成长中的困惑与挫折，培养他们积极向上的心态和健康的生活方式。

3.构建"心连心"的沟通桥梁

平等对话是沟通的基础。我们倡导家长与孩子之间建立一种基于尊重与理解的沟通模式。通过倾听孩子的声音，了解他们的内心世界，我们可以更好地给予支持与鼓励。同时，鼓励孩子表达自己的想法与感受，培养他们的沟通能力和自信心。在这个过程中，家长的角色不仅是倾听者，更是引导者和榜样。

4.强化规则意识，培养自律精神

良好的行为习惯和学习习惯是孩子终身受益的财富。我们呼吁家长们与学校紧密合作，共同制定并执行合理的规则与制度，帮助孩子们学会自我管理、自我约束。通过日常生活中的点滴小事，如定时作息、独立完成作业等，逐步培养他们的自律精神和责任感。

5.家校共育，共创美好未来

家长与老师的紧密合作是教育成功的关键。我们期待家长们能够积极参与学校的各项活动，与老师保持密切的联系与沟通。通过家长会、家访、家校联系本等多种渠道，及时了解孩子在校的学习与生活情况，共同商讨教育策略，形成教育合力。让我们携手为孩子们的成长撑起一片更加广阔的天空。

6.营造温馨家庭氛围，培育幸福人生基石

家庭是孩子成长的第一个课堂，也是他们情感的港湾。我们倡导家长们以身作则，营造一个充满爱、理解与支持的家庭氛围。通过共同参与家庭活动、分享彼此的快乐与烦恼，增进亲子关系，为孩子们的成长提供坚实的情感支撑。

7.适度关爱，避免溺爱陷阱

在给予孩子关爱的同时，我们也要学会适度放手，鼓励孩子们独立面对挑战、解决问题，培养他们的自主性和责任感。对于电子产品的使用等现代生活中的诱惑与挑战，家长应给予合理的引导与监督，帮助孩子们树立正确的价值观和使用习惯。

8.携手同行，共促学业与品格并进

学习是孩子们成长的重要途径，但品格的塑造同样不可或缺。我们鼓励家长们积极参与孩子的学习过程，与他们共同制定学习目标与计划，关注他们的学习进展与困难。同时，也要注重培养孩子的道德品质和社会责任感，让他们成为有爱心、有担当、有情怀的未来公民。

最后，我想再次表达我的感激之情。感谢每一位家长的辛勤付出与无私奉献，是你们的爱与支持让孩子们得以茁壮成长。让我们携手并肩，为了孩子们的美好未来而共同努力！谢谢大家！

——冯慧

（三）携手共进，助力孩子初中启航

尊敬的各位家长：

首先，衷心感谢大家在百忙之中抽出宝贵时间参加本次家长会。我代表六年级四班全体任课教师，对各位的到来表示热烈的欢迎和诚挚的感谢。我是班主任兼数学老师张老师，非常荣幸能与您一同见证孩子们的成长历程。

1.班级概况与联系方式

为了便于家校沟通，我首先分享我的联系电话，后续如有任何疑问或需要帮助，请随时与我联系。同时，我们已附上各位任课教师的联系方式，他们都是经验丰富、责任心强的优秀教师，将竭诚为孩子们的学习与成长保驾护航。我们期待与您携手，共同关注孩子们的成长点滴。

开学至今已两周有余，孩子们在学习习惯、日常行为规范等方面均取得了显著进步。从到校时间、交作业要求到课堂纪律、卫生习惯，孩子们都在逐步适应并融入初中生活。然而，也有个别同学在学习上表现出自我约束力

不足的问题，如忘记作业、学习态度不端正等。在此，我们恳请家长朋友们多给予督促与提醒，共同帮助孩子们养成良好的习惯。

2.快速适应初中生活的关键

初中阶段与小学相比，课程内容、学习难度及学习节奏都发生了显著变化。为了帮助孩子们更好地适应这一转变，我们强调了以下几点：语文重视基础与阅读能力的培养；数学方面则强调提升计算能力和独立思考能力；英语需加强口语练习与日常积累；同时，历史、地理、生物、道德与法治等科目也需要孩子们认真背诵并理解。我们鼓励孩子们在课后合理安排时间，做到各科均衡发展。

3.给家长的几点建议

关注班级群动态：请将班级群置顶，并修改群昵称为"孩子姓名+家长电话"，以便及时获取重要信息。

手机管理：周一至周五禁止孩子使用手机，如有学习需要，请在家长监督下完成并立即上交。

作业管理：周末作业完成后可适当放松，但需注意时间控制。家长应每日检查作业完成情况与认真程度。

培养良好习惯：作业前提醒孩子喝水、上厕所，作业时保持桌面整洁，设定合理的专注时间以提高效率。

家校沟通：定期与各科老师沟通交流孩子的学习情况，共同寻找最适合孩子的教育方法。

信任与理解：遇到问题时，请保持冷静，及时与老师沟通解决。我们承诺将尽最大努力帮助每一位孩子。

最后，我想说的是，孩子们的成长离不开家庭与学校的共同努力。让我们携手并进，为孩子们营造一个温馨、和谐、积极向上的成长环境。相信在我们的共同努力下，孩子们定能在初中生活中绽放光彩！

再次感谢各位家长的支持与配合！期待与您携手共创孩子们的美好未来！

——王晓玲

二、刘老师大课堂

（一）刘老师家长成长课堂：家校共育的金山新篇章

1.引言：家庭教育的时代使命与金山中学的回应

自古以来，家庭便是孩子性格塑造、价值观形成的第一所学校，其影响力之深远，超乎想象。随着社会的飞速发展，《家庭教育促进法》的颁布如同一声号角，将家庭教育正式纳入国家战略的宏伟蓝图，标志着全社会对家庭教育价值的深刻认识与高度重视。

金山中学始终站在教育改革的前沿，秉持"共生教育"的办学理念，致力于培养具有创新精神、实践能力和社会责任感的未来栋梁。面对家庭教育的新机遇与挑战，金山中学积极响应国家号召，主动担当起引领家庭教育的重任，构建了家校社协同育人的全新格局。在这一背景下，"刘老师家长成长课堂"应运而生。它如同一股清泉，滋润着家校共育的沃土，让家庭教育的花朵在爱的阳光下更加绚烂多彩。

2.课堂概况：精耕细作，打造家庭教育新高地

（1）课堂背景与初衷：家校共育的桥梁与纽带

"刘老师家长成长课堂"是金山中学家庭教育指导体系中的一颗璀璨明珠。它不仅承载着学校对家庭教育的高度重视，更寄托了家长对孩子成长的深切期望。课堂定期邀请资深教育专家刘爱妮老师，以其深厚的学术功底、丰富的实践经验和独特的个人魅力，为家长们带来一场场精彩纷呈的家庭教育盛宴。刘老师通过深入浅出的讲解、生动鲜活的案例，引导家长树立正确的教育观念，掌握科学的家庭教育方法，共同为孩子的全面发展贡献力量。

课堂的初衷在于搭建一座家校沟通的桥梁，促进信息共享、经验交流和情感共鸣。通过定期举办讲座、研讨会、交流会等活动，让家长和学校在孩子的教育问题上形成共识，携手并进。同时，课堂还注重家长的自我成长与提升，鼓励家长成为孩子成长的同行者和引路人，与孩子一同成长、一同进步。

（2）特色主题概览：多元并进，共筑孩子成长梦

在"家风，孩子成长的起跑线"这个主题中，刘老师深入剖析了家风对孩子成长形成潜移默化的效果，阐述了家风作为家庭文化的核心，如何影响着孩子的性格、品德和行为习惯。她通过讲述自己及身边人的真实故事，让家长们深刻感受到家风的力量，并提供了建设和谐家风的实用策略，如传承优秀传统美德、营造积极向上的家庭氛围、培养家庭成员的责任感和使命感等。

刘老师在"情绪管理—与孩子共舞成长的情绪乐章"这个主题中，引导家长学习情绪管理技巧，教会他们如何有效应对亲子间的情绪冲突，营造温馨和谐的家庭氛围。她通过案例分析、角色扮演等互动方式，让家长们亲身体验情绪管理的过程，学会倾听孩子的声音、理解孩子的情绪、表达自己的情感，与孩子共同奏响成长的情绪乐章。

刘老师在"学习动力激发—让孩子爱上学习"这个主题中，探讨了如何激发孩子的学习兴趣和内在动力，培养自主学习的好习惯。她分享了多种有效的学习方法和策略，如设定明确的学习目标、制订合理的学习计划、培养良好的学习习惯等，并鼓励家长与孩子一起探索学习的乐趣，让学习成为孩子生活中的一部分。

刘老师在"社交小达人—培养孩子的社交能力"这个主题中，分享了提升孩子人际交往能力的策略和方法，如教会孩子如何与人相处、如何表达自己的意见和感受、如何处理人际关系中的矛盾和冲突等。她通过模拟社交场景、角色扮演等互动方式，让孩子们在实践中学习社交技巧，逐渐建立起健康的人际关系网。

刘老师在"心理健康护航—做孩子心灵的引路人"这个主题中，关注孩子的心理健康问题，教授家长如何识别并应对孩子的心理问题。她通过讲解心理健康知识、分享典型案例等方式，让家长们了解孩子的心理特点和变化规律，学会倾听孩子的内心声音、关注孩子的情绪变化、给予孩子足够的关爱和支持。同时，她还鼓励家长与孩子建立亲密的亲子关系，成为孩子心灵

的引路人。

刘老师在"未来规划—与孩子一起绘制人生蓝图"这个主题中，引导家长与孩子共同探索兴趣与潜能所在，科学规划未来发展方向。她通过讲解职业规划知识、分享成功案例等方式，帮助家长们了解不同职业的特点和要求以及未来社会的发展趋势和人才需求情况。同时她还鼓励家长与孩子一起制定切实可行的职业规划和人生目标并为之努力奋斗。

3. 家长反馈与效果评估：携手同行，共见成长足迹

（1）家长反响热烈：从困惑到领悟的蜕变

自"刘老师家长成长课堂"开办以来，每一期主题讲座都受到了家长们的热烈欢迎和高度评价。家长们纷纷表示这些课程不仅让他们学到了实用的家庭教育方法，还让他们对孩子的成长有了更深的理解和期待。许多家长在听完讲座后都表示受益匪浅，他们开始重新审视自己的教育方式和方法，尝试将学到的知识运用到实践中去。

在课后的交流环节中，家长们纷纷表达了自己的感受和收获。有的家长表示以前总是用命令和指责的方式对待孩子，现在学会了倾听和理解孩子的声音；有的家长表示以前对孩子的情绪变化不太关注，现在学会了及时关注并给予孩子足够的关爱和支持；还有的家长表示以前对孩子的未来规划比较迷茫，现在学会了与孩子一起探索兴趣和潜能所在共同规划未来发展方向。这些变化不仅让家长们的家庭教育水平得到了提升，也让孩子们在爱的阳光下更加健康快乐地成长。

（2）问卷调查与持续优化：倾听家长心声，共创美好未来

为了更好地了解家长们的实际需求和困惑以及课堂的教学效果和反馈，金山中学还通过问卷调查的方式收集家长们的意见和建议。问卷内容涵盖了课堂内容、教学方式、讲师水平等多个方面，旨在全面了解家长们的真实感受和需求。

根据问卷调查结果，金山中学对课堂内容和形式进行了持续优化和调整。针对家长们普遍关注的热点问题，如孩子的学习动力问题、情绪管理问题等，

刘老师及团队及时调整讲座主题和内容，确保每一次课堂都能精准对接家长需求，提供高质量的家庭教育指导。同时，金山中学还注重课后的跟踪服务和反馈收集，及时了解家长们的学习效果和实践情况，以便进一步改进和完善课堂教学工作。

4.未来展望与规划：家校共育新篇章的启航

（1）深化家校合作：构建更加紧密的家校共育体系

金山中学将继续深化家校合作机制，通过"刘老师家长成长课堂"等平台加强家校沟通与交流，共同为孩子的健康成长保驾护航。学校将定期举办家校交流会、家长会等活动，邀请家长走进校园，了解学校的教育理念和教学情况，同时也让学校了解家长们的实际需求和困惑，以便更好地为家长和学生服务。此外，学校还将建立家校联系机制，定期向家长反馈学生的学习情况和成长进步，让家长们更加了解孩子的成长历程和变化情况。

（2）拓展教育资源：汇聚优质教育资源，共筑孩子成长梦

金山中学将积极整合校内外优质教育资源，邀请更多的教育专家、学者参与课堂授课，为家长提供更加丰富、多元的家庭教育指导。学校将加强与科研机构、社会组织等单位的合作与交流，共同探索家庭教育的规律和特点，为家长提供更加科学、合理的家庭教育建议。同时，学校还鼓励家长积极参与社会实践活动，如志愿服务、文化活动等，让孩子在实践中增长见识、拓宽视野、提升能力。

（3）创新教育模式：利用现代信息技术手段，打破时空限制

金山中学将不断探索和创新家庭教育指导模式，利用现代信息技术手段，如在线直播、微课等形式，打破时空限制，让优质家庭教育资源惠及更多家庭。学校将建立"刘老师家长成长课堂"在线平台，定期发布家庭教育讲座视频、资料等，供家长们自主学习和交流。同时，学校还将利用社交媒体等渠道，加强与家长的互动和交流，及时解答家长们的问题和困惑，为家长们提供更加便捷、高效的服务。

5.结语：家校共育，共绘孩子美好未来

"刘老师家长成长课堂"作为金山中学家校共育工作的重要组成部分，以其丰富的主题内容和科学的教育理念为家长们的家庭教育之路点亮了一盏明灯。未来，金山中学将继续携手家长和社会各界力量，共同为孩子的全面发展和健康成长贡献力量。我们相信，在家校双方的共同努力下，孩子们定能在爱的阳光下茁壮成长，成为有理想、有本领、有担当的新时代好青年。让我们携手同行，共绘家校共育新篇章，共同见证孩子们的美好未来！

此外，随着教育理念的不断更新和家庭教育实践的深入探索，"刘老师家长成长课堂"也将不断迭代升级，以适应新时代家庭教育的新需求和新挑战。我们将持续关注家庭教育的最新动态和研究成果，将最新的教育理念和科学方法引入课堂，为家长们提供更加前沿、实用的家庭教育指导。同时，我们也将鼓励家长们积极参与课堂互动和分享交流，共同构建一个开放、包容、互助的家庭教育学习社区，让每一位家长都能在这里找到属于自己的成长之路。

在未来的日子里，"刘老师家长成长课堂"将继续发挥其在家庭教育领域的引领和示范作用，为更多家庭带来希望和力量。我们相信，只要我们心怀梦想、脚踏实地、共同努力，就一定能够开创出更加美好的家庭教育新篇章，为孩子们的成长撑起一片蓝天！

第三节　校家社特色活动

一、爱在金山　筑梦成长——金山中学全员导师制实施方案

文登区金山中学，始建于2020年，自2022年起正式招生，是一所顺应时代潮流，深深扎根于文登大地的高质量现代化学校。学校现有21个教学班，学生总数1000多名。学校秉承"共生共育"的办学理念，将"让每一个生命

闪闪发光"作为育人目标，致力于为每位学生提供最适合其成长的教育环境。基于"个性化、定制化、服务化"的教育理念，学校自建校之初便全面实施了"全员导师制"项目，构建起"家校社"三位一体、"三全育人"的学生健康成长保障体系，确保每位金山学子都能拥有专属的"良师益友"。

（一）工作目标

通过构建"学生人人有导师，教师人人是导师"的制度体系，全面提升教师的育人意识和能力，增强其育人责任感。

针对学生个性差异，实施因材施教策略，确保每位学生的成长困惑都能得到关注和抒解，构建新时代和谐的"导学"关系。

科学开展家庭教育指导，有效缓解家长焦虑情绪，促进亲子关系和谐，释放学生成长压力，构建和谐的家校共育环境。

（二）工作职责

1. 思想引导

借助学校独特的"一楼二厅三中心四院五园六路"建筑文化及丰富多彩的校园文化，培养和提升学生的"以校为荣"的价值感，树立"金山是我家，发展靠大家"的集体荣誉感，引导学生树立正确的世界观、人生观、价值观，培养良好的思想道德品质，进而提升学校的德育品牌影响力。

2. 生活指导

密切关注学生生活状况，引导学生形成健康的生活习惯。通过与学生及家长的频繁沟通，增进相互理解，帮助学生解决生活中的难题，协调好家长、学生、学校及任课教师之间的关系。

3. 心理疏导

利用个别谈心、座谈会等多种方式，及时了解学生心理状况，有效疏导不良情绪，减轻心理压力。引导学生正确面对成长中的挫折与烦恼，激发其自尊、自重、自爱、自信的意识，培养其阳光心态和健康向上的精神风貌。

4.学业辅导

定期为学生进行学业分析，精准发现问题并提出针对性建议。指导学生自主制定学习与发展计划，通过有效措施端正学习态度，激发学习动力，培养良好的学习习惯，优化学习策略和方法，从而提高学习效率和成绩。

5.成长向导

协助学生全面分析自身优缺点，明确发展方向，不断完善自我。与学生共同确立成长目标，并基于其个性特点提供生涯规划指导，为学生的长远发展奠定坚实基础。

（三）实施步骤

1.凝心聚力，守护成长

在"共生教育"办学理念的引领下，学校成立了"全员成长导师制"工作领导小组，负责部署并落实项目推进工作。按照1:12的比例，学校为全校学生配备了导师，旨在人格、体格、心理、学业、兴趣等多方面为学生提供为期四年的学涯规划与跟踪指导。教导处则具体负责导师制实施的工作推进与安排，确保目标明确、责任到人。

（1）为什么需要导师制：

全员导师制的根本意义在于，它能够实现导师对学生的点对点精准指导，有效促进学生的个性化发展；同时，通过全员、全程、全方位的参与育人过程，有助于全体教师树立教育责任感和教育情怀，提升教师在育人实践中的教育能力。从管理层面来看，学生导师制的实施能够改变班主任单打独斗的管理模式，强化班级育人的整体性，提高教师育人的科学性。

（2）班主任制与学生导师制的并行：

班主任制与学生导师制双轨并行的育人方式，能够克服单一班级管理模式的不足，实现班级学生整体性与个性化发展的有效结合，将教师的"教书"与"育人"两项任务紧密融合，切实推动教育民主化思想的落地实施。

（3）谁来导：

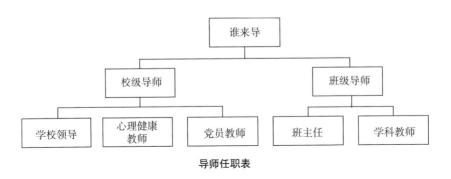

导师任职表

教师作为导师，肩负着双重责任。他们既要成为学生的"良师益友"，关心指导学生全面发展，帮助他们疏解学业压力、增强成长信心；又要成为"家校沟通"的桥梁，有效缓解家长的养育焦虑，引导家长树立正确的教育观。

（4）师生双向选择机制：

所有学生与导师之间享有一至两次双向选择的机会。首次匹配，由校级导师团与有特殊需求的学生进行一对一结对选择；第二次匹配，则由学科教师与具有音体美特长的学生进行双向选择；第三次匹配，由各班主任老师与学生共同进行。这一机制旨在确保每位学生都能找到适合自己的导师，同时每位教师都能承担起导师的职责，即每位教师都是德育工作者，都是家校沟通协调者和家庭教育指导者。在匹配过程中，应充分尊重学生意愿，促进学生个性特长的最优发展。

（5）导什么：五导一通

导师工作主要围绕学生和家长两个层面展开。针对学生层面，导师致力于进行个性化的成长指导，旨在培养具备核心素养的学生；针对家长层面，则进行家庭教育的个性化指导，以促进家校之间的紧密合作，共同育人。通过这一家庭教育系统，导师们旨在激发学生的内在动力，助力学生成长为"真正的人才"。

（6）怎么导：

对心理需要特别关注的学生进行"育心"，对有艺术天赋的学生进行"育美"，对普通学生则注重"育智"。在保留班主任制的基础上，我们实施全景全员导师制，其中班主任继续全面负责一个班级的教育与管理工作，自上而下、全方位地组织、领导和教育学生。而导师则通过家访、谈心等多种形式的活动，深入了解学生的内心需求，解决学生的实际困难，同时致力于发展学生的核心素养，不断提升自身的育人意识和育人能力。我们将课堂教学与学生导师制视为学校发展的两大支柱，以此为基础，探索并走出一条独具特色的学校发展之路。

2.规范培训，保障成长

学校组织开展了多层次、多形式的学习培训活动，旨在提升教师对全员导师制的正确认识。通过召开家长会，我们详细解读了推行全员导师制的意义：这是为了更好地贯彻落实"五育并举、三全育人"的教育理念，也是在"双减"背景下学校主动转变育人方式的重要举措。它不仅能帮助学生解决成长中的烦恼，促进学生更自信、更健康、更快乐地成长，还能促使教师在工作中主动反思教学行为，从而获得更大的价值感和认同感。此外，学校还依托"金山大讲堂"，邀请刘爱妮老师为全体家长分享了"认识家庭、读懂孩子"以及"亲子沟通的智慧和技巧"，受到了家长们的热烈欢迎。同时，学校精心设计了《全员导师工作手记》，以记录导师育人的全过程。

3.美好遇见，筑梦成长

（1）了解沟通，建立档案

通过与学生面对面的沟通，以及与班主任和学科教师的密切联系，导师全面了解了学生的家庭状况、身体状况、个性特征、兴趣爱好及学习成绩等情况，并为每位学生建立了个人档案，制定了初中四年的发展规划。

（2）"五个一"关爱制度

①导师见面会：每学期初，导师需与所有结对学生拍摄一张合影，以此营造温馨和谐的师生关系，为导师制工作的顺利开展奠定坚实基础。

②谈心交流：导师至少一次定期或不定期地与学生进行个别谈心，及时了解学生的思想动态。特别是在每学期重要考试前后、学生生活发生重大变故等关键时期，导师需与学生进行深入交流，并做好记录。导师应以平等的朋友身份与学生相处，发现其闪光点，多给予肯定和鼓励，帮助学生树立信心，挑战自我，改正不足。

③家访联系：建立定期与不定期相结合的家访、电话联系制度。导师每学期至少进行一次家访，并认真填写《金山中学导师家访记录》。通过家访，导师帮助和指导家长改进家庭教育方法，引导家长树立"立德树人"的教育理念，共同探索最适合学生的教育方法。

④寄语鼓励：每学期期末，导师需为每位学生撰写一份寄语，记录其成长的点滴进步，以鼓励为主，同时提出殷切期望和勉励。

⑤评价表彰：每学年结束时，级部将举行一次"最美导师"评选活动。学生们通过撰写文章或诗歌等形式，用真挚的情感表达对导师的感激与赞美。这一活动不仅让学生深刻感受到师爱的温暖与力量，也进一步增强了师生之间的情感纽带。

全员导师制的实施，打破了传统班级教育生态的界限，重构了师生关系。导师们"亦师亦友"的角色定位，不仅提高了教育效果，也为家校之间搭建了更加紧密的沟通桥梁，促进了家校合作的深入发展。

二、金山中学课后托管服务——"双减"政策下的全面实践与成效总结

随着教育改革的春风拂过校园的每一个角落，金山中学积极响应国家"双减"政策的号召，以促进学生全面发展为目标，精心策划并成功实施了课后托管服务项目。这一项目不仅有效缓解了家长接送难题，更为学生们提供了一个丰富多彩的课外活动平台，让他们在知识的海洋中遨游，在兴趣的田野上奔跑。以下是对本学期课后托管服务工作的全面回顾与总结，通过具体

事例展现其翔实内容与积极成效。

（一）项目背景与筹备

面对日益增长的家长对于孩子课后看管及兴趣培养的需求，金山中学管理层深入调研，决定启动课后托管服务项目。为了确保项目的顺利实施，学校从多个方面进行了精心筹备。首先，学校组建了一支由教务主任、年级组长及骨干教师组成的专项工作组，负责项目的整体规划与设计。工作组通过问卷调查、座谈会等形式，广泛收集家长与学生的意见与建议，最终确定了包含音乐、体育、美术、科技、文化课托管、书法、布艺、陶艺等多领域在内的课程体系。

与此同时，学校与一家专业教育技术公司合作，开发了一款功能强大的课后托管报名APP。这款APP不仅具备课程展示、在线报名、缴费等基本功能，还融入了智能推荐、学习进度跟踪等创新元素，让报名流程更加便捷高效，也让学生和家长能够随时掌握学习动态。

（二）课程实施与亮点

1.音乐课程：音符跳跃的梦幻世界

在音乐课程中，学生们被分为了合唱团、乐器演奏等多个小组。以合唱团为例，学校邀请了市音乐家协会的资深教师担任指导老师，通过专业的发声训练、曲目排练等环节，让学生们逐渐掌握了合唱的精髓。在一次校内文艺汇演中，合唱团以一曲《我和我的祖国》惊艳全场，悠扬的歌声赢得了师生们的阵阵掌声。此外，乐器演奏小组的学生们也在老师的指导下，从零开始学会了吉他、钢琴等乐器的演奏技巧，他们在课后的练习中相互鼓励、共同进步，成为校园里一道亮丽的风景线。

2.体育课程：汗水与欢笑并存的舞台

体育课程同样备受学生喜爱。学校开设了篮球、足球、羽毛球等多个运动项目，满足了不同学生的运动需求。在篮球课上，学生们不仅学会了基本的运球、投篮技巧，还通过团队合作体会到了篮球运动的魅力。一次校际篮球友谊赛中，金山中学的篮球队凭借出色的配合和顽强的拼搏精神，最终夺得了冠军。这场比赛不仅让学生们收获了荣誉与自信，更让他们深刻理解了团结协作的重要性。

3.美术与手工艺课程：创意与灵感的碰撞

美术与手工艺课程则是学生们发挥想象力和创造力的绝佳舞台。在美术课上，学生们通过素描、水彩等多种绘画形式表达自我感受；在手工艺课程中，他们则亲手制作布艺、陶艺等手工作品。一次陶艺课上，学生们在老师的指导下尝试制作陶瓷杯子。从揉泥、拉坯到修坯、上釉每一个环节都充满了挑战与乐趣。当看到自己亲手制作的陶瓷杯子在窑炉中烧制成型后，那份成就感与喜悦之情溢于言表。这些手工作品不仅展示了学生们的才华与创意，更成为他们珍贵的记忆。

4.科技与文化课托管：知识与技能的双重提升

科技与文化课托管则是学生们拓展知识面、提升综合素质的重要途径。在科技课程中，学生们学习了编程、机器人制作等前沿科技知识；在文化课托管中，他们则得到了专业教师的辅导与帮助，解决了学习中的疑难问题。一位平时对数学感到困惑的学生在参加了数学课托管后逐渐找到了学习的乐趣和方法，成绩也有了明显的提升。这种个性化的辅导方式让每个学生都能在适合自己的节奏下成长进步。

（三）家长反馈与家校共育

课后托管服务的成功实施离不开家长们的支持与配合。学校通过家长会、家校联系册等多种方式向家长介绍课后托管服务的意义与价值以及具体课程内容与安排。许多家长表示这项服务不仅解决了他们接送孩子的难题，更让孩子在课余时间得到了充分的发展与锻炼。他们纷纷通过手机APP报名系统为孩子选择合适的课程，并积极参与孩子的学习过程，与孩子一起分享成长的喜悦与挑战。

学校注重与家长的沟通与交流，及时听取家长的意见与建议，不断优化课后托管服务的内容与形式。在一次家长座谈会上，一位家长分享了自己孩子参加课后托管服务的经历，他说："我的孩子以前放学后总是无所事事，现在参加了课后托管服务，不仅学会了画画，还交到了许多新朋友，整个人都变得更加开朗自信了。"这样的反馈让学校更加坚定了继续做好课后托管服务的决心与信心。

（四）存在问题与改进措施

当然在课后托管服务的实施过程中也遇到了一些问题与挑战。比如部分热门课程报名人数过多导致教学资源紧张；个别课程在教学内容和教学方法上仍有待优化和创新；部分家长对课后托管服务的理解不够深入，参与度有待提高等。针对这些问题，学校将采取以下措施进行改进：一是加大教学资源，投入适时增设课程班次，满足更多学生的需求；二是定期组织教师培训和教研活动，提升教师的教学能力和创新意识；三是加强与家长的沟通联系，通过多种形式向家长宣传课后托管服务的意义与价值，提高家长的参与度和满意度；四是建立科学的评价机制，对课后托管服务的效果进行定期评估，并根据评估结果不断调整和优化服务内容与形式。

（五）结语

金山中学课后托管服务的成功实施是学校贯彻落实"双减"政策、促进学生全面发展的重要举措之一。通过本学期的实践探索，我们积累了丰富的经验，也收获了丰硕的成果。未来我们将继续秉承"以学生为本"的教育理念，不断创新服务模式丰富课程内容，提升服务质量，努力为每一位学生提供更加优质、高效的课后托管服务，让他们在快乐中成长，在成长中绽放光彩！

三、校社携手——"校社联动"绘就教育新篇章

（一）引言

在秋日的金色阳光下，金山中学以其深厚的文化底蕴和前瞻的教育理念，积极探索"校社联动"的新模式，致力于构建一个开放、包容、创新的教育

生态体系。这不仅是对传统教育模式的革新，更是对学生全面发展、文化传承与创新精神培养的深刻实践。以下，我们将详细阐述金山中学新学年的校社联动活动计划表，并对其背后的教育理念与意义进行深度解析。

（二）学年校社联动活动计划表

1.秋季学期：共育共建，文化启蒙

9月：共育共建启航月

9月21日：共育共建活动启动仪式

内容：校领导与社区代表共同宣布合作计划，拉开校社联动的序幕。

目标：增强校社互动，明确合作方向。

9月22日—28日：社区开放日系列活动

全民阅读共享：设立公共阅读区，促进社区居民与学生共读，增进情感交流。

科学探索之旅：开放科学实验室，邀请社区居民参与趣味科学实验，激发科学兴趣。

"小小讲师"社区行：学生讲师团走进社区，宣讲环保、历史等知识，锻炼表达能力。

10月：文化传承月

10月10日：传统文化讲座

内容：邀请文化学者讲解传统文化精髓，增强学生的文化自信。

10月15日—31日：非遗文化初探

开设剪纸、书法等非遗兴趣小组，邀请传承人授课，初步接触非遗技艺。

11月：社会实践月

11月1日—15日：职业体验营

邀请各行业精英，模拟职场环境，帮助学生规划未来职业道路。

11月16日—30日：社区志愿服务

组织学生参与社区清洁、助老助残等志愿服务活动，培养社会责任感。

2.春季学期：创新发展，成果展示

3月：创意激发月

3月1日—15日：创意工作坊

结合科技、艺术等多领域，开展创意设计工作坊，鼓励学生发挥想象力。

3月16日—31日：非遗创意大赛筹备

学生开始构思并制作结合现代元素的非遗创意作品。

4月：文化交流月

4月1日—15日：国际文化节

邀请外国学生来校交流，举办文化展览、美食节等活动，增进国际理解。

4月16日—30日：社区文化节

与社区共同举办文化表演、手工艺品展示等活动，促进校社文化融合。

5月：成果展示月

5月10日：非遗创意大赛决赛及展览

展示学生非遗创意作品，邀请专家评审，颁发奖项。

5月20日：校社联动成果汇报会

总结一年来的校社联动成果，表彰优秀个人与团队，展望未来合作方向。

6月：非遗文化节闭幕式

6月15日：非遗文化盛宴

举办非遗文化展览、剧目表演、舞蹈展示等，全面展示非遗文化魅力。

6月30日：非遗文化节闭幕仪式

总结文化节成果，颁发非遗传承奖，为下一年度校社联动奠定基础。

（三）深度解析

1.教育理念的创新

金山中学通过"校社联动"教育模式，打破了传统校园教育的封闭性，将社会资源引入校园，实现了教育资源的优化配置。这一模式不仅丰富了课程内容，拓宽了学生的视野，还增强了学生的社会责任感和实践能力。同时，通过与社区的深度合作，学校能够更好地了解社会需求，培养出更符合社会期待的人才。

2.文化传承与创新的融合

在非遗文化活动中，金山中学不仅注重传统文化的传承，更鼓励学生发挥创新精神，将现代元素融入传统技艺中。这种传承与创新的融合，不仅让非遗文化焕发出新的生命力，也培养了学生的创新思维和跨界合作能力。通过非遗兴趣工坊、非遗创意大赛等活动，学生们在动手实践中深刻感受到传统文化的魅力，增强了文化自信和民族自豪感。

3.社会实践与志愿服务的价值

金山中学积极组织学生参与社会实践和志愿服务活动，让学生在实践中锻炼能力、增长见识。通过职业体验营、社区志愿服务等活动，学生们能够提前触摸社会脉搏，了解职业多样性和社会责任的重要性。这些经历不仅有助于他们明确职业方向、规划未来人生道路，还能够培养他们的社会责任感和公民意识。

4.家校社共育的合力

金山中学注重家校社三方的紧密合作与互动。通过家长会、家庭教育讲座、现代信息技术手段等方式加强与家长的沟通与合作；通过社区开放日、文化节等活动加强与社区的互动与融合。这种家校社共育的合力为学生的全面发展提供了有力保障和支持。在家长的积极参与下，学生的家庭教育和学校教育能够形成有效衔接；在社区的支持下，学生能够获得更广阔的成长空间和更丰富的教育资源。

在"校社联动"的教育生态下，金山中学正以满腔的热情与坚定的决心，不断探索与实践更加多元化、创新性的教育模式与活动。我们相信，在全体师生、社区及社会各界的共同努力下，金山中学定能迎来更加辉煌的明天！让我们携手并进共创金山中学的美好未来！

附　录

晓语明言[*]

教学理念

教育应如水

教育应如水，

教育者应秉承水之品行，善施教化之责，

在尘世中守望一方净土，

巧施一份智慧，

让教育灵动、温暖、柔韧、融合。

一路向阳，做视野开阔的领路者

　　潜心阅读，拔节成长。他从《习近平在正定》《习近平用典》的党性阅读，到《最好的世界》《三十年为体育而笑》的专业阅读，从自由阅读到广泛涉猎，在书籍中、报刊里、杂志上都留下细心研读的印记，以读促思、笔耕

---

[*]　本附录内容除特别署名外，均为于晓明所著。

不辍，数篇文章在省级刊物上发表。成为"首席阅读"的他又发挥校长的榜样效应，影响教师的阅读，构建学校良好的阅读生态。他提倡"每天读书一小时，每月阅读一本书"活动，为每位教师量身定制赠送专业书籍，专题讲座、悦读沙龙、读书大讲堂等，以活动促读书，让读书每天都真实发生；他借力世界读书日，开展"助力全科阅读，构建书香校园"全科阅读活动，多学科整合、多维度展示、全方位阅读，涵养教师文化，提升教育智慧。他所在的学校先后被上级教育主管部门授予"威海市特色学校""孔子学堂""山东省家庭教育示范基地""威海市全民阅读推广角示范点"等殊荣。

文化涵育，做教育改革的探路者

文化立校，行以致远。他提倡遵循教育规律，扎根"特色文化"沃土，大力推行教育教学改革，激发学校内生活力，落实立德树人根本任务，助推师生优质发展。他在泽头中学时，立足学校的地域文化提出"润泽"教育，追求以情育人、润物无声教育境界。他潜心研究，始终以润泽合一理念为指导，以传统文化为根本，孕育"润泽"环境文化，打造学校特有名片；以本地资源为依托，构建"润泽"序列课程，助推师生发展；以智慧幸福为原点，开展"润泽"特色活动，为师生成长赋能。和润生命，泽其致远，润泽教育为师生擦亮最美的人生底色。

"万物各得其和以生，各得其养以成。"履新金山中学，他俯瞰学校的未来发展，基于厚重的"文登学"文化，提出"共生"教育，提倡"尊重差异，和谐共生""多元共生，自然生长""立志笃行，和合共生"，打造自然生长、生生不息的生态教育。他基于历史传承，挖掘文化基因，培植教育新生态，以"不同桃李混芳尘"的定位，坚持"内涵发展、质量提升和特色凝聚"的理念，正将金山中学努力建设成为"满足社会期待、影响学生终生"的"高质量、现代化、示范性"的金牌学校。

引领成长，做智慧办学的实践者

激发学校的办学活力，就要激发教师的生命活力。他通过一系列的措施以"志存高远、自强不息"为理念，着力打造一支"温文尔雅、敬业向上、爱心充盈、彬彬有礼"的教师队伍，从而激发学校发展的内在动力。为聚焦教师专业发展，成立了"科研团队"，吸纳骨干领导、骨干班主任和骨干教师为工作室成员，出台"科研团队"考核办法、实施意见等文件，通过执教示范课、撰写专题论文、参与名师课题研究等方式带动教师队伍整体发展。以名师发展和青年教师培养为目标，加强名师与青年教师两个重要梯队的培养力度，构建可持续发展的教师队伍体系。"成长工程"的开展培养出了一批理论水平高，教学业务精，创新能力强的优秀教师，以此带动学校教师队伍整体素质提高。近年来，团队成员在区地市各级比赛中获奖二十多人次。

拓荒共行，做共生教育的开创者

金山中学从无到有的两年，是他节假无休的两年。两年来，他把全部心思和精力放在金山中学的筹建工作中。他床头手边的小本，记录着他随时迸发的灵思泉涌，凌晨一两点写下瞬间的灵感是他的工作常态。从工程建设的上下协调、怎样建成更利于教学管理和学生安全的全面思考到如何提升办学理念、创建校园文化氛围，无不凝结着他的心血。校园的每一个角落，他都能娓娓道来一段亲历的故事。立足文登学"文德天下"的深厚文化底蕴，不断提升教师的业务能力和师德修养，实现"共生"教育质的飞跃，是他赋予金山中学首届教师的教育使命。"文化引领、逐梦共行"，他与全体金山人一起，正阔步走在创造金山中学历史和创造金山中学美好未来的阳光大路上！

以爱育爱，做温暖传递的先行者

办有温度的学校，做有情怀的教育人，是他一直致力于追求的人生境界。金山中学首届教师迎新，温暖了45位金山新人；首届学生迎新，温暖了430个家庭；金山大讲堂，他饱含深情地再现金山中学从无到有的全过程，解读富有内涵和寓意的金山核心发展理念，凝聚了全体金山人的热情和勇气；每月一次的教师生日会，有他贴心的祝福；金山师生的每日暖心午餐，倾注了他的全力和用心……学生眼里，他是亲近的校长爸爸，校园给了他们家的温暖；老师心里，他是没有架子的邻家大哥，金山提升了大家的幸福指数。来自校长的关爱，在金山生根发芽，内化人，感动人，丰富人。"金山是我家"。一个温情的校长带着一群有温度的教育人用心办有温度的教育，传递着温度和热量，用情操陶冶情操，用人格塑造人格！

习近平总书记说：教育决定着人类的今天，也决定着人类的未来。刚刚召开的党的二十大报告中，对办好人民满意的教育也再次提出了明确的目标和要求。他将按照名校长的标准，带领金山人在金山这块广阔的天地中，坚守教育初心，踔厉奋发，忠诚守望，继续耕耘。

不忘初心，做教育路上的筑梦人

——教育教学思考

作为一名教育工作者，我愿意把自己的一生奉献给教育这块热土。作为一名校长，我带领团队开拓奋进，力求把学校建设成一所滋养生命的优质名校、师生向往的精神家园。为着这个目标我一路奋进。

充实与积淀——做一名学习型校长

作为学校的管理者，首先应该有自己的专业特色，所以在工作中我认真学习、反复研究、实践，逐步形成了自己独特的办学思想。其次，我认真阅读《人民教育》《山东教育》等教育管理方面的书籍，通过向书本学习、向专家学习、向名校学习、撰写个人教育论文等途径，不断改造自己的教育认识、教育观念，从而完善自己的管理思想，提高了教育管理水平和教育实践能力。

思考与探索——做一名创新型校长

学校的管理重在思想的引领，校长首先要具有自己的教育信念和教育眼光，才有可能办出一所有特色、有个性的学校。"在行动中不断总结自己的管理经验，在跟进中不断调整自己的管理方法"是我坚持行走在管理之路的基础。担任七里汤小学校长期间，我结合学校地域特色，构建以"水润教育"为主线，以"让每一个生命如水从善"为核心的教育理念，力求让校园内的每一个生命都具有水的"晶莹、融合、柔韧、灵动、温暖"品质，以水怡情，全面增设"灵动之水"的文化景观，营造育人氛围。以水励志，全面加强"柔韧似水"的队伍建设，锻造特色人生。以水喻道，全面架构"博大若水"的课程体系，丰实育人载体。把国家课程纳入到学校"水润"课程体系，将地方课程、校本课程和德育课程整合。增设游泳课，深入实施国家体育课程计划。以五大水品统领德育课程。以水品引领孩子健康成长。

实践与反思——做一名专家型校长

在实践中，学习、思考成为我基本的管理之路。我带领教师构建独具特色的"水润课堂"；在课堂教学研究中实行"个人自备—小组合备—全组研备—个人精备"的四级备课制度……近几年，学校先后有近20人次执教过威海市级优质课或公开课，有数十篇论文在各级报刊发表。在教育科研的带动下，学校教育教学质量稳步提高，在文登区名列前茅。

我个人也边研究边积累，撰写《尝试教学法在小学数学课堂中的应用》《让美德从义工开始》《学生参加课外体育活动现状的调查分析》等多篇论文在核心期刊发表。因成绩突出，个人也多次获得嘉奖奖励，如优秀班主任、优秀教育工作者、师德标兵等荣誉，并荣获文登区、威海市两级"教学能手"称号。

坚持与责任——做一名自律型校长

在平时的工作中，我爱岗敬业，无私奉献；不计得失，只讲付出；不计回报，只讲奉献。不断超越自我，追求完善。对待教师坦诚公正、对待工作一丝不苟、对待家长热情周到、对待方针政策法规严格执行。

我于1997年7月大学毕业后，先后担任数学、体育、政治等学科的教育教学工作，担任教研组长、总务主任、教导主任、政教副主任、政教主任、校长等职务，无论在哪所学校工作、哪个工作岗位，我始终保持着对教育教学的一份热爱，也有信心和勇气迎接工作中的每一个新的挑战。

收获硕果——一名校长的使命和自豪

引领学校发展、助力教师成长、惠及学生成才是作为校长的使命，当自己的付出有所收获时，也是我最大的自豪。

在担任校长期间，学校先后被上级教育主管部门授予"威海市特色学校""全国小学数学'深度学习'研究基地""孔子学堂""山东省家庭教育示范基地""山东省节水型单位""山东省蓓蕾艺术工作站""威海市义务教育管理标准化示范校""威海市乒乓球等级考试指定考点学校""威海市全民阅读推广角示范点""文登区文明单位""文登区游泳体育传统项目学校""文登区艺术传承学校""文登区教育工作先进单位""文登区心理健康教育特色学校""文登区书香驿站"等殊荣。

学校的老师也在各方面取得了突出的成绩：教师多篇专业文章在《文登教研》《威海教育》《山东教育》《山东教育报》《中小学校长》等各级报刊上发表。教师有近十人次获得威海市级表彰或奖励，30余人次获得文登区级表彰或奖励。我校有威海学科带头人3名、威海名师3名、文登区名师及培养对象五名，以及文登区优秀班主任、优秀教师20余名。

学生是最大的受益者。近几年，有20余名学生获文登三好学生、优秀班干部等称号；一批批"小水滴"在各班、各年级快乐成长。在各级科技比赛、艺术比赛、健美操比赛中学生屡获佳绩。

一路耕耘一路收获，但我深知自己的使命，我将不忘初心带着教育者的使命向更高目标迈进！

脚踏实地　仰望星空

——金山中学青年教师座谈

我们国家提出，到2035年要基本实现社会主义现代化，教育要率先实现现代化，建成教育强国；到21世纪中叶，建成综合国力和国际影响力领先的社会主义现代化强国。而作为90后的青年教师，从年龄上看，到2035年的时候，正好是教育上的"黄金一代"；到2050年的时候，大部分也还在立德树人的岗位上。所以说，新时代的青年教师是最幸运的一代，因为整个人生的从教经历将伴随中华民族伟大复兴实现的全过程。

高质量教师是高质量教育发展的中坚力量。2022年4月，教育部等八部门联合印发《新时代基础教育强师计划》，提出要着力推动教师教育振兴发展，努力造就新时代高素质专业化创新型中小学教师队伍。

政策的出台，一方面为新时代高素质教师队伍建设提供了强力支撑，另一方面也对专业化创新型教师培养工作提出了更高要求。从学生的角度来看，现在的初中阶段到2035年的时候，将是党和国家的中坚力量。这些学生是非常重要的一代，他们将担当民族复兴的大任！青年教师将发挥至关重要的作用，承担着培养时代新人的重任，确实应当志存高远，过一种不一样的教育生活。在此背景下，如何通过有效措施推动青年教师队伍建设不断创新，成为教育管理实践中的重要工作。

方向：为谁培养人

为党育人，为国育才。向党组织靠拢。将小我融入大我，青春梦助力中国梦，建功新时代。积极向党组织靠拢，递交入党申请书。听党话跟党走。

新时代好青年标准：有理想敢担当能吃苦肯奋斗。

远见：看多远就能走多远

教师岗位其实是丰富多彩的，因为面对的都是日新月异成长中的青少年学生，自身也在不断成长，所以一定要做好职业规划。这就要学会起点上的终点思考，也就是想清楚我们终身的职业追求是什么？要达到什么高度？要成为什么样的人？只有把这些问题想透了，才能不为外因所惑。作为青年教师，一定要把眼光放长远，看到更远处。因为年轻，职业生涯还很长，树立一个高远的目标，将引领我们一路有意义地前行，始终做有远见的人。佛系、躺平都与我们无关。物质可以躺平，人格不能躺平。行动可以佛系，追求不能佛系。

格局：博大的胸怀成就未来

格局很重要，当一个人、一个团队的事业发展到一定程度之后，制约自己的天花板就是格局和境界。青年教师要有格局，一开始的职业定位就要鲜明、远大，就要成为名师、特级教师、卓越教师，成为有影响力、有话语权、学生喜欢和同行敬佩的教育家型教师。心有多大，舞台就有多大；谁的格局大，谁就走得更远。切记，不要在一些无谓的小事和小节上纠结，从而影响自己的判断。

心态：做高水平的情绪管理者

每一位青年教师都要做自己高水平的情绪管理者。用心呵护每一位学生的心情，因为好心情会带来好的师生关系，师生关系好带来的就是好成绩。作为教师，我们的情绪是写在脸上的，体现在眼神里的。当你站在讲台上的时候，学生们一定能很敏感地捕捉到你所流露的各种信息。要给学生一个良好的心态，前提是我们自己要有好心态。善于管理自己的情绪，能够随时调试自己的心情，是做教师的一项很重要的能力。

专注：用十年坚守报答自己

教育是农业，需要静待花开。当教师，首先要树立以慢为快的职业发展周期律，急于求成不适合教师行业。专注我们所任教的学科，用至少十年的坚守来定位、来研究、来践行。可以先确定一个十年的目标，再分解到五年、三年、两年、一年，然后再制定具体的计划。但是，有一个科学合理、适合自身的长周期职业发展规划是必须思考的重大课题。

包容：赞美我们遇见的每一个人

参加工作之后，我们需要面对不同的学生、家长和同事。每一所学校都有迥异的文化和管理机制，每一位学生都有自己的个性特点。要有一种心态，就是善待我们遇见的每一个人、用心赞美每一个人、时时成就每一个人。要知道，赞美会感染别人，会传递爱意，会制造和谐。以开放包容的胸怀成人之美，换来的一定是别人的赞誉和配合。只要有了这种心态，教师的生涯就会一路温馨。

自律：不为物欲所诱惑

有远见的前提是行稳致远，不被虚名浮利遮住望眼。当教师，从工资待遇上看，注定难以与企业高管、金融投资者等高收入群体相比，但也不会遇到他们的压力和艰辛。其实，幸福都是比较出来的，关键是"和谁比、比什么、怎么比"。单纯比金钱、比物质，产生不满、抱怨，甚至违背师德要求的底线，这是不值得的。做有志气、有骨气、有底气的教师，就要坚守自己的追求，靠品行自律、靠人格修为。拉开人生差距的是碎片时间的使用。

协同：放低身段只为更好成长

不同学科之间的教师需要育人上的配合，同一学科的教师也需要集体教研，学校的很多事务需要合力去完成。作为青年教师，要放低身段，主动向同事们学习，学习的目的是超越。遇到需要协同参与的时候，应该多做、多学、多看、多付出。这种实践的阅历注定会转化为能力的提升。从长远看，唯有多干事才是最聪明的选择，也是最快的成长机会。

反思：把想到的写出来

于漪老师说，一辈子做教师，一辈子学做教师。这种"学"，主要就是不停地反思。反思就是要把想到的写出来，把问题总结出来，把经验提炼出来。要想成为名师，最简单的办法就是坚持写上几年教学反思。当然，这种反思主要是基于学生的成长变化。写着写着，你就走在了众人的前列。坚持把想到的、看到的写出来并坚持下去，一定会成为一位有思想、有见解的高素质教师。

主动：不当置身事外的旁观者

现在当教师，特别是青年教师，可能学校会安排一些像疫情防控、学生安全、心理疏导、家校沟通等与教学不直接相关的任务。另外，学校层面一些涉及改革发展、涉及利益调整的工作事项，都会征求教职工的意见、组织研究讨论等。青年教师应积极参与，躬身入局，不当旁观者。不要当大家都登上了一艘快速航行的大船，你还站在码头上。在积极主动参与学校各项事务的过程中，不仅收获能力，还能获得大家的认同和拥护。长此以往，自然就有了领导力和影响力。

家庭：为爱我们的人负责

家庭是每个人都要停泊的港湾，青年教师同样应当建设美好家庭。要用心对待自己的父母、家庭和子女，他们都是对我们最重要的人。除了教书育人、爱岗奉献，还要茶余饭后、诗与远方。当然，对他们负责的最好回报，就是成为他们的骄傲，你的工作、你的为人得到同事单位的认可和赞美，就是公平用心对待每一位学生，立足岗位，干出不负期待、实实在在的教学业绩，做受人尊重的教育工作者，让那些爱我们的人为之放心并为我们的努力付出鼓掌！

希望每位教师都能看到光，找到自己的榜样。追随光，让自己前行有方向。成为光，让自己有尊严。播撒光，成就别人来成就自己。我们既然选择了教师这份职业，就不应该只把工作当作是谋生的手段。忠于职守，教书育人、关爱学生，严谨治学、终身学习，勇于创新、追求真理，弘扬正气、廉洁从教，为人师表、甘于奉献，团结协作、勤勉敬业，以满腔的热情，踏实工作，向上生长做好职业规划，向下扎根垫好专业基石，向四周扩散引导好学生健康成长，为青年学子的全面而又有个性的发展"播撒光"！

三尺讲台书写一生无悔。我们走过的每一步路，付出的每一次努力，抛洒的每一滴汗水，熬过的每一个夜晚，都是追逐光亮、通往优秀、走向卓越的垫脚石。看永远是观众，洞才能成为主角。无论什么领域，都要做最好的自己。要么敬业，要么专业，要么敬业加专业。

教师专业成长的公式，那就是：教师的专业成长＝专业阅读＋专业实践＋对话交流＋专业引领＋个人思考。

梦想为帆，新程启航

——2023年开学典礼讲话

尊敬的各位家长代表、老师们同学们：

大家好！志气腾云苍穹远，秋风送爽枝叶茂。在这个秋色宜人，享受丰收喜悦的季节里，我们全体师生在这里隆重举行新学年开学典礼。在此，我谨代表学校全体师生对六年级新同学的到来表示热烈的欢迎，同时向受到表彰的教职工、家长和同学们表示衷心的祝贺！

能够感受到今天会场内热气腾腾的氛围，热火朝天的颁奖仪式、几位代表热情洋溢的发言，让我热血沸腾、热泪盈眶！诗人艾青的名言出现在我的脑海：为什么我的眼中常含泪水，因为我对这土地爱得深沉！不知不觉，金山中学一周岁了！我提议：让我们大家为建校一周年的金山中学鼓掌祝贺！

我们知道金山中学是一所崭新的现代化中学，学校先进的硬件与软件设施，为我们提供了优质的求学环境。学校经过一年的发展，目前已拥有六年级七年级两个级部，共21个班，89位教师，1000多名学生。回望过去的一年，我校师生同向共生，各方面工作取得了骄人的成绩。教师专业素养稳步提升，各项比赛成绩喜人，获奖100多人次。首届学生经过初中一年的学习，综合素养全面提升。在各级各类比赛中多名学生获奖，其中9人在科幻画比赛中获奖，4人在省级机器人比赛中获奖，8人获齐鲁书香好少年称号。

师生的成长也催生着学校的发展，仅一年时间学校通过了山东省绿色校园、威海市智慧校园、文登区首届家长读书实验校、山东省数字教育资源建设的评审。先后做山东省家庭教育经验交流和信用"进校园"区级交流，成功申报了区级全环境育人实验校，劳动教育实验校，也成了北师大社会性科学议题学习课题研究实验校。学校一年中接待观摩考察活动几十次。

学校的发展也离不开家长朋友的大力支持，家长志愿者全程参与研学体验，大溪谷远足，研学耕读小镇、技师学院职业体验，运动会等，参与学校劳动课程，亲子读书交流等活动，家校共育共同促进学生成长。

社会各界爱心企业、爱心人士捐资助学，关爱学生成长，为学校的发展做出了积极贡献。保安、保洁、食堂工作人员在此，请允许我代表金山中学向大家道一声：辛苦各位！金山中学会感恩各位的付出！谢谢大家！

老师们，同学们，新学期孕育着新的希望和憧憬，我们将面对新的挑战和机遇。希望全体教师不忘教育初心，牢记育人使命，凝心聚力，厚德笃学，立足新起点，担当新使命，展现新作为，热爱金山、赞美金山、奉献金山！

为金山教育事业高质量发展再立新功！恳请社会各界爱心人士和企业，学校的服务人员，继续支持金山，宣传金山、服务金山！同时希望全体同学做到以下几点：

第一，希望我们热爱学习，做学习的主人。学习是我们每个人成长的阶梯，只有保持积极主动的学习态度，才能够不断进步和成长。希望我们在新的学年中充满热情，勇于追求知识，勇于探索未知，不断挑战自我，成为最好的自己。

第二，希望我们热爱学校，养成良好的习惯。我校是文登区倾力打造的现代化水平最高的学校，我们拥有现代、大气的校园，先进、科学的设施设备。每一位同学都应该确立主人翁意识，爱护校园内的一草一木，一桌一椅，尊重他人，文明守纪。

第三，希望我们制定计划，明确前进的方向。青春是人生中最美好的年华，希望每一位同学刻苦学习，不畏困难，持之以恒，一步一个脚印地前行，发现自己无限可能，为实现梦想而奋斗。

老师们，同学们，脚踏实地、仰望星空！诗和远方是我们的向往，坚定扎实地走好眼前的每一步，是对向往的尊重！回顾过去，我们因成绩辉煌而激情满怀；放眼明天，我们因前景美好而信心百倍。我相信，在我们全体师生的同心奋斗中，在家长以及社会各界人士的关爱支持下，我们一定能够创造金山中学更加美好的明天！

三方聚力联动，构建协同育人共同体[①]

学校、家庭、社会三方共育是提升教育质量的现实需求和重要路径，也是现代教育发展的必然趋势和应有之义。打造家校社协同育人共同体，旨在发挥

---

① 2023 年 10 月 23 日于山东省首届"校家社协同育人新生态建设"十人论坛暨系列研讨活动上的报告交流内容。

学校主导、家长主体和社会支持的协同育人职能，形成优势互补、协同育人的共育格局，切实增强育人合力，形成培养学生成长成才的"责任共同体"。

强化共育意识，树牢协同育人"新理念"

教育从来不单单是学校、是老师的事，更是全社会当然包括家庭在内所有人的事。实现立德树人根本任务，既要发挥学校主阵地、主渠道作用，也要落实家庭教育主体责任，强化学生"第一任老师"的职责意识，让孩子从出生开始就接受良好的家庭熏陶。同时，还要借助社会优质资源，全方位构建协同育人大格局。

作为一所公办初级中学，我们在建校之初就秉持"多元共生，自然生长"的办学理念，聚焦"高起点规划、高标准管理、高水平办学"的教育发展目标，探索最佳校家社合力育人路径，着力打造家校社协同育人共同体，在家校社各展优势、密切配合、相互支持中，全方位为学生学习及成长保驾护航。

为此，我们以学生全面发展为核心，以校家社有效衔接为纽带，以校家社共赢为关键，对学生学情、家情及学校所在的社区的社情进行专项调研，深入分析制约学校教育发展的瓶颈短板，探索建构多向互动、立体深度合作的校家社共育新模式，让学生更加喜欢学校，让家长更加认可学校，让教师更加守望学校，让社区更期待学校，以此推动校家社从"分离"迈向"共育"。

创新共育模式，激活协同育人"潜力源"

着眼构建有力有为有效的校家社育人共同体，实现校家社协同育人的高架构、高联动、高效能，我们拓宽共育思路，一改传统教育家长当配角的做法，把家长带进孩子发展的场域之中，大力发挥家庭教育在孩子成长教育中的重要作用。

为增强家长参与教育的主动性，我们常态开展家长进校园活动。每周三上午固定为校长开放日，邀请家长走进校园，参与学校的管理和监督；走进课堂，了解学生的学习状态，感受课堂的教学氛围；走近教师，搭建家校友谊的桥梁，携手促进孩子健康成长。家长分自选和必选两种方式参与，自选即"每周一谈"——家长自选参与自己感兴趣的话题，必选即"每周一约"——有需沟通的家长，在书吧与校长进行面对面交流，观看学校宣传片，介绍学校特色项目，倾听家长们对学校办学、教师的教育教学建议。通过营造"倾听家长心声、贴近家长需求、关心学生成长、促进学校发展"的良好氛围，更好地促进学生成长成才。

在增强家长主动参与教育的同时，我们着力提升家长参与教育质效。开发"家长进课堂"课程，内容涵盖亲子共读、感恩教育、公益活动、才艺表演、主题研学等方面，引导家长主动参与到学校课程建设中，让家长真正成为教育教学工作的参与者。学校图书馆、阅读亭、体育场等设施设备定期对家长、社区开放，方便家长自学充电，提高家长开展家庭教育的实际能力。通过这种互动式管理，既调动了家长参与学校教育的积极性，也促进了孩子学习的主动性，校家社之间的信任感和责任感进一步深化，一种多元化、全方位、互动式的校家社协同育人新模式逐步形成。

壮大共育合力，深化协同育人"参与度"

以校家委会为主线，以年级家委会为支线，以班级家委会为基线，搭建稳健的教育"三角"。为了丰富家委会的共育形式和管理职能，学校将家委会分为五个小组：亲子活动小组，自行组织班级学生和家长开展各类节假日亲子活动；志愿服务小组，除了参与日常交通志愿执勤，还在志愿文登平台上组织参与志愿活动；环境文化小组，参与班级图书角、植物角、展示墙设计，让校园环境成为校内教育的有效补充；食堂安全小组，每天组织两名家长到学校食堂参与陪餐，监督食材、环境卫生，反馈学生用餐情况；信用管理小组，结合学校的诚信建设工作对学校师生进行系列金融知识教育，与实体银行合作开发信用银行、信用超市，加强学生的德育教育。家委会的参与为学校高质量发展注入新的活力，在家校之间架起了"连心桥"，铺就了"信任路"。

学校从校家社协同育人培养工程人选名校长工作室的定位和校家社合育出发，以张耘齐鲁名校长领航工作室为依托，以优秀教育工作者、家长代表、社区支部书记和网格员、热心教育的企业家为主体，精心打造"学校工作室——家庭工作坊——社区工作团"三级管理模式，塑造优秀家庭教育教师队伍，打造"零距离"学习交往空间，建立起与家庭合作共育、与社区融合发展的常态运行机制，实现精准指导、科学引领、广泛辐射，营造更浓厚的家庭教育氛围，成就更多孩子健康快乐成长。

充分挖潜社会资源，为协同育人创造条件。作为校长，要主动调适外部环境，走访驻地公司企业等社会团体，为拓展社会教育争取资源支持。去年一年，社会支持我们金山中学钱物八十余万，涵盖开学表彰会物资、学生徒步保障、师生教学保障等。更重要的是，社会对学校教育非常重视，社区支部书记、企业经理对学校尊重有加，为办学提供各种帮助，比如企业无偿提供七亩地作为劳动教育基地，有的还自觉资助贫困学生或者赞助设备等。

学校、家庭、社会三方共建，构成相互联系的教育体系，在促进学生全面健康发展中肩负着各自的职责。必须以学生发展需要为中心，扩大三方合作共育的工作面，在合作共育的连续性、针对性和实效性上下功夫，持续营造潜移默化的大环境，让家庭教育、学校教育和社会教育优势互补、资源共享、责任共担，形成教育良性互动，促进学生全面健康发展。

借他山之石　续奋进之笔

——莒县、潍坊奎文区、青州中小学考察总结

春回大地，生机盎然。4月16至19日，在文登区教体局张华山书记、教研培训中心张宾主任的带领下，文登教体局一行22人先后到莒县、潍坊奎文区、青州的部分中小学进行了参观考察学习。

这次考察学习的学校，教体局进行了有针对性的甄选，这些学校的很多经验和做法，值得我们去深入研究，反思消化，值得我们结合自己学校的工作实际，全面推动学校的教育教学工作更好地发展。现将考察学习过程中的体会总结如下。

用质量和效益，打造出支撑学校科学发展的品牌

莒县教育局宋国安局长兼任莒县一中校长，全程陪同解读学校文化、办学理念。感触最深的是莒县一中结合地域特色，从传统文化中汲取丰厚的营养，借助中国南朝文学理论家刘勰以及其所著的《文心雕龙》的人文内涵，打造特色校园文化，深化校园文化意蕴。宋局长对勰字的解读，令人耳目一新："三力"喻之辛勤的"汗水"，"思"喻之"智慧"，三个"力"喻之团队意识。阐述出的办学核心理念：汗水＋智慧＋团队，值得称道。一代完人徐士林是泽头镇徐家村人，泽头中学如何依托徐士林故里的地理优势，挖掘传统文化资源，更好地去解读独有的历史文化与学校内涵发展，是值得我们继续深思的问题。

莒县一中的三个服务意识：校长为全体师生服务，教师为学生及家长服务，后勤为教学一线服务彰显出学校的质量意识。我们新学期教学工作会上，邵局长对此提出，质量就是学校的生命线，如何更好地去落实教育教学质量，莒县一中给出了更好的答案。在名优生培养上，莒县一中大胆创新，举全校之力创设小班化，扎实推进奥赛培养，成绩斐然。同样，潍坊奎文区德润学校，长期致力研究课堂教学，实现以"三生"为目标，以"学导"为方法的课堂转型，打造具有特色的高效课堂，保障了教学质量优质高位运行。我们将致力于打造课程建设的全新名片，在教育交响曲中，奏响属于自己的乐章。

营造和谐、向上的校园文化氛围，激励引导师生健康发展

校园是陶冶学生情操和培育学生成长的摇篮，优雅、整洁、现代化的学

校环境，有利于学生的健康成长和学习。我们此次参观考察的学校都比较注重校园环境和文化建设。莒县一中的校园花园，景色优美，有利于高中生学习之后的休闲放松；专为教职工设置的大桶水取水装置，方便了职工生活；操场篮球场学习台湾设置的诚信篮球，方便了学生就地取材，锻炼身体；教学楼前"清心静思誓取中华名校，埋头苦读北上知名大学"的口号，暗嵌清华北大高校，给学子以激励。德润学校处处可见的图书，党建＋融合工作，悉心打造的学校精神等等，无不显示一所学校的文化意蕴之深厚，让学生受到耳濡目染的熏陶和教育，使学校成为陶冶身心之圣地，成功成才之摇篮。

校长要善于学习，善于思考，勇于创新，向专家学者型转变

这次参观学习所到的学校，校长都是一线教育工作者，他们有着丰富的一线教育教学经验，是不折不扣的专家型学者。一位好校长才能成就一所好学校。一个有作为、有思想的校长对于学校的发展至关重要，只有不断地学习专业知识，不断思考，大胆创新，才能形成正确的办学思想和办学理念。现代社会，人民对优质教育的期盼日益强烈，这就要求教育工作者一定要关注学生的综合素质发展，培养德智体美劳的社会需求人才。校长更需要学习思考创新，这次学习的莒县一中宋国安校长、德润学校的陈静校长，他们渊博的专业知识、优雅的谈吐、先进的治校方略和强烈的事业心、使命感，无不给我们以深刻启迪、深深感染，他们是我们努力学习的榜样。

短短几天，对几所先进学校的考察，真正感到学有所思，收获是全方位的。感谢领导给了我们这次考察与学习的机会，使我真切地了解到了外面先进学校的教育现状，有机会解读了先进的教育理念，获得了许多教育改革的信息，触发了我们的许多教育灵感。他山之石可以攻玉，我将以此次考察学习为契机，结合泽头中学教育教学的实际，继续建设和完善学校办学理念，提升教师素质；建设和完善学校课程体系，提升学生核心素养，加快学校特色发展，提升学校品质，续写泽头教育工作的奋进之笔！

学思行结合　家校社共育

——山东省家校协同名校长培养人选线下培训心得

2023年4月25至28日，我在济南参加了成人教育协会主办的家校协同育人名校长人选线下培训活动，并参加了山东省教育科学研究院承办的全国学校家庭社会协同育人研讨会。此次济南之行，学习研讨交流、沉思碰撞提升，收获满满。聆听了张志勇厅长、康丽颖老师、边玉芳老师、冯建军老师、申培轩院长、王治芳院长、李文娟老师、陈明欣主编等一批大咖的精彩讲座，身边七位基层代表的经验交流和全国12个典型经验分享，享受了一场家校社协同育人的饕餮盛宴。

作为一名基层教育工作者，特别是关注家庭教育的教育者，我能深切感受到国家对家庭教育的重视程度。家长成长的需要，学校发展的需要，社区工作的需求，家庭教育促进法的颁布、习近平总书记关于家庭教育家风的论述、省家校协同名校长、名师的培训提升等等，压力和动力扑面而来。

回来的几天，我一直在整理会议笔记、讲座PPT和手机会议照片，同时结合学校实际工作进行了反思。

金山中学2022年9月建成投入使用，学校设计高大上，硬件设施一流。根据前期学情、家情摸排，家长大部分是务工家庭，学历低，家庭教育基本是传统经验型。如何把专家的讲座和大会分享的经验落到实处，把金山中学的家庭教育推向新高度是摆在我面前的一个重要命题。

潜心学习，盈"立己达人"之情怀

在培训过程中，我内心涌动的是感激，是惊喜，能和全国这么多优秀同仁一起参加全天候的培训，是一种福利，更是一个提升自我的机会，这种

"学训交流为一体"的培训形式，起点高，视野广，内容实，夯实了我开展家校社协同育人工作的坚实基础。

专家高屋建瓴的讲座和典型的经验交流，让我有撸起袖子加油干一把的冲动，我深知自己的不足。为能更出色地做好家校社协同育人工作，我要认真研读《中华人民共和国家庭教育促进法》《习近平关于注重家庭家教家风建设论述摘编》等书籍，以虔诚之心摘抄笔记，书写读后感，汲取自我发展的营养；与学校老师共同探讨家长成长的专题课程，进行主题宣讲，为家长们送上科学、前沿、实用的育子知识。

尝试探索，育"家校泽人"之沃土

金山中学学生家长很大一部分来自不同地区的务工家庭，家长现有的文化素质与家庭教育需要相对比，相形见绌。虽然家长知识普遍缺乏、文化素养不高、家庭教育单一，但都有一个共同的希望，那就是期盼自己的孩子拥有美好的未来。家校社协同育人工作任重道远。

面对实际问题，我们从以下几个方面展开行动：

一是建设好两个阵地，拓宽家庭教育的渠道。

成立家长委员会。家长走进校园，参与学校管理，反映广大家长要求，让学校及时了解家长的心声，同时把我们的教育理念带进家庭和社会，促进学校与社会、家庭建立更加密切的联系，形成一股强大的教育合力，为孩子们的健康成长提供沃土。

成立家长学校。通过金山大讲堂，举办家庭教育讲座，宣传家庭教育方法，组织广大家长学习探讨有关家教知识，挖掘家长资源，为学校教育教学服务。以活动为载体，发挥家长志愿者的作用，引导家长参与共生课程方案的制定、安全措施的设立和活动的服务保障。在活动中让家长体会陪伴就是最好的教育。

二是积极引导，提高家长的教育水平。

利用班级QQ群、微信家长成长群、读书群以及公众号等信息化平台，定期向家长介绍科学的家庭教育方法，推荐成功家教范例。通过家校恳谈会、家长会、一对一交流等方式，加强双向教育的引导。每个月举办一次家长读书会，并赠送家庭教育书籍。

融合优势资源，成立家庭教育讲师团，打造专业的家长成长课堂。以主题形式，构建家校共育课堂，举行周期性讲座。把课堂搬到工厂车间，开到社区服务站，真正为家庭教育服务，解决社区家庭教育的实际问题。家长们通过不断提升自我，用科学智慧的方法为孩子营造一个温馨和谐的家庭氛围。

三是丰富家校沟通渠道，提供亲子互动平台。

邀请特殊家庭的家长和学生一起参加亲子活动，让孩子体味亲情，体会感动，学会感恩，感悟父母的期盼和辛苦付出。

举办形式多样的体验活动，让家长与孩子一起走进学校图书室，徒步大溪谷，参加技师学院劳动实践等，搭建有效阅读、亲子阅读的平台。

组织党员、骨干教师成立"文明教育志愿服务队"，利用假期深入各区片循环开展"花开社区流动课堂"系列志愿活动，深入开展"护苗行动""人生导师"和"助力创城"活动。让有温度的教育浸润每一个家庭，实现家校教育的沟通理解，无缝融合。

四是利用诚信教育，打造家校社共育的新环境。

我校的信用建设成为区域范围内的典范。学校定期评选"诚信家庭"，大力表彰在家校合作方面表现突出的家长代表和在校表现优秀的学生，制作喜报，学校派专人送到父母所在单位，利用政务宣传栏加大宣传力度，给当事人信用加分，利用积分可以在信用超市任意选购商品。实现了家校社三方联动，引导家长重视家庭教育，促进孩子更好成长。

聚焦课题，推"家校共育"之双赢

结合我校实际，在教师中开展家庭教育的科研工作，开发符合我们实际的家庭教育课程体系，注重家庭教育与传统文化、心理健康教育、社会实践活动、社会满意度、安全教育等结合，努力改变家长"重分数，轻德育"的观念。以问题为导向，利用小专题、小课题为抓手，加大研究力度，助推家校共育。

借力平台，达"站高望远"之期寄

一个人可以走得很快，但一群人可以走得更远。此行，各位家庭教育方面的专家，带领我们参与互动、反思分享、合作对话，现场观摩，现场专家的精彩讲座和基层代表的经验交流，让我们之间搭建起一个相互学习、彼此促进的平台。给予我清晰的方向指引，力促我专业的成长，实现教育格局的再扩大。

我们将进一步规划和创建金山中学自己的家校社协同育人机制，确定科学的发展方向和思路，立足于学生的健康成长，同心同向同行，共建共享共生。以爱和专业智慧谱写金山中学家校社协同育人的美好篇章。

学思践悟　砥砺奋进

——"山东省初中骨干校长省级示范性培训班"学习心得

学有所思、思有所悟、悟有所行。

我坚信，成功属于一直奔跑的人。

2023年10月17日，我有幸来到美丽的杭州，参加浙江大学继续教育学院组织的"2023年山东省中小学教师和校园长省级集中培训项目——初中骨干校长省级示范性培训班"的学习。经过几天的学习和实地观摩，我深深地感受到了作为一名中学校长肩上的重任。特别是听了李更生教授的讲座——《新时代需要培育什么样的学校文化来立德树人——基于中国教育现代化2035视野的追问》，同时结合自己金山中学的创建办学的经历，感触颇深，收获满满。

李更生教授的讲座从三个维度进行架构和阐述：一是基于"传统与现代切换"的背景；二是基于"什么是文化、学校文化、现代化文化"的追问；三是基于"现代化视阈中学校文化立德树人路径选择"的思考。引古通今、深入浅出地给我们讲述了学校应该用什么样的文化来立德树人以及一系列做法。这使我们更加坚信了文化育人的理念。

李教授说："文化，是一种生活方式、工作方式，并体现了一定的生活态度。"浅显易懂，又耐人寻味。那么，什么是校园文化呢？不少人可能认为制作宣传栏、楼内外张贴悬挂标语就是校园文化。这只是狭义的看法，是非常片面的。其实，大家公认的"学校文化"定义，是指一所学校经过长期发展积淀而形成共识的一种价值体系，即价值观念、办学思想、全体意识、行为规范等，也是一所学校办学精神与环境氛围的集中体现。李更生教授在讲座中指出，学校文化的形成经历"文化选择——价值认同——习惯践行——文化形成"几个阶段，概括地说，校园文化可以理解为"学校文化是师生员工多年习惯的集体养成"，对校园文化的定义作了通俗易懂的诠释，也为我指明了我校文化建设的前进方向。

金山中学位于威海市文登经济开发区内，占地115亩，由清华大学建筑设计院设计，总投资四亿多元，于2022年9月正式招生开学。好的建筑，是学校文化的载体。教书育人更应该关注学校内涵的发展、文化场的建立。习近平总书记在全国教育大会上发表重要讲话时强调：要坚持扎根中国大地办教育。文登，因秦始皇东巡"召文人登山"而得名，"文登学"美誉名扬四海。金山中学作为文登的新建学校，应坚持扎根文登大地办教育，汲取文登学的丰厚营养，坚持特色性传承、创新性发展。基于此，我提出了践行'共生教育'，打造'文化共生'的教育理念。希望"共生教育，立德树人"能够成为我校全体师生员工的统一文化选择和价值认同。

校园文化建设主要分为四个部分，包括物质文化建设、精神文化建设、制度文化建设和行为文化建设，这四个方面建设的全面、协调发展，将为学校树立起完整的文化形象。因此，金山中学的文化建设可以从以下四个路径来践行养成。

物质文化建设

物质文化建设是一个学校的显性文化，是校园文化建设的重要组成部分和必要支撑，包括一个学校的整体布局、校园绿化、校园美化等。

在学校文化氛围的创设中，我将"文登学"的诸多元素融入其中。学校信息文化中心下设非遗馆、国防馆、中医馆、红色馆、法治馆、文登智造馆。以文登古代四大书院"长学書院""昆阳書院""崇文書院"和"文山書院"为学校四座教学楼命名；以文登名山"天福山""昆嵛山""圣经山"等为校内主干道命名；以文登清代两大藏书阁"听雨轩""万卷楼"为教师、学生阅览室命名。校园的石阶上，镌刻着文登千年古县的发展史；教学楼内的文化墙，也记录着文登的著名学者名家……我希望将金山中学打造成一所文化底蕴深厚的现代化学校，一座浓缩型的"文登学"博物馆。

精神文化建设

精神文化建设是文化活动的核心内容，包括办学理念，是学校文化的最高层次，是学校的灵魂，是师生共同奋斗的最高目标。体现在校训、校风、学风、教风、班风和人际关系的建设、校园环境建设上。

金山中学定位于办成一所"高质量、现代化、示范性"的金牌学校，打造成为老百姓"家门口的好学校"，逐步发展成为一所具有深厚人文底蕴、浓厚学习氛围、鲜明创新特色，始终面向未来发展，不断引领基础教育改革的区域一流的公办初级中学。学校确立"共生"校园文化理念：每一个孩子都是一棵独一无二的树，让一树独美，让百树共生。师生之间教学相长，生生不息，共同创造生命的大美。金山中学倡导的共生教育，其核心理念就是多元共生，自然生长。

在共生教育的特色探索中，我们将围绕"共和共生，尚学致远"的校训，努力营造"共润共生，厚德至善"的校风，实践"共爱共生，博学求真"的教风，培育"知行共生，笃学力行"的学风，培养"勤学善思、知行合一、责担天下"的育人目标，构建"多元共生，自然生长"的学校文化。

制度文化建设

校园制度文化作为校园文化的内在机制，包括学校的传统、仪式和规章制度，是维系学校正常秩序必不可少的保障机制，是校园文化建设的保障系统。

在制度文化建设方面，一要注重加强师德师风建设，培养高素质教师队伍。为教师的专业成长搭台子、指路子、压担子、架梯子。最大限度关爱关心老师，发挥其最大潜能，人尽其才。二要继续贯彻校领导干部分包班级，参与班级管理，解决教育教学中的实际问题。三要继续加大科研制度，聘请专家学者进校指导，建立校名师工作室，加大科研经费，鼓励教师走出去，扎实开展研究性学习，不断扩大跨学科教学领域。四是继续严把安全质量关，建设平安校园，继续打响学校高质量午餐这张名牌。五要继续完善"诚信"教育体系，让"诚信教育"成为学校文化建设的品牌。

课程文化建设

这是推进创新教育的突破口，是培养师生综合能力的载体。课程文化建设应多样性、开放性。

基于遵循学生身心发展特点，结合核心素养的三个方面六个维度，架构出金山中学"共生课程"的六大课程群：共德、共智、共美、共健、共创、共研课程。六大课程群以国家课程为基础，结合学校的地理位置，整合学校周边的社区资源，如富强驾校、云龙绣品、消防大队、气象站等资源优势，开发适合学生的校本课程，将传统文化教育与地域文化有机结合，把教育理念一步步转化为可见的行动。

俗话说，没有最好，只有更好。在这次的培训学习中，无论是理论学习，还是实地考察的学校，都让我大饱眼福和深受启发。一名好校长就是一所学校，一个好校长是在不断地学习与实践中成长的。要想将金山中学办成一所"高质量、现代化、示范性"的金牌学校，需要我及全体师生的不断探索与努力！

"潮平两岸阔，风正一帆悬"。新时代赋予新使命，新征程呼唤新作为。本次骨干校长培训，是我的一次聚光之旅、追光之行，是成就我有高度、有深度、有温度的研修探究。我坚信，在未来教育之路上，学思践悟，砥砺奋进，成功定会属于一直奔跑的人！

"双减"之下提升教学质量的"金"思路

——参加北京初中教育发展论坛有感

2021年10月15日，我有幸跟随文登名校长工作室参加在北京举办的"2021年初中教育发展论坛"，近距离聆听多位专家的精彩报告，收益满满。

纵观整个会议，教育要高质量发展，"双减"政策成为高质量高频率词。论坛中，海淀区教师进修学校教育集团总校罗滨校长做了题为《"双减"背景下的初中教育提质行动》的主旨报告，给我们这些一线的初中校长和教师带来了思考与启示。

教师的课堂应当减掉什么？又最应该教会学生什么？才能让离师生最近的这片土壤生出提质减负的果实。作为一名正在筹建中的中学校长，对金山中学未来的高质量发展，我有深深的思考。

打磨"专业"课堂，甩掉经验主义

教师职业最大的特点，就是教师的"专业"性。《国家中长期教育改革和发展纲要（2010—2020）》中就指出："要努力打造一支师德高尚、业务精湛、结构合理、充满活力的高素质专业化教师队伍。"课堂教学中，老师对教材的分析、对学情的了解、对教学目标与重难点的确定、对教学过程的设计、作业的布置、板书的设计都要达到专业的要求。甩掉对经验的依赖，真正让课堂教学从知识层面达到教学评的一致，从价值层面做到专业化与艺术美的统一。

构建"润泽"课堂，破解分数至上

"润泽"这个词表示的是湿润程度，也可以说它是表示了那种安心的、无拘无束的、轻柔滋润肌肤的感觉。"润泽的教室"给人的感觉是教室里的每个人的呼吸和其节律都是那么柔和。在润泽的教室中，大家安心地、轻松自如地构筑着人与人之间的关系，构筑着一种基本的信赖关系，在这种关系中，即使耸耸肩膀，拿不出自己的意见来，每个人的存在也能够得到大家自觉的尊重，得到承认。宽松地、充实地学习，不把分数当作唯一目标，能让多种多样的想法产生出来，教学能够不失时机地展开，学生、教师以及参观者都能沉浸在心情舒畅的气氛中。

达成"有效"课堂，推进深度学习

这里面的"有效"包括三层含义：有效果、有效率、有效益。有效的课堂要真正能达到让探究真实进行、让合作真心开展、让学习真正发生。只有我们的课堂真正达到了有效果、有效率，才能真正实现深度学习。有效课堂，就是以遵循能够"省时高效"的各项基本原则为出发点和落脚点的课堂教学。倡导打造"有效课堂"，就是要我们的课堂教学要回归理性、回归常识，不搞花架子，要注重实效，不浪费师生的时间，一切为了人的全面发展。要切实减轻学生的负担，同时也解放我们的老师，那么教学只有遵循有效果、有效率、有效益，不拘泥于某种僵化的模式才能永葆青春，具有顽强生命力。

实现"自主"课堂，克服思维束缚

自主的课堂，源于学生对知识的主动建构和主动学习的精神和态度。学习效果在50%以上的，都是团队学习、主动学习和参与式学习。费曼学习法强调，教师要学会调整甚至改变教学方式，引导学生转变学习方法，要由被动听转到主动学，多种器官综合使用，要耳、眼、脑、口、手并用，只有让学生通过主动体验式的学习，给孩子们留下"刻骨铭心"的记忆，才更容易激发起孩子们知识的好奇心和探究欲。费曼学习法分四个步骤：第一步，选择一个目标领域，如你想要理解的概念（或习题），并完全了解这个概念选择；第二步，向别人复述这个概念；第三步，如果你感觉卡壳了，纠错之后的再次学习；第四步，回顾和精简，为了让你的讲解通俗易懂，你需要简化语言并熟练表达。费曼学习法核心是学习的自主，其最高境界是以简化的形式把你想学习的知识和问题讲出来，并传授给他人。唯有如此，自主才会真实地发生。

设计"创意"作业，减掉学业负担

作业是课堂评价的重要环节，是课堂教学活动的必要补充。在课堂教学提质增效基础上，秉持学生发展立场，发挥好作业育人功能。科学布置有效作业，指向高阶思维，帮助学生巩固知识，形成能力，培养习惯。丰富作业类型，设计"创意"作业，让作业和课堂共生促进学生发展。

分层的作业，尊重学生的个体差异，根据学生的层次不同，设置层次化的作业。设置必做作业和选做作业，选做作业可以有一定的挑战性。设计不同层次、富有弹性的作业，可以让每个学生都能保质保量完成，同时还可以做到每个学生吃得饱吃得好。

项目化作业，通过项目式学习的方式布置项目化作业，即各学科可以根据不同的学科特点提出不同的挑战性问题，让学生通过小组合作规划方案，进而解决问题，最后进行反思、评价和公开展示。

研究性作业，教师在课堂授课以外，引导学生结合典型个案或具体问题进行分析研究，以培养学生的创新精神和创新能力为目的，让学生自己探究知识的发生过程，并将在探索过程中获得的感性材料进行思维加工，使之转化为学习成果。研究性作业有点像做小课题研究，一般要通过调查研究、专题讨论、实验探索、查阅文献、社会实践等过程。

"双减"之下，校长要担当"为党育人、为国育才"的教育使命，把学生的全面发展放在办学的最前面。立足未来，深入推进"立德树人"，培育学生别样的精神长相，写好"双减"之下教学质量高质发展的新答卷。

教育叙事

（一）孩子无小事　事事总关情

金山中学坐落在城区的北部，距离主城区较远，居住在这个区域的外来务工人员较多。家长整体文化素质不是很高，教育的难度相对较大。对家长群体的教育和引领，是学校工作的一项重要任务。

我分包的班级，也是我平日关注较多的一个小群体。今天早晨，班级里一个平日活泼懂事的女孩引起了我的注意。她见了我，没有了往日的欢愉，眼睛有些红肿。小孩子的表情不会撒谎，这孩子一定是遇到什么事了！

孩子的状态也引起了班主任的注意。经了解，是父母近期的持续吵架，影响到了这个青春期的孩子。昨晚，吵得是最凶的一次。

中午，在餐厅，我和她共进午餐。孩子泪眼婆娑，不明白为什么父母会有如此大的争吵。她求助我："校长爸爸，您能不能帮我，我不想让我的爸爸妈妈离婚。我和弟弟想要一个幸福的家。"她描述了父母吵架的场景，她也从妈妈处获悉了吵架的原因。

家庭问题不解决，孩子的问题即使当下解决了也是短暂的。舍不得对面这个额头的小青春痘正努力往外鼓着生长的女孩，我拨通了她妈妈的电话。估计是家长会上家长熟识了我，听到我的声音，我感觉到了对面年轻妈妈想寻求帮助的急切。她的状态也不好，今天没有上班。她说，她想来学校一趟，和我见面。

女孩回教室了。我向她保证，今晚回家，爸爸妈妈一定会重归于好。因为，妈妈很爱爸爸，也很爱她的家。

年轻的妈妈来到了学校，一杯暖茶拉近了我俩的距离。俊俏利落的妈妈，哭诉了夫妻最近的关系以及吵架的成因。我猜得没错，她很爱这个家，很爱她的丈夫。只是脾气有点急。正聊着，爸爸给妈妈的电话打过来了。得知妈妈在校长屋里，他也要来。干练的爸爸有点羞涩。同样递给他一杯暖茶。

对夫妻声明一点：我是孩子的校长，不应该涉足家事的。但孩子的状态是因为父母的关系引起的，需要从根上解决。我是想让孩子快乐起来。

这对年轻的外来务工小夫妻，早早结婚，早早生子，有房贷，也有车贷，柴米油盐的琐碎中，爸爸犯了很多男人常犯的小错误。平凡的生活，平凡的夫妻。一段生命中的小插曲，还好，只是萌芽状态。

看着面前1990年出生的夫妻俩，迅速把我的身份变成了他们的兄长，他们的父辈。和他们谈到家庭和睦对孩子成长的重要性：家庭里轻易不要争吵，吵得越多灾难就越多。一家人其乐融融很重要。家里冷若冰霜，争吵不断那是绝望的生活。家庭和睦才是一个人一辈子最好的运气。家庭为孩子的学习提供了安静可靠的环境，孩子也会有一种蓬勃进取的力量，其学习成绩自然也会优良踏实。无论是什么原因，父母的争吵对子女身心的挫伤都是十分严重的，会使本来很文静的孩子变得性格粗野，桀骜不驯，当缺少温暖的孩子流落社会，很容易被坏人带坏；长期处于无安全感状态下的孩子，成绩也会逐渐下降，甚至无法补救……既然爱孩子，就要给孩子一个温暖的家。

沟通时一个多小时后，小夫妻俩笑着拉起了对方的手，答应我以后一定好好过日子，不再争吵，更不在孩子面前谈离婚。爸爸现场做了保证，以后好好工作，好好爱妻子和孩子，好好经营这个小家庭。

陪他们一起去教室看看女儿，让女儿不再担心他们，安心学习。

今天的工作还有很多，琐碎且繁杂。但看着相拥在一起远去的小夫妻，看着蹦跳着回教室的孩子，说不出的心安。

"家是温馨的港湾，家有最真的支持和抚慰；家有最甜的欢乐和温情，家有最深的理解和宽容；家可以不宽敞，但一定要洋溢着爱；家可以不富有，但一定要很温馨。"是呀，每个人都希望有这样的家，学生也是如此。

教育是什么？教育是传递美好、热爱和感动。教育不仅仅是教给学生知识，更重要的是让学生感受到美的享受和快乐的情绪。

想起那天在全体教职工大会上谈到的一个词——"任重道远"。

瞬间，我有些释怀，也明白了它的深远含义。

（二）一场"球祸"

案例背景

百年大计，教育为本。办好人民满意的教育，全面发展学生素质，是教育者的初心和使命。学校体育又是推进素质教育不可或缺的重要组成部分。但是，在学校体育教学活动中，由于受意外事故的不可预测性、体育教学场景的复杂性等因素影响，学生发生一些意外伤害事故是难以避免的。由意外伤害事故引起的纠纷案件也屡见不鲜，不但给学校、体育教师带来沉重的心理负担，还可能造成财力上的耗费，甚至令教师在教学工作中如履薄冰，不敢开展活动。作为体育课堂教学的组织者和管理者，体育教师的预防措施及事后处理是否得当，就显得尤为重要。

案例描述

上午第三节课，六个班级同时在400米操场的不同位置进行着各自的体育活动。我带领八年级（1）班的孩子们在100米跑道处进行跑步练习。在课的后半部分素质练习环节，我设计了一组800米跑活动。事先我观察了场地情况，两个班级在草坪上练习足球运球过杆，其余三个班级在操场的外围组织一些原地的体能练习，塑胶跑道内的区域是安全的。

跑前，我再次强调一定要注意安全，赶超的同学要在直道外围超越，而且这个班级没有特殊体质的学生。女生两组先进行，一组八个人，我担任裁判和发令员。

"预备，嘟"，随着一声哨响，男生们像离弦的箭一样飞奔出去。当学生跑出弯道马上要进直道时，一颗足球莫名得从草坪快速滚向跑道，正赶上两男生在较劲，谁也没留意脚下，结果导致内侧的男生身体失去重心摔倒，头先着地，后面三个同学躲闪不及，也被绊倒。

被绊倒的三人站起后要扶摔倒的男生，我老远大声喊着："都不要动。"并飞快跑去。摔倒的男生双手抱着头，表情很痛苦。我让他仍躺在原地，并询问："伤哪里了？感觉怎么样？有没有被踩到？"

"头疼。"

"其他地方疼不疼？"

"好像不疼……"

我没让他轻易挪动，而是原地休息，又询问了几个绊倒的同学，他们纷纷说没事。

过了一会儿，摔倒的男生自己站起来了。我问："身体感觉怎么样？头还疼吗？"他说："没事，好多了。"

恰逢下课铃响起，看他身体和头部都没有明显的外伤且意识清醒，我紧张的心情才放松了。看来这次意外没有造成太大的伤害，于是我就宣布下课了。

二十分钟后，该生的班主任打电话给我，说是该生趴在课桌上想睡觉，其他学生告知体育课摔倒了，看他的神情不大对，让我赶紧到班上看看。我到班上一看，该生也不挣眼，微弱的声音说："老师，我想睡觉。"看到他这个样子，我忽然有些心慌，马上想到也许是因为上课摔倒引起的后遗症。我们急忙将此事告诉级部主任，然后通知学生家长。我和班主任赶紧将男生送到医院，拍片结果是脑震荡。医嘱是回家观察一晚，如果没有出现头晕、呕吐现象就在家休息一周，注意减少用脑，不要看书、上网。听到这个结果，我深深地呼出一口气，暗暗庆幸，还好送医院及时，没有耽误就诊，没有出现重大事故。

等一切检查结束，家长才来到医院。我向家长说明了事故发生的情况及医院的检查结果。看到孩子得到了及时的医治，也没有大的损伤。家长也通情达理，说："体育活动难免少不了磕磕碰碰，回家先观察观察。"

事后第三天，男生回到学校。我特意去班上询问了他的情况，得知没有其他症状，悬着的一颗心终于放下来了。

这件事情最后就这样过去了，但对我的影响却是巨大的。每当想起，我就有些后怕，深刻地自我反思。无事一切安好，没能引起大家的足够重视，可一旦出事，作为教师的我们真的是责无旁贷。

案例评析

《义务教育体育与健康课程标准（2011年版）》（以下简称《课标》）课程目标中的运动技能目标第三条指出：要增强安全意识和防范能力。教师不仅要尽可能的预判安全隐患，还要增强学生自身安全意识和防范能力。案例中，当出现摔倒时，学生应有意识首先保护头部，避免关键部位受伤。作为一名体育教师，应该善于洞察影响活动安全的因素，正确、恰当地处理课堂上发生的安全事故，教授学生正确的防范能力，这是一种技能，需要教师有足够的耐心和责任心。

案例中出现多班授课的现象在很多地区存在，有时教师考虑到了自己课堂的安全隐患，做了有效的安全预防，但是却忽略了其他班级所造成的干扰。虽然我事先观察了场地，但是草坪上练习运球的班级没有引起我足够的重视，认为他们所处的位置较远，应该对跑步影响不大。当事故发生后，为了避免二次伤害，我没轻易挪动该生。但如果是伤到头部，为了防止出现脑震荡，应该在保持原有体位的条件下，休息20～30分钟，脑震荡症状就会明显减轻。可我让他回到教室，也没有及时告知班主任，没人留意该生的变化也是我的一大疏忽。

案例反思

意外伤害事故的发生是谁也不愿看到的，但体育运动性质特殊，它受很多客观和主观因素的影响，稍有疏忽其中隐藏的安全隐患就容易显现出来。作为课堂教学的组织者和管理者，体育教师应有计划地采取一些有效预防措施，减少安全事故的发生。当不可预知的安全事故发生后，体育教师应有正确的处理方式，最大化保障学生的安全。

1.学会急救，处理得当要细心

（1）重视内隐性事故伤害

在体育课堂教学中，往往一些外伤能被及时的处理，因为伤在表面或显现出来，教师能直接察觉到，如擦伤、骨折、扭伤等，这些安全事故教师可以直接去观察，而不是通过学生的表现来判断。但是像案例中这样伤在头部，属于内伤，学生的表现成为教师判断的依据，事故后的症状有一定的延迟性，往往较容易被忽略。当学生摔倒以后，我的第一反应可能是骨折，所以要求不准动，这是对于一些外伤事故的正确做法，避免对其造成二次伤害。可当学生自己站起来并说没事时，我的安全意识放松，缺少了后面的跟踪以及有效处理。对于这种头部、颈部的内伤，更应该引起教师的重视，不能掉以轻心。

（2）提升体育教师自身应急救护能力

当学生在体育活动中发生意外安全事故时，体育老师应该在第一时间内进行有效的处理，减轻事故带来的伤害。案例中受伤的学生，可以说是幸运的。如果遇到较大的安全事故，我的处理方式就存在很大的问题了。作为一名体育老师，如果能熟练掌握必要的急救知识和技能，不但可以降低事故对学生的伤害程度，还能对其进行有效的预防。学校要组织体育教师学习掌握一定的救护知识与技能，增强在突发事件时现场应急处置和自救互救能力，以便能在事故发生时及时、有效地开展救护，从而达到挽救生命、减轻伤残的目的。

2.告知班主任，跟踪观察要耐心

安全事故发生后，当第一时间学生没有太大影响时，教师应根据自己的判断，及时将事故的缘由告知班主任老师，请班主任帮忙观察学生的表现。当出现症状后，班主任可以及时进行有效处理，而且在合适的时机可以和家长进行有效的沟通，以获得家长的理解。案例中是由学生告知事故原因，班主任不明所以然，当找到我时，事故有效处理时间被耽误，难免会显得很被动。对于关键部位的伤害，即使学生表现没有什么事，也要及时告知班主任，请其帮忙留意变化，无事安好，有事及时处理。

3.联系家长，事后沟通要诚心

校园安全意外事故一旦发生，在及时进行合理处理后，一定要联系家长，向家长如实说明具体情况，争取得到家长的理解与宽容。案例中的事故，家长之所以没有追究学校及老师的责任，其实很大一部分原因是事故后，学校和老师都积极地对学生进行就医治疗，避免了学生遭到更大的伤害。其实，当学生在家休养期间，老师也可以打电话，或是到学生家里看望学生，咨询病情，甚至可以给学生补课，避免因养病而耽误了学习。教师对学生的关心，家长都会看在眼里，也会感激于心中。试问，这样的诚心交流，又怎么会引发家校纠纷呢？

4.排除隐患，防患未然要用心

尽管本案例中的事故最后没有造成多大影响，但其中隐藏的安全隐患应被高度重视，体育课堂教学来不得一点马虎。如何预防事故的发生，可以从下面两点做起。

（1）培养学生事故防范能力

教师即使做得再多，也不能保证体育活动的100%安全。当事故发生后，怎样才能达到伤害程度的最小化，这就要求学生要有一定的事故防范能力，这也是《课标》中对学生目标达成提出的要求之一。案例中的事故，当要摔倒时，学生一定要有保护关键部位的意识，特别是头部和颈部。事故发生后，我专门拿出一节课教授防范事故的能力，在垫子上进行前滚翻、远撑前滚翻、抱头侧倒等练习。这是不能略过的一课，当学生练习后，在安全事故发生的瞬间，人体自我保护的本能会催使其做出正确反应，尽可能地降低伤害程度。

（2）设置安全隐患排查员

多班同时上课是很多地区存在的现象，每个班级进行什么内容不受其他教师的主观意识而改变。在进行跑步前，我观察了一下场地的整体活动情况，虽然足球练习有可能会带来安全隐患，但是我认为距离远，隐患程度可降低。可就是那微乎其微的概率发生了就是100%的事故。我应该考虑到多班上课可能会产生的安全隐患。在女生进行跑步的时候，应该让两组男生分散在跑道最内侧，担任安全排查员。男生跑时，女生担任保护工作。因为整个场地中，滚动的足球是最可能对跑步造成干扰的，其他三个班级在原地进行体能练习，对跑步活动构不成安全隐患。当我们改变不了一切的时候，想方设法排除隐患才是我们应该做的。

校园安全无小事，体育教师要时刻把体育课安全放在首位，把工作做细做深，力争实现体育课零事故，这既是对学生的保护，对老师自己的保护，更是我们教育的初心，为每个孩子的健康成长负责。